《汉语国际传播热点透视》第9辑

U0113275

# "一带一路"视角下的人才培养研究

世界图书出版公司

广州·上海·西安·北京

图书在版编目(CIP)数据

"一带一路"视角下的人才培养研究／郑通涛，方环海，陈荣岚编.
— 广州：世界图书出版广东有限公司,2017.7
ISBN　978 - 7 - 5192 - 3470 - 6

I.①—⋯ Ⅱ.①郑⋯②方⋯③陈⋯ Ⅲ.①人才培养 – 研究
Ⅳ.①C961

中国版本图书馆 CIP 数据核字(2017)第 193122 号

| 书　　名 | "一带一路"视角下的人才培养研究 |
|---|---|
| | "YI DAI YI LU"SHI JIAO XIA DE REN CAI PEI YANG YAN JIU |
| 编　　者 | 郑通涛　方环海　陈荣岚 |
| 策划编辑 | 王颖萱 |
| 责任编辑 | 王　丹 |
| 装帧设计 | 行言出版工作室 |
| 出版发行 | 世界图书出版广东有限公司 |
| 地　　址 | 广州市新港西路大江冲 25 号 |
| 邮　　编 | 510300 |
| 电　　话 | 020 - 84459702 |
| 网　　址 | http://www.gdst.com.cn/ |
| 邮　　箱 | wpc_gdst@ 163.com |
| 经　　销 | 新华书店 |
| 印　　刷 | 虎彩印艺股份有限公司 |
| 开　　本 | 787mm×1092mm 1/16 |
| 印　　张 | 13.5 |
| 字　　数 | 250 千字 |
| 版　　次 | 2017 年 7 月第 1 版 2019 年 8 月第 3 次印刷 |
| 国际书号 | ISBN　978 - 7 - 5192 - 3470 - 6 |
| 定　　价 | 54 元 |

# 《汉语国际传播热点透视》

# 编委会

主　编　　郑通涛

副主编　　方环海　陈荣岚

编　辑　　洪馨玮　林雪娟　林智贤

　　　　　马　红　孙映青　张慧萍

责　编　　颜彩蓉

# 总　序

郑通涛

随着经济全球化的发展和中国经济的持续快速增长,中国与世界各国在经济、政治、文化等各个领域的交流融合进一步加深,世界各国了解中国、与中国加强往来的愿望日益增强。汉语作为外国人了解中国、进入中国的交际工具和文化载体,正日益受到世界上越来越多的国家政府、教育机构、企业、传媒以及民间社区的重视。世界对汉语学习的需求不断增长,并成为一种全球性的热潮。

汉语国际传播是为了满足世界各国人民学习汉语和了解中国文化的需求,以汉语国际教育的教学实践活动为载体的信息传递、接受与反馈的汉语文化传播过程,也是近来国际传播研究的新领域。由于中国语言、历史和文化的独特性,我们和其它国家,尤其是与西方国家的语言和文化存在很多差异,这也为世界了解中国造成了一定的障碍和困难。破解跨语言文化交际的难题绝非只是中国人学习其他语言文化,而是应该同时推动外国人学习和了解汉语文化。唯其如此,外国人才能在文化情感、思维方式、价值观念上更好地理解与认识中国的发展道路,进而为中国和平发展创造更宽松有利的国际环境。因此,借助汉语国际传播,有利于越过跨文化的障碍,更好地向世界说明中国,让世界更好地了解中国。

汉语国际传播是中国走向世界的桥梁和纽带,也是提升国家文化软实力的一项系统工程,必须有高瞻远瞩的战略目标和巧妙得宜的传播策略,必须有布局合理、功能多样、覆盖广泛的汉语文化全球传播体系。因而,汉语国际传播就不单是汉语推广层面上的问题,更是多学科交叉融合的领域,语言学、文化学、教育学、传播学、政治学、社会学、国际关系学、外交学、经济学、管理学、信息科学等均已纳入了汉语国际传播的研究视野。多学科、全方位透视汉语国际传播的热点问题,深入探析汉语国际传播的规律、路径、策略,进而创新汉语国际传播的理念、机制、内容、手段和技术,这是加强中华文化走出去的能力建设,更好向世界说明中国及在国际舆论中争得更多话语权的必然诉求。

当今时代，以信息技术为核心的新一轮科技革命正在孕育兴起，互联网和大数据日益成为创新驱动发展的先导力量，深刻改变着人们的生产生活，有力推动着社会发展。随着现代传媒技术的不断推进和演变，汉语国际传播面貌相比过去已经大不相同，汉语借助各类传播媒介不断地向海外传播，其传播速度、传播范围及受众群均发生了质的变化。汉语国际传播从语言推广进深到跨文化对话，通过文化的平等消除西方的霸权话语，通过文化的互动平衡全球的文化生态。璀璨的中华文化正不断地与世界各国文明交流融合、交相辉映，中国形象也从遥远的神秘到零距离的亲切。

汉语国际传播为满足各国民众学习汉语的需要，为推动世界各国文明交流互鉴、增进中国人民与各国人民相互了解和友谊发挥了重要作用。然而，在国际社会的一片赞扬声中，有关汉语国际传播的一些负面报道也愈演愈烈，国际舆论对中国在世界各国推广汉语与中外合作共建孔子学院是否是政治影响和文化入侵的工具还存在某些忧虑，汉语国际传播在一些国家和地区仍有不少阻力或波折，尤其是美国、加拿大等西方国家对中国的汉语国际传播一直存有戒心，甚而出现了某些抵制行为。

汉语国际传播遇到的某些阻力或波折，以及国际舆论出现的一些负面报道，究其原因是多方面的，其中既有中国和平崛起、文化走出去和软实力增强对西方世界心理上的冲击，也有我们自身汉语文化对外传播能力、路径、策略等方面存在的问题，这些都给汉语国际传播带来了很多新挑战。当今全球化时代，世界各国经济文化广泛交流已是不可阻挡的潮流，作为中国一项长期国家战略，推进海外汉语文化传播事业，我们无论如何都不应因海内外的舆论批评和某些西方国家的抵制行为而缩手缩脚。为彻底改变和扭转"西方中心主义"的思维定式及其"单向输出"的话语霸权，为汉语国际传播和中华文化走向世界赢得更大的发展空间，我们应对此予以足够重视并思考有效的应对之策。

当中国正加快步伐走向世界的时候，并不意味着我们已经完整获得了文化传播的对外表达的方式。一方面，这当然是由于"西方中心主义"的惯性依然主导着通行的概念和标准；另一方面，我们习以为常的话语也未必能与世界达成有效的沟通，我们对汉语和中华文化走向世界的传播规律，对如何从国际受众方的角度看待、感受、理解问题，对如何建立在话语双方对于彼此意图充分了解的基础上的对话模式，构建融通中外的国际传播话语体系都还研究得很不够。

世界语言文化多样性的理念来源于对生物多样性的尊重和保护,其包含了人类在对待环境方面累积下来的经验储备,引导人们尊重历史和宽容地看待不同文化。大自然把不同构造、不同面貌的环境赐予了不同民族,多样的环境滋生了多样的生态系统,多样的生态系统哺育了各具形态和个性的语言文化,正如多样的生物体和生态系统的相互弥合造就了生机盎然的全球生物圈一样,世界各国语言文化都对人类文明作出过各自的贡献。跟生物体一样,语言文化也必须强调内容的多样性和发展的多元性。因而,包括汉语文化在内的各种语言文化传播,对于维护世界语言文化多样性、避免人类文明同质化,显然具有重要的意义。

跨语言文化交流应突破本民族文化的局限去认识和了解他族文化,从而拓展自己内在的文化心理空间,把本族文化置于更广泛复杂的世界文化背景中去审视,更好地同世界文明对话。这一方面可以让世界更好地了解本族文化,另一方面也吸收融合不同文化的有益因素,使本族文化不断得到更新和丰富。为此,汉语文化国际传播应当,以"中国文化与世界关系"为纽带,摒弃西方中心式的单向传播、单向输出和单向影响,从语言文化推广进深到跨文化对话,通过文化的互动交流平衡全球的文化生态。在与世界文明的对话中,吸收借鉴世界各国文明,建立具有中国特色的跨文化互动交流体制,构建中国平等、发展、和谐、共赢的价值观体系。

目前,中国要向世界展示自我形象与世界迫切要了解中国之间仍存在着矛盾,主要原因在于中国自身感知的形象与其他国家认知的形象并不完全一致,尤其是西方国家希望以自己的方式去了解中国与中国希望以自己的方式对外宣传自己似乎成为一个难点与矛盾之处。一个日益强大的中国,将给世界带来怎样的影响?中欧国际工商学院教授戴维·戈塞在谈到中国复兴的世界意义时指出,中国的复兴并不意味着西方的衰落,而是一种机遇。然而,复兴的中国将带来的威胁,却成为西方主流媒体的重要关注点。美国等西方国家担忧中国强盛会危及其霸权和世界主导地位,对"中国梦"有不少负面的解读,而东亚一些国家则对中国的"民族复兴"怀有复杂感受,搭顺风车和担心中国"称霸"的不同想法错综交织。

为此,瞄准汉语和中华文化国际传播的战略需求,加强对汉语传播的国际舆情分析,加强外国人对华认知的实证研究,了解他们是怎样认识中国的;系统挖掘、梳理、激活中国语言文化资源,加强对中华文化的思想观念和价值理念的阐述,将丰富文化资源有效转化为对外文化传播的优势,更好向世界各国人民展示中华文化深厚底蕴及其现代价值;如何用外国人的思维和话语方式,更有成效地向国际社会讲好中国故事,传播好中国声音,塑造好中国形象,让世界各国产生共鸣并认同欣赏"中国梦"。这些问题都是汉语国际传播面对的热点问题。

当前的汉语国际传播应着重从以下方面进行拓展:

第一,汉语国际传播要遵循信息时代的传媒规律,"以受众为中心",贴近中国的发展实际,对外传播中国普通人的故事,贴近外国受众对中国信息的需求,消除他们对中国的疑虑和担心。汉语国际传播应避免刚性传播,关注传播形式的"柔性化",贴近国际受众的思维习惯,以他们最想听的、听得进去、听得明白的话语讲述中国故事,让中国文化和中国形象从细节上流露出来。要遵循普世价值观,重视"共享信息"的传播,以文化中的共性弥合差异,通过对话寻求"最大共识",从而达到更好的沟通效果。

第二,汉语国际传播既要融会贯通中华文明、中国道路、中国精神,也要兼收并蓄世界不同文明的成果。搭建海外汉学与中国本土学术对话的桥梁,深入探究探讨世界对中国的阐释和"中国道路"对世界的意义,以及中华文化海外传播的途径、方式和影响,使"文明对话"与"文化交流"的主旨得到进一步深化。汉语国际传播是联通中国梦与各国梦、世界梦的桥梁和纽带,我们应超越自身历史文化与国情制约,借助汉语文化国际传播,提出一整套"源于中国而属于世界"的核心价值观与国际主张,切实有效回答国际社会对中国与世界的关切,引导国际合作,共同推动全球治理进程。

第三,汉语国际传播应不断丰裕传播的媒介和途径,以独具特色的文化品牌为载体,有效提高对外传播能力。为此,应汇聚政府、高校、研究机构和社会民间各方力量开展汉语文化传播的协同创新,推广机制以汉语国际教育市场需求为导向,淡化政府官方色彩,引入社会民间资本参与运营,打造出更多创意性文化品牌,形成以世界各地汉语文化教学机构或教学点为依托,以创意文化品牌项目为牵引,以在线网站为纽带,融合专业报纸、门户网站、手机、微博平台、云资源库、专业期刊等为一体的现代化汉语文化国际传播阵地。

第四,汉语国际传播是一个复杂的适应系统,应以"受众体验驱动"为引领,即以受众自身体验为中心来达到"入耳、入心、入脑"的传播效果。要不断激发受众接收传播信息的潜能和主动性,让他们不满足于单纯从组织者和媒体那里接受单向传播的信息,而是更积极主动去搜集信息、参与活动,调动身体的各种感官在各类实际体验中形成对传播内容的感知和认知。同时,利用现代信息技术开发课程,如运用虚拟技术,提供给学习者真实的中国生活场景,让他们通过视觉、听觉、触觉等多种感官的刺激来完成汉语和中华文化的学习,从而在具体经验基础上构建起自己的概念意义,增进对中国语言文化的深层认知。

第五,汉语国际传播必须充分考虑到语言文化传播对个体、族群、民族、社会及国家的意义。鉴于各国的语言、文化和政治情况不同,与中国的国家关系不同,因而必须加强对汉语传播输入国社会的需求分析和舆情研判,加强与当地政府和社会各界的沟通交流,以"服务当地、满足需求、中外合作、互利共赢"为主旨,制定针对不同国家和地区语言文化背景及政治、法律、教育体制的汉语和中华文化推广模式,构建汉语国际传播进入各对象国的机制体制,更好向世界展示既有历史传承,又有现代感与亲和力的中国形象,实现中外人文交流的"接地气",形成与我国国际地位相适应的舆论力量和传播影响力。第六,建立和完善汉语文化国际传播效果的评估指标和评估体系,包括对传播过程的受众需求与舆情反馈的分析评判、对传播效果的评估标准和评估手段、途径等,为相关决策和资源配置提供科学依据。要增强忧患意识、使命意识,建立健全教学和管理人力资源体系,推动汉语国际传播的内涵式发展,全面提高汉语和中华文化的国际影响力。

第七,汉语文化教学是汉语国际传播的载体和支撑。汉语作为外语教学的主要难点是什么?如何降低汉语学习的门槛,帮助外国人更快更好地掌握汉语,这是我们在汉语国际传播过程中不得不面对的问题。作为汉语教学的母语国,我们不能仅仅依赖于对外来模式的借鉴,必须具有国际领先和模式输出意识,必须首先建立自己的有说服力的品牌。在汉语教学国际化进程中,掌握制定规则、输出规则的主动权,这是决定我们能够引领国际汉语教学潮流的重要之举。

为此必须进一步促进汉语国际教育学科理论的深化和教学实践的创新,在借鉴、吸收世界第二语言教学经验和成果的同时,应着重从汉语内在的特征和自身规律出发,建构汉语作为第二语言教学基础理论。一是进行针对外国学习者的汉语本体研究,侧重点是教学中的难点以及汉语跟学习者的母语或第一语言的差异,并结合学习者的认知心理和语言习得以及跨文化交际等对汉语进行多角度综合研究;二是进行汉语第二语言的学习理论与教学理论的研究,包括习得理论、教学模式、教学方法等的研究;三是进行针对教学实践和解决遇到的瓶颈问题的研究,包括教学案例、课堂教学设计、教学管理、测试评估、语料库建设、教材编写、师资培训、现代教育技术等的研究与推广。

第八,构建两岸同胞和海外侨胞华文教育和汉语国际传播协同传新平台。两岸同胞同属中华民族,血同缘、书同文、语同声,构建两岸同胞和海外侨胞华文教育和汉语国际传播协同传新平台,有利于两岸同胞在文化认同和民族认同的基础上超越政治分歧,聚同化异,增进相互了解,融洽彼此感情,共同推动汉语和中华文化传播的融合和创新,也更好地造福于广大海外侨胞,将全世界的华侨华人与海峡两岸更紧密地联系在一起,形成海内外中华儿女共促两岸关系和平发展和实现祖国统一的局面。

要充分发挥海外华侨华人的作用。我们有 6000 万海外侨胞遍布在世界各地,活跃于居住国的政治、经济、文化、社会等领域,是一个集人力、资本、政治、文化、科技、信息等于一体的资源系统,是中国走向世界和融入世界丰富而宝贵的资源。华文教育、华人社团、华文传媒一直以来是中国语言文化海外传播的重在载体,华侨华人是居住国推广汉语和中华文化的主力军,汉语国际传播理应更加重视发挥海外华侨华人的积极作用。

当今互联网技术和大数据时代为汉语国际传播的舆情分析和决策判断提供了便捷条件和有力支持。为顺应这一时代发展潮流,由厦门大学海外教育学院、厦门大学两岸关系和平发展协同创新中心共同策划推出了《汉语国际传播热点透视》系列丛书。该系列丛书作为"2016 年专业学位研究生教学案例库建设项目"的阶段性成果,以"大数据背景下的舆情分析与决策支持"为主旨,在广泛汇聚当今海内外各类传媒有关汉语国际传播的信息资源基础上,对监测收集到的海内外舆情数据进行鉴别、萃取、分析和解读,对提炼出的热点问题进行综合研判,通过"加工"实现数据资源的"增值",从而为应对汉语国际传播的社会舆情提供决策参考和智力支持。值得一提的是该丛书还邀请包括两岸知名学者在内的海内外相关学科领域的专家对这些热点问题进行透视分析和精辟点评,体现了两岸和海内外学者跨学科的协同创新。衷心希望本套系列丛书的出版,能为汉语国际传播事业添砖加瓦,做出一点应有的贡献。

# 目录 MULU

# 一、"一带一路"人才培养

在 21 世纪,从国家战略角度提出的"一带一路"构想,旨在通过积极主动地发展与相关国家在经济、文化领域的深入合作,从而为实现中华民族的伟大复兴创造良好的外部环境与合作共赢的新格局。为了更好地切实推进这一宏大构想,则需要培养大批熟悉、了解"一带一路"沿线国家与地区的高端复合型人才。

## 相关报道

### "一带一路"战略亟需建立人才培养体系

被称为"一带一路"的丝绸之路经济带和 21 世纪海上丝绸之路贯穿亚、欧、非三个大陆,前者从中国西北经中亚、西亚、俄罗斯至波斯湾、地中海以及欧洲,后者从中国沿海港口经过南海到印度洋,延伸至欧洲与南太平洋。"一带一路"所经国家众多,空间辽阔,地理、民族、历史、文化、宗教、政治差异极大,国与国、民族与民族、历史与现实、宗教与宗教及其各派别等,在千年时间里,它们各自发展又相互纠缠,国情民意极为复杂。因此在实施、推进这一战略时,更需要知己知彼,而不是盲目走出去。万不能在付出了高昂的代价,效果却适得其反后,才幡然领悟到这一道理。"一带一路"是一项持续几十年的宏大的国家战略,为了更好地切实推进这一战略的发展,就需要培养大批熟悉、了解"一带一路"沿线国家与地区的高端复合型人才。

#### "一带一路"人才培养需要完整体系

按传统的学科分类,现在与"一带一路"相关的学科大多分布在语言文学中的小语种、世界史的相应国别史、政治学的国际政治等学科领域。但是这些学科有着截然不同的评价体系,且其中很多都处于各学科中边缘地位,学科之间也就很少往来与交流。甚至全国绝大多数大学都没有设置相应的学科以及研究、教学人员,更谈不上人才培养了。即便是在上海,除上海外国语大学外,包括复旦大学在内的其他大学都缺乏有关中亚、西亚、东南亚的外国语言专业,这些现状与作为经济中心的上海在"一带一路"战略中应有的地位、作用很不相称。

推动"一带一路"战略需要对相应国家、地区进行综合、深入地了解，掌握相关的外语仅仅是第一步。要改变现状，除了新设相应的专业外，还要从更高的层次上考虑人才的培养问题。如果建立起一个完整的人才培养体系，那么综合性大学就更有条件发挥学科专业齐全的诸多优势。

但由于现在的学科划分太细，要想建立起完善的人才培养体系，就需要打破现有的学科分类布局。招收不同专业的学生攻读"一带一路"方向的多学科研究生学位，实现"一带一路"人才的多学科培养。专业可以分布于现有的语言、文学、宗教、历史、地理、政治、经济等范围内，而学生与导师则共同被整合于新设立的"一带一路"研究院，不仅可从体制上保证培养出综合性的跨学科人才，同时也可进行多学科的基础研究与对策性研究。否则，缺乏深厚研究基础的智库最多只能提供人所共知的常识，而不会对国家的决策起到正面的借鉴与促进作用。

### 人才培养不仅要引进来，还要走出去

中央三部委发布的《推动共建丝绸之路经济带和21世纪海上丝绸之路的愿景与行动》称，"扩大相互间留学生规模，开展合作办学，中国每年向沿线国家提供一万个政府奖学金名额"，培养沿线国家的年轻精英人士对中国的感情是巩固、加强双方友好关系的必要举措。同时向沿线国家派遣留学生与访问学者也极为必要，国家公派留学基金也应向"一带一路"沿线国家倾斜，培养、派遣愿意了解、有志学习、积极投身"一带一路"建设的本国人才。

作为国家留学基金的评委，笔者参与过评审公派留学申请，发现以"一带一路"沿线国家为留学目的地的人很少。因此，在这方面一定要拿出切实可行的鼓励措施予以改善。

只有长期在国外留学、工作的经历，才能真正了解、理解所在国的社情民意，这一原则对于国内"一带一路"所经的关键地区同样有效。要鼓励进行实地考察，而不是纸面作业，或走马观花、蜻蜓点水式的所谓考察。这就要求我们要培养出既具有学科专业能力，又具有实地获取信息、分析信息的能力，符合"一带一路"战略需要的、知行合一的新型人才。

加之"一带一路"沿线国家普遍国情复杂，政局动荡很难预期，地区、阶层、宗教派系差异性大，官方外交不可能全面了解民间需求与广泛民意，这时便需要民间外交人才通过NGO志愿者、学术研究、文化交流等方式进入到整个社会的肌理中。

**文化推广更需要人才全面培养**

更重要的一点是,过去国家之间往往是硬实力的比拼,但随着社会发展,软实力的推广越来越重要,尤其文化是全人类共通的精神产品。通过传统丝绸之路的文化繁荣、经济繁盛的意象来推广"一带一路"战略非常巧妙、高明,但也对我国的软实力提出了更高的要求。

要推出一系列能被"一带一路"沿线国家广泛接受的优秀文化产品,这都要求参与的学者、企业家和政府部门必须充分理解历史文化背景与各国的民心社情,才可能更好地实施这一战略,而这也正是目前非常缺乏的。因此"一带一路"的人才培养体系也需要为从事"一带一路"实际工作的政府官员、企业家、民间人士等人群,提供全面、深入的历史、地理、语言、文化、宗教、政治等方面的知识培训,才能知己知彼,事半功倍。(侯杨方,复旦－甘肃丝绸之路经济带建设协同发展研究院院长、教授)(《文汇报》2015.5.8)

# "一带一路"对人才培养的新要求

如何面向"一带一路"战略需求,打造适应并能提升"一带一路"进程的高素质创造性人才,是我们必须深入思考的一个问题。

《中共中央关于制定国民经济和社会发展第十三个五年规划的建议》提出:"要推进'一带一路'建设,广泛开展教育、科技、文化、旅游、卫生、环保等领域合作,造福当地民众。"在新的历史条件下要完成"一带一路"的战略使命,教育是基础,人才是关键。如何面向"一带一路"战略需求,不断提升我国大学的国际化办学水平,坚定不移地推进教育开放,打造适应并能提升"一带一路"进程的高素质创造性人才,是我们必须深入思考的一个问题。

在现代社会发展中,大学是培养高素质人才的摇篮,是探知未知世界的前沿,是教育向经济社会转化的阵地,也是古今文化、中西文化相互交汇的桥梁。但要看到的是,这些功能不是抽象的,而是同当今世界经济社会发展的重大战略需求紧密联系的。能否将现实问题内化为大学跨学科、跨文化聚焦的问题,并有效地加以解决,这是社会对大学的希望所在,更是大学引领社会发展的动因所在,是大学不断走向开放的动因所在,

2015年在中国发布的《推动共建丝绸之路经济带和21世纪海上丝绸之路的愿景与行动》中提出,"共建'一带一路'顺应世界多极化、经济全球化、文化多样化、社会信息化的潮流",强调共建"一带一路"符合国际社会的根本利益,彰显人

类社会的共同理想和美好追求,是国际合作以及全球治理新模式的积极探索,将为世界和平发展增添新的正能量。

目前,共建"一带一路"的重点任务是政策沟通、设施联通、贸易畅通、资金融通、民心相通。面对这一战略重点任务,对于大学而言,需要组织各种资源,发挥大学学术学科的整体优势,在以下几个方面寻找新突破:

一是重视"一带一路"跨文化的研究和人才培养。"一带一路"沿线国家的历史传统、风俗习惯、语言文字、宗教信仰等不尽相同。对此,就需要我们发挥学校人文历史语言的优势,重点研究"一带一路"可能带来的文化冲突,加快培养熟悉"一带一路"国家文化历史的人才,要特别注重培养一些小语种的语言人才。当然我们在这方面的研究和人才培养的宗旨,还是要加强民心相通,加强中国梦与世界梦的相通,知己知彼,进而让更多的人了解中国的文化价值。

二是要重视"一带一路"的政治法律研究和人才培养。"一带一路"是一项普惠中国与世界的重大福祉,但我们也要看到,由于"一带一路"沿线国家的政治制度不尽相同,法律法规也有很大的差异,而要做好"一带一路"的前提就需要政治互信。因此,我们大学急需进一步围绕"一带一路"可能出现的政治法律风险,加以深入研究,开设专门的"一带一路"的政治法律课程,培养这方面的专门人才。

三是要重视"一带一路"的国际贸易和金融研究及人才培养。"一带一路"所提出的贸易畅通和资金融通,都需要大学在学科布局和人才培养创新方面有新进展。如何面对世界经济一体化的态势,如何结合"一带一路"的新实践,深入研究金融创新、自贸区建立、通关便利化等问题,都需要我们的大学进一步组织好队伍,凝炼好方向,在这方面培养出更多具有扎实功底、实战经验和创新能力的人才。

四是要重视"一带一路"基础设施建设方面的研究和人才培养。"一带一路"战略的提出,特别是亚洲基础设施投资银行的成立,正是面对了亚洲和世界最为紧缺的问题,这是对振兴世界经济的准确把脉。如何将这笔庞大的资金化为相通世界的、经得起历史和各国人民检验的质量工程、民心工程,还需要我们加大力度对其进行研究。因为基础建设工程涉及交通、能源、新材料、生态、财会、法律等方方面面,且又不是各项任务的简单相加,这就需要大学组织跨学科的联合攻关,设置相应课题,尽快开设相关的专题课,并形成科研、教学、实践的体系,统筹协调,联动创新,高水平地完成相关任务。

从根本上来说,"一带一路"给大学的综合改革带来了新的机遇和要求。从历史上看,任何一次大学的变革发展,都是与时代所提出的新课题有着密切的关系。当下的"一带一路"已经在深刻地改变着世界和中国的发展格局,围绕着这一发展格局,进行整体的学科学术、人才培养和内部管理的整合与改革,是目前高校进行综合改革所必须回应的重大问题。(夏文斌,石河子大学党委副书记、北京大学教授;本文为中亚文明与向西开放协同创新中心重点项目"向西开放与中国现代化"阶段性成果)(《中国教育报》2016.1.21)

## "一带一路"需要跨文化人才支撑

自习近平主席提出"一带一路"设想以来,全世界报以普遍关注,沿线许多国家也积极响应。然而,由于沿线60多个国家在历史传统、语言文字、社会制度和宗教信仰等方面存在巨大差异,"一带一路"建设不可避免地面临诸多问题和困难。其中最迫切的是沿线各国如何消除文化隔阂,在增信释疑基础上加强合作意愿、完善合作方式。

古代丝绸之路的开辟,始于汉武帝派张骞出使西域,从此便有了对沿线风土人情的考察和了解。今天"一带一路"建设,也要从文化交融入手,为此需要优先培育精通中外文化的"跨文化人才"。改革开放以来,中国在培养跨文化人才方面做了许多卓有成效的探索和尝试。如今,由中国培养的各类跨文化人才不仅广泛活跃在中国与各国的双边交往中,而且还在世界许多重要国际合作机制中发挥着极其重要的作用。

就总体而言,我们在跨文化人才培养过程中尚存在一些缺陷和不足。一是了解西方主要发达国家语言文化和社会制度的人员较多,而了解中小发展中国家相关情况的人员较少,对外交往中用英语包打天下的情况极为普遍,涉外人才储备冷热不均、地域失衡的情况非常突出;二是会说外国话、会写外国字的译员不少,而真正深入了解外国政策法规、决策程序和民心走向的专家不多,因而在对外交往中时常出现"看似听懂了、其实根本没明白"的情况。

近年来,中国企业和文化在走出去的进程中遇到了一些挫折和困难,有些对外投资项目不仅未能赢利,还时常血本无归;有些对外文化传播项目投入不少,但收效甚微,有时甚至是花钱买骂。产生这些问题的原因,表面上可以归结为合作对象选错了、投资地点看走眼了,但真正的原因是我们缺少对世界各国社会制度、文化习俗和价值观念等重要因素深度了解的跨文化人才,造成我们常常在异国他乡仅凭自己的善良愿望和美好设想而行事,结果自然会因水土不服而失误连连。

据了解,目前国家有关部门已制定了系统的跨文化人才培养计划,特别加大了对"一带一路"沿线中小国家语言和文化人才的培养力度。但对跨文化人才需求的多元性,决定了人才培养不能单靠政府,民间特别是各相关企业也要更新观念、

5

增加投入,着力培养各领域对外交往的实用人才。

我们在培养各领域了解其他国家历史和文化"外国通"的同时,也要协助有关国家培养更多的"中国通"。在这一过程中,一要注重发挥"一带一路"潜在市场对人才需求的引导作用,激发这些国家政府和民间的内生动力,使学习、了解中国历史和文化成为他们的自然需求与自身愿望;二要侧重在当地既有平台上开展中国语言文化的推广,例如,在一些"一带一路"沿线国家居住着许多华侨华人,由他们兴办的华文学校历史悠久、分布广泛,在校学生中既有大量华裔青少年,又有许多非华裔学生,是培养跨文化人才的理想之所。目前这些学校在中文师资、教材等方面面临许多困难,我们可以根据他们的需求提供力所能及的帮助,这样不仅事半功倍,也能避免引起不必要的误解。

十年树木,百年树人。"一带一路"是造福千秋万代的事业,只有夯实人才基础,源源不断地培养和造就各类跨文化人才,才能支撑这项伟大的事业持续健康发展。(周虹,北京华文学院院长)(《人民日报》2016.2.1)

# "一带一路"需要国际汉语人才

古代陆上丝绸之路和海上丝绸之路既是连接亚洲、非洲、欧洲的商业贸易通道,也是沟通东西方政治、文化的重要桥梁。在21世纪,从国家战略角度提出的"一带一路"构想,旨在通过积极主动地发展与相关国家在经济、文化领域的深入合作,从而为实现中华民族的伟大复兴创造良好的外部环境与合作共赢的新格局。自古以来,无论是经济往来还是文化交流,语言相通都是重中之重,因而在推动"一带一路"的发展中,汉语国际推广具有举足轻重的作用。在"一带一路"背景下,汉语国际教育要具有实用性,要能适应和满足各国社会与市场对不同层次汉语人才的需求。实用性在不同的层次也有不同的体现。与此相对应,"一带一路"背景下的汉语国际教育也应着力培养三个层次的汉语人才。

## 一、基本交际型的通用汉语人才

语言文化的交流是经济交流的助推剂。想要了解一种文化,最好的途径就是学习其语言。实施"一带一路"战略,需要大量基本交际型的通用汉语人才。因此,大力培养对华友好、粗知汉语的普通大众是当务之急。

如果以2007年国家汉办颁布的《国际汉语能力标准》来衡量,所谓基本交际型的通用汉语人才是指具备以下能力的汉语学习者:①能理解与日常生活和工作相关的,以及在一般交际场合中遇到的基本的语言材料;②能就熟悉的话题与他人进行沟通和交流;③同时还具备简单的书面阅读与表达能力,如能识别并理解日常生活中的常见汉字,以及能用最基本的语汇或句子就一般场合下熟悉的话题进行简单的书面交流。

实际上,要达到此目标并非易事。在实现这一培养目标之前,应有一个过渡阶段,即首先培养具有以下技能的汉语学习者:①能基本听懂与日常生活密切相关的熟悉而简短的话语(如能听懂熟悉环境中的基本数字和最常用的关键词语,能听懂常见商品的简单介绍),并能就日常生活中非常熟悉的话题与他人作简单沟通;②能阅读日常生活中常见的简短书面材料,了解大意,识别具体信息,能回答相关问题或介绍相关情况等。

在具体实施方面,除了把希望学习汉语的人员请进中国国内学习,更多的时候则需要我们走出国门,到对方国家从事汉语教学与推广。

**二、具有专业特点的复合型汉语人才**

所谓复合型汉语人才是指能满足"一带一路"相关国家社会与市场需求的多元化、多学科、懂汉语的,且能够在不同领域大显身手的应用型人才。复合型汉语传播人才将为加强中国与"一带一路"相关国家的经贸与科技人文合作提供人才保障。

结合《国际汉语能力标准》,一个具有专业特点的复合型汉语人才应首先具有以下汉语技能:①能理解在一般社交场合或在工作、学习等场合遇到的表达清晰、内容熟悉的语言材料,如能听懂新闻播报中的主要内容或其他简单的广播;②并能就熟悉的话题与他人进行表述清楚的交流,能表达自己的看法,给出简单的理由或解释;③阅读及写作方面,要求能看懂一般场合下较浅显、真实的书面语言材料,获取主要内容和关键信息;能对所读或所听的材料做简单记录;能就熟悉的话题作通顺、清楚的简单描述或说明。

作为复合型汉语人才,还需要掌握通用汉语之外的专业汉语,从而具有从事特定专业活动的能力。例如掌握商贸汉语,具有使用汉语从事商贸活动的能力。这需要他们在掌握通用汉语之外,掌握相关专业的汉语词汇及表达。实际上,如果一个汉语学习者的综合应用能力达到较高水平,也就能较容易满足专业交流的需要,故而汉语国际教育的发展方向应是通用汉语和通识汉语教学为主、专业汉语教学为辅。在实际教学中,可以根据学生的实际情况,对不同学习目的、不同学科背景的外国汉语学习者采取有差别的要求。例如对一般性的文科类的学生,以通用汉语为主,对听、说、读、写全面要求。而对专业要求高,例如理工、医学、农林专业的学生,可首先侧重听、读能力的培养,为他们的专业学习扫除障碍。

懂汉语,且能向多学科延伸的多元化复合型国际汉语人才的培养,应成为当前

"一带一路"汉语推广工作的重心之一。

### 三、了解中国文化、精通中文的高级汉语人才

改革开放以来,中国积极谋求国际合作与发展,并向世界展示了一个负责任的大国形象。现在,我们应进一步重视文化传播及其作用,在文化交流中与国际社会进一步增进了解、增加信任,减少猜疑和误解,实现包容与共享。只有让外界真正了解中国的文化思想,才能理解中国谋求的是和平、合作、共赢的发展。因此,我们应努力培养了解中国文化、精通中文的高级汉语人才,使他们在推广汉语、传播中华文明方面起到极大的作用,在让世界了解中国,帮助中国走向世界的过程中发挥巨大能量。

这类汉语人才在听说读写各方面都需要达到更高的要求。例如能理解并把握多种场合、多种领域(包括个人专业领域)的正式或非正式的交谈或发言,以及相关的语言材料;能在多种场合下与他人就具体或抽象的话题进行有效的沟通、交流或论证;能较自如地参与包括专业领域在内的一般性话题交流和讨论,表明自己的观点和态度,并能对各种意见进行阐释等。

有学者指出,对外汉语教学应立足于"请进来",汉语国际教育要立足于"走出去"。"请进来"可以让来华留学生亲身感受中国的巨大变化,体验中国文化的伟大魅力,让他们在汉语环境中学习与成长;"走出去"可以让更多的人接触汉语和中国文化,让希望学习汉语又无法到中国来的人就近学习。相对来说,目前更受重视的是第一、二类汉语人才的培养,而对培养熟稔中华文明、精通中文的高级汉语人才重视不够。现在,已经到了把培养精通汉语和中国文化的"中国通"计划提上议事日程的时候了。

在实施国家"一带一路"战略意图方面,汉语国际教育肩负着我国与周边国家文化语言交流的伟大使命,具有极为重要的战略意义和义不容辞的重大责任。(何亮,重庆师范大学文学院)(《中国社会科学报》2016.2.2)

## "多语种+"人才培养需辟新途径

随着"一带一路"战略的实施和提速,破解我国非通用语种人才的匮乏现状,已成当务之急。

高端小语种人才的培养,并不容易。包括上海外国语大学在内,国内多所高校都遇到过这样的窘境:大学承担着巨大的人才培养成本,但是好不容易培养出的小语种人才,却因各种原因而"中途改道"或流失。

从今年9月开始,上外全新打造的卓越学院将迎来首届新生。这是为培养多

语种人才所做的全新试验与探索,完全弹性学制、中外联合培养……上外的目标很明确:为这批具有专业特长和学科潜质的学生度身打造"战略培养制度",让他们尽快成为外语精英人才或专业领域精英人才。

**未来卓越国际化人才:"多语种+"是趋势**

进入上外卓越学院的学生,基本都将接受英语以及第二门外语的学习,成为多语种人才。

上海外国语大学校长曹德明介绍,上外当前正在推进"多语种+"卓越国际化人才培养机制。其中,"多语种"指的是学生要至少精通两门以上第二语言,具有出色的跨文化沟通能力;"+"则意味着互通互联,要求学生在多语种的基础上,打破专业学科壁垒,成为在某一领域的专精人才。

上外卓越学院录取的学生占同届本科生的5%,从人才培养方案来看,极具个性特征。由于该学院每个学生选学的小语种不尽相同,相关语言专业在上外相应的语言学类专业完成,所以在一个只有20人规模的班级里,学生们都有自己专属的课程表和学习计划。

曹德明直言,上外在开设卓越学院方面的探索,某种程度上可以视作该校在人才培养领域的转型。他介绍说,建国后,我国外语高等教育可以从培养俄语单语种人才算起,20世纪50年代到70年代,国内的外国语院校纷纷开设英语、俄语、德语等外语专业的教学。上外最早单纯培养俄语人才,后来开始培养多个语种的高层次外语人才。到改革开放后,单一外语人才培养模式已越来越不能适应社会发展需求,外语类院校于是开始探索培养外语复合型人才。到20世纪90年代,包括外语专业型、专业+外语型等复合型人才在就业市场受到欢迎。但进入21世纪后,伴随着中国国际地位的提升,基于"多语种+"的区域国别通才以及专业领域精英越来越成为国家急需。

上外卓越学院多语种高级翻译实验班今年的20个招生计划,已通过面向全国16所外国语学校招生的保送生考试完成。

"要顺利完成卓越学院的课程,学生从入门开始就须具备较好的英语基础,最好同时在一门小语种上有基础。"按照上外相关负责人的看法,要达到这样的招生要求,从目前高中人才培养情况来看,外国语中学显然是首选。

**培养多语种人才,高校渴望获更多政策支持**

响应国家"一带一路"战略,今年年初,上外明确提出,未来3年内再增加10门非通用语种专业或课程。很明显,在小语种人才的培养源头上,大学考虑"做加法"。

可另一头,发生在这所学校的一件小事也令人深思:去年,上外俄语系乌克兰语专业两位本科生毕业后本来打算去基辅留学深造,但碍于当时乌克兰的紧张局势,两位学生的留学申请中途被迫停止,最后只好前往俄罗斯留学。

知情的老师感慨"实在太可惜"。培养的乌克兰语学生人数本就极少,好不容易有个把有留学、研究意向的,后来还是转道了。

如何让更多学术苗子按照预设的人才培养轨道,尽早进入相关行业和领域、承担起服务国家战略的使命?谈及这一话题,姜智彬直言,培养多语种人才,高校渴望获得更多的政策支持。比如,通过优化课程,在实行弹性学制的基础上,适当缩短修业年限。

有业内人士指出,我国输送到各类国际组织的人才严重缺乏,分析其中原因,有时和高校的人才培养机制有关。目前,不少国际组织人才一般录用的年龄要求在 30 岁上下,除了外语要求高,还需要一定的工作经验。而一般情况下,我国高校培养的博士毕业就已经 27 岁了。

在上外卓越学院,最优秀的学生有望用 7 年时间获得博士学位,较传统的高校人文社会科学的博士生培养时间要短两年左右。这些时间如何"省"下来?姜智彬说,以今年已经完成招生计划的多语种高级翻译实验班为例,通过保送生选拔后,学生开始大学学习的时间提早半年。目前,上外已经为这批保送生布置了阅读专业书单、慕课学习、撰写读书笔记等。待这批学生今年秋季入学后,成绩优异者3 年后可修完本科学分,继而再通过上外与国外高校的联合培养、完成硕士和博士阶段的学习。(《文汇报》2016.3.2)

## 全国政协委员牛立文:"一带一路"小语种人才急需培养

作为"十三五"期间实施的重大战略任务,"一带一路"将进一步扩大我国对外开放水平。在与别国交流中,外语人才自然不可或缺。"语言不通则不可能人心相通。"全国政协委员牛立文建议,加快培养"一带一路"沿线国家的小语种人才。

### 8 个语种在校人数不足 50

据统计,"一带一路"沿线多是新兴经济体和发展中国家,总人口约 44 亿,覆盖的中亚、东南亚、南亚、西亚和东非五个地区的官方语言数量超过 40 种。而根据我国 2010～2013 年高校外语专业招生的语种数量,只覆盖其中 20 种。"'一带一路'

相关的小语种在校人数也偏少,在已招生的 20 个小语种中,11 个语种的在读学生人数不足 100 人;而波斯语、土耳其语和斯瓦希里语 3 个语种在 50～100 人之间,其他 8 个语种均不足 50 人。"牛立文认为,加快培养"一带一路"急需小语种人才势在必行。

**建议报考小语种减免学费**

牛立文建议,教育部门要确定"一带一路"沿线国家和地区使用语种的数量及未来可能需求的各个语种人数,做出相应的招生计划和人才培养方案。

同时,鼓励有条件的高校外语院系及地方外语学校,结合实际,设置或扩大小语种专业及招生人数;鼓励外语专业学生选择某一小语种作为第二外国语学习,也鼓励其他专业学生选修一门小语种。

针对可能有很多学生不愿选学小语种专业,导致招生难的问题,牛立文称:"可借鉴师范院校招生模式,对报考小语种专业的学生给予一定的学费减免及其他特殊补贴。"(大公网 2016.3.15)

# 加强语种建设,服务"一带一路"战略

"一带一路"作为我国新一轮对外开放的重大战略,为地处丝绸之路咽喉的甘肃带来了新的发展机遇。省委省政府对丝绸之路经济带甘肃黄金段的建设非常重视,制定出台了《丝绸之路经济带甘肃段建设总体方案》和《甘肃省参与丝绸之路经济带和 21 世纪海上丝绸之路的实施方案》,确立了我省在"一带一路"建设中的战略地位。两个方案最基本的要素和内涵是实现习近平总书记提出的"五通",即"政策沟通、道路联通、贸易畅通、货币流通、民心相通",这是"一带一路"大战略的根本落脚点。

国与国的交往和互通,只有通过语言这一桥梁和纽带,才能实现"人畅其行,物畅其流"。甘肃长期以来是一个相对封闭的内陆省份,外语语种建设既无历史的渊源,也无地缘的优势,语种建设的滞后状态尤显突出,主要表现在三个方面:一是语种有限,覆盖面不足。全省高校目前所开设的语种只有英语、俄语、日语、法语、德语、西班牙语、葡萄牙语和阿拉伯语等 8 种,与"一带一路"所需语言种类尚有很大的差距。虽然英语、俄语等可作为一些国家的通用语,但不像母语那样可以"直抵人心",不具备母语所特有的迅速缩短人与人之间距离的优势,因此,只有使用对方的母语与之交流,才会更加容易产生心灵的碰撞,更容易增进相互间的理解,更容易在重大问题上达成共识,从而更有利于互学互鉴、互利共赢;二是除英语外,其他语种的招生人数非常有限。近年来,西班牙语、葡萄牙语、德语等三个语种每年的毕业生仅有 30 人左右,法语和阿拉伯语在 100 人左右;三是各校的课程体系和培养模式基本相同,即纯粹以语言人才培养为目标,这种严重的"同质化"现象很难满足未来甘肃在"一带一路"大战略中对于不同层次、不同领域人才的需求。针对甘肃高校外语语种开设现状,我们需要从以下四个方面着手,做好相关语种人才的储备工作:

一是广泛调研,明确"一带一路"战略中与我省联系最为密切的国家和语言。"一带一路"沿线国家众多,不同的省份由于地理位置不同、经济需求及文化氛围的差异,无论是"走出去",还是"请进来",都会有各自相对稳定的对象国。对于语种的需求会随着各省合作伙伴的不同而有所区别。搞清与甘肃在文化、经贸、科技及工程建设等方面合作最为密切的国家及其语言,是我们制定语种建设规划的第一步。

二是根据需要的轻重缓急,科学合理地设置语种。语种设置工作应按照需求量的大小,在教育主管部门统筹安排下,认真论证,全面规划,有序稳健地推进。各高校应根据自己的实际情况,既要着眼当前,也要兼顾未来,既要考虑甘肃的语种现状,也要通观全国的相关专业分布,既要抢抓机遇,也要避免"一窝蜂",使所设语种能够在专业和学科建设中可持续发展,防止某些语种因盲目开设而在短期内出现"供过于求"的局面,造成人、财、物的浪费。教育主管部门应结合我省区域经济和社会发展的需要,出台相关政策,鼓励支持各高校的语种建设。

三是各高校应结合各自的学科优势,在外语人才培养上错位竞争,走差异化发展之路。可以预见,在与"一带一路"沿线国家的交往中,对外语人才知识结构的需求将会呈现出多元态势,既需要通晓当地语言、熟悉当地文化、政治、历史的专门人才,也需要掌握国际法和对象国法律以及能够在科技、经贸、工程、医疗等领域从事翻译的复合型外语人才。这对传统的外语专业教学来说是一个巨大的挑战,需要各高校将外语专业与各自的优势学科结合起来,在不削弱外语专业人文特性、不降低学生人文素养、不影响语言水准的同时,按照外语 + 专业(双学位)、外语 + 辅修、外语 + 专业知识的模式,以"语言领先、专业渗透、方向交叉"的原则,走复合型人才培养之路,使学生不仅具有扎实的语言基本功,还具有相关的专业知识。外语与专业知识的结合应主动适应甘肃企业"走出去"的需要,解放思想,打破常规,以与时俱进的态度完善多元课程体系,确定"复合"的不同专业方向,培养符合甘肃需要的外语人才。

四是以"专业 + 相关语种"的方式提高非外语专业学生的外语水平,满足专业技术人员对外语的需求。随着世界经济全球化、文化多元化、科技一体化、信息网络化的发展,语言作为经济以及社会资源的意义日趋显露,各领域发展对语言的需求也呈现出多元趋势。我们应本着开放、认同、尊重的心态,根据我省经济建设的需求,做好不同语种的建设工作。处于中国西北内陆腹地的甘肃,被"一带一路"战略推向了对外开放的前沿,大批企业正在走出国门。语言应该为越来越多的企业架起通畅便捷的国际合作桥梁,不断拓宽甘肃的国际合作"边界",让甘肃的企业走得更远,走得更快,在更多的国家落地生根,开花结果。

"一带一路"的战略构想意义深远,对甘肃蕴藏着无限的机遇。我们应清醒地认识到作为基础保障和先导工程的语言对建设"一带一路"经济带甘肃黄金段的重要作用,前瞻性地做好语种建设工作,为"一带一路"提供合格的外语人才,促进甘肃经济社会的更好发展。(陈静,兰州交通大学外语学院教授)(《甘肃日报》2016.4.8)

## 与"一带一路"同行的"非通人才"培养

我国高校非通用语专业经历了两个蓬勃发展时期,一个是20世纪50年代到60年代,新中国外交的展开对非通用语人才的大量需求加快了非通用语专业的建设。另一个是进入21世纪以来,国家在高等学校建设了9个国家外语非通用语种本科人才培养基地,促进了非通用语专业的发展。"一带一路"战略的实施为非通用语带来了新的机遇,我们将迎来更好、更快的发展。

"一带一路"建设是一项以经济建设为主导、旨在促进沿线各国经济繁荣的事业;是借助既有的区域合作平台,借用古代"丝绸之路"的历史符号,共同打造政治互信、经济融合、文化包容的命运共同体。"一带一路"建设中要想做到语言文化融通,既要大量培养语言人才,包括专门语言人才和"语言+专业"的复合型人才,也要充分发掘和利用"一带一路"相关国家和民族的历史、文化资源,为民心的相连、相通而服务。为了实现这一目标,设立了非通用语专业的各大高校责无旁贷,应该担当起这个责任。

"一带一路"战略从多方面对我国非通用语人才培养和科学研究提出了新的要求:一是增设新语种,我们要在较短时间内增加众多语种,范围涉及所有与我国建交的国家的主要语言,远期还要增加更多;二是在更多的高校设置更多的专业点。过去设点比较多的为东亚、东南亚语种,现在一些学校已经或将要设置南亚、西亚、中亚、非洲和欧洲地区的语种;三是学科内涵更加丰富,不仅包含素有的语言文学、历史文化和宗教哲学等人文学科,也包括社会科学学科;四是在高校推进智库建设,为"一带一路"建设等国家发展战略服务。

我国高校外语专业教学和人才培养围绕"一带一路"战略正从多方面开展工作。北京大学外国语学院启动了"一带一路"外国语言与文化系列公共课程项目,这些课程基本涵盖"一带一路"区域的国家和民族的语言文化。外国语学院所属五个非通用语系科在语言文学和历史文化研究方面成果丰富,成为了解和研究亚洲与非洲地区历史文化的重要资源。教育部国别和区域研究培育基地"南亚研究中心"设立四年来初步显现了智库的功能。北京外国语大学在推进非通用语建设方面一直处于前列。亚非学院自 2010 年以来举办了"'一带一路'非通用语人才培养"研讨会、"非通用语战略发展暨新型智库建设"高端论坛,目前正在与伦敦大学亚非学院和法国国立东方语言文化学院联合实施"亚非地区研究人才国际合作培养项目"。欧洲语言文化学院开设的欧洲非通用语种已达 23 种,学校实现了所有欧盟国家官方语言全覆盖;2012 年设立的教育部国别和区域研究培育基地"中东欧研究中心",在中国与中东欧合作机制中发挥着越来越重要的咨政和社会服务功能。上海外国语大学开设有 19 个非通用语专业与课程。2015 年 8 月,上外启动了"非通用语种卓越人才培养基地",着眼于培养在上外就读的中外本科生和研究生,尤其是来自"一带一路"沿线国家的学生。同时将着力培养国家紧缺的外语非通用语种卓越翻译人才和具有非通用语背景的新闻传播、法律、金融等专业知识的复合型人才。广西民族大学开设的东南亚语种齐全,为满足中国 – 东盟自由贸易区建设对语言文化人才的需求,成立了"东南亚非通用语种翻译人才培养基地",之后又建设了"中国 – 东盟国家语言同声传译实验室"。云南民族大学明确把东南亚语种群和南亚语种群的建设列为学校特色和优势之一,2015 年根据中印两国总理的提议建立了中印瑜伽学院,新建的南亚学院已经或将要开始印地语、孟加拉语、乌尔都语和僧伽罗语教学。地处"丝绸之路"起点的西安外国语大学秉持"立足陕西、服务西北、辐射全国、面向世界"的办学思路,近年来开设了意大利语、葡萄牙语、朝鲜语、泰语、印地语、土耳其语、波斯语和乌尔都语等专业。

我国大学的外语教育在发展,理念在更新,非通用语专业面临从传统办学到科学合理规划的转型,这个转型既体现在教学方面也体现在科研方面。教学上实现从语言人才的培养到综合性人才的培养,从一般语言人才的培养到高级翻译人才的培养;科研上一是从人文学科的研究到人文学科与社会科学相结合的研究,二是从以基础研究为主到基础研究和应用研究并举,加强对现当代问题的关注。"一带一路"战略正激励着非通用语教师把为国家培养数量更多、语种更全、外语更好、素质更高的非通用语语言文化人才作为自己的工作目标。(刘曙雄,教育部高等学校外语专业教学指导委员会副主任委员、非通用语种类专业教学指导分委员会主任委员、北京大学教授)(《神舟学人》2016 年第 1 期)

## "一带一路"建设,人心相通语言先行——访北京语言大学党委书记李宇明

近日,前来埃及参加中埃大学校长论坛的北京语言大学党委书记李宇明教授在开罗接受了海外网记者的专访。

李宇明表示,在"一带一路"战略提出后,中国很多高校领导都在思考大学应该在其中发挥怎样的作用。过去中国外语教学以英语为主,"一带一路"沿线国家的多数语言并没有被涵盖其中。使用英语固然能够交流信息,但很难与当地民众沟通感情。习近平主席在谈到实施"一带一路"战略时,特别强调政策沟通、设施联通、贸易畅通、资金融通、民心相通。在实现"五通"的过程中,都需要语言作桥梁、作保证、作支撑。因此,北京语言大学作为语言类高校,应该在文化沟通中发挥自己的特色优势。李宇明说:"'一带一路'建设,语言应该先行。"

李宇明认为,"一带一路"建设,语言先行,应该从以下几个方面努力:首先,积极推进汉语和中国文化走出去,但仅仅这样恐怕还不够。"一带一路"上的国家和人民要形成命运共同体,这就要求国与国之间的文化交流必须是双向的,"命运共同体"中的人不仅要推进自己优秀文化的传播进程,还要学习、研究别人的语言和文化;其次,大学的功能在于人才培养,北京语言大学特别注意语言、文化和国际关系等领域的人才培养工作。"一带一路"建设并不像修筑一条公路或铁路这样简单,也不是一件急功近利的事情,它是一个长期的战略构想。因此,我们不仅要培养中国在"一带一路"上穿行的人才,也要培养外国的人才。人才培养的基础是学科,所以要注重"一带一路"相关学科的建设;第三,利用基础学科的建设优势,吸引优秀学者形成现代智库。目前,北京语言大学正在积极推进国别和区域研究,为形成现代智库贡献力量,未来智库不仅要为政府决策提供咨询,也要服务于已经或计划走出去的相关产业。

李宇明说,响应实施"一带一路"战略,北京语言大学在人才培养、学科建设、智库建设、合作办学等方面做了大量卓有成效的工作。首先,大力推进国别和区域研究,我们非常注重中东地区的研究工作,为此还特别成立了中东学院。其次,联合中央民族大学、中国社会科学院、内蒙古大学等以研究边境、周边地区见长的学术机构共同设立了中国周边语言文化协调创新中心。该中心重点研究临近中国边境国家的 200 多种语言以及文化习俗、政治、经济等情况,未来将建立数据库,以方

便学术资料共享与查询。第三,中外合作办学。北京语言大学建校至今,有来自182个国家和地区的17万留学生入校学习。目前北京语言大学与52个国家的300多所大学有包括教师交换、学生交换、共同研究等在内的全方位共建协议。同时在巴基斯坦、古巴等国建立了17所孔子学院和1所独立的孔子课堂。特别值得一提的是,北京语言大学与埃及合作成果丰硕。同尼罗电视台共建孔子课堂是世界上首家电视孔子课堂,其节目面向22个阿拉伯国家的亿万观众,受众群之庞大,堪称前所未有;此外,我们还与苏伊士运河大学共建孔子学院。"据我所知,埃及各大学中文系的7位系主任、17位教授是北京语言大学校友,他们占据了埃及汉语教学的'半壁江山'。"未来,北京语言大学还将倡导成立世界中文系系主任联谊会,开展学术交流,促进汉语教学。

谈到如何办好世界首家电视孔子课堂,李宇明说:"现阶段我们利用这个平台讲述埃及和中国的文化、政治、经济、民俗等内容,未来将加入旅游、商务等职业汉语的要素,更加贴近埃及民众生活及需求,让埃及的汉语学习者不仅能了解中国语言与文化,还能够促进个人能力提升,增长学识和才干。同时我们拟建网站,借鉴电视大学的模式,为'开放大学式的线上学习'创造条件。此外,我们还将邀请优秀青年学生来华留学,以吸引更多人走进电视孔子课堂。"

李宇明说:"青年是一个国家的未来,也是国与国之间友好合作的未来,通过传播中国文化培养知华、友好、爱华的埃及和其他阿拉伯国家青年,是北京语言大学义不容辞的使命之一。"(刘水明 王云松)(海外网 2016.3.31)

## 打造"一带一路"人力资源库迫在眉睫

2015年,习近平总书记先后8次出访,足迹遍布亚、欧、美、非四大洲的14个国家、21个城市。

沿着总书记的这条出访路线,上海外国语大学中国外语战略研究中心副主任沈骑做了一个小调查:粗略统计,这些国家的官方语言超过17种;而进一步的统计则发现,语种竟还远不止这个数——仅以南非为例,境内使用的语言多达25种,其中11种被赋予官方语言地位,英语只是官方语言之一。

语言不通则沟通不畅。随着中国走入世界舞台的中心,中国和外部世界的联系日渐增强,不少从事语言学和国际问题研究的专家意识到,有效的沟通交流机制的建设,变得极为重要。

聚焦国家发展战略,打造和大国地位相称的人力资源库,我国高校的人才培养正面临全新的机遇与考验。

**多个领域呈现人才缺口**

以 2015 年 5 月为例,习总书记出访了哈萨克斯坦、俄罗斯和白俄罗斯三国,在欧亚土地上深耕丝绸之路经济带的合作。循着这次出访,对照我国高校在培养非通用语种人才方面的情况,上海外国语大学俄罗斯研究中心副主任杨波查阅到的资料显示,目前仅北京外国语大学和中央民族大学开设了哈萨克语专业;俄语情况相对乐观,约 145 所高校开设俄语专业。至于白俄罗斯语,我国的院校迄今尚未开设该语种的专业教学。

杨波发现,与此形成鲜明对比的是,"一些中亚国家,其中有不少还是小国,他们派出的驻华领事一般都懂汉语,且当地很多研究国际关系的学者均通晓包括俄语、英语、汉语在内的多门语言。"

事实上,如今谈到"一带一路"战略的提速,国内学术界一方面感到兴奋,另一方面又形成了一些共识:今时不同往日,无论是语言还是经贸、法律,多个领域都呈现人才缺口。

以翻译人才为例,杨波讲述了去年随团出访乌兹别克斯坦的经历。在抵达乌兹别克斯坦首都塔什干市访问时,考察团和当地人交流,用俄语基本没有问题。可抵达撒马尔罕、锡尔河州等州、市后,明显感觉交流吃力,因为俄语和英语完全不顶用,想要找懂得乌兹别克语的翻译特别难。

其实部分小语种翻译"断档"是有客观原因的。以中亚研究为例,在苏联解体后,哈萨克斯坦、乌兹别克斯坦等中亚五国成为独联体国家。过去很长一段时间,我国对这些国家地区的经济社会发展开展研究,俄语被认为是足够有用的工具。而且那时我国在国际上的地位和话语权与如今完全不同,哪个学者如果只盯着某个中亚小国,他可能连发文章都困难,根本无法在学术界生存。

另一方面,不少独联体国家在苏联解体后,随着其政权的日渐稳固及经济社会发展,才慢慢开始发展自己的主体语言。在中亚地区某些经济发展水平欠发达的国家,由于其主体语言发展得不是很成熟,一旦涉及科技等高层次领域的沟通,官方和学界使用的仍是俄语。但与此同时,学者们也开始注意到,其中部分国家的经济发展近年来出现了增速,而对于这些国力日渐强盛的国家,我国也该是时候布局相关领域人才的培养了。

从今天学术界的研究状况以及国家的需求来看,借助英语或俄语等工具语言来研究第三国的经济社会文化,如同隔靴搔痒,已然不是理想的研究状况。

### 小语种等紧缺人才布局已启动

教育部、国家语委日前发布的一则调查报告显示,"一带一路"覆盖的中亚、东南亚、南亚、西亚和东非等5个地区的官方语言数量超过40种,而我国2010年至2013年高校外语专业招生的语种只覆盖其中20种。在已招生的20个小语种专业中,11个语种的在读学生数量不足100人,波斯语、土耳其语和斯瓦希里语3个语种的在读人数均在50-100人之间,希腊语、希伯来语、孟加拉语等8个语种的在读人数均不足50人。

作为服务国家战略急需的实际举措,从去年到今年,国内几所老牌外国语院校齐声传出未来三到五年内增设多门非通用语种的消息。北京外国语大学计划到2020年前,设全所有与我国建交国家的相关语言专业;上海外国语大学今年2月对外宣布,今后三年计划新增10个非通用语种专业或课程,其中包括哈萨克语、波兰语、捷克语等。

按照沈骑的看法,服务"一带一路"战略,国内各大高校在适时制定全新的人才培养方案时,要兼顾类型和领域。除了至少通晓三门外语的复语型人才和高层次的小语种翻译人才,我国还需重点布局、储备一定的区域国别研究人才,以及在国际贸易、国际法律、国际基建等关键领域富有工作经验的复合型人才。

除了外国语院校,目前还有些高校应声而动。杨波介绍,国内145所开设俄语专业高校中,有近20来所是最近两年响应"一带一路"战略新增设的,其中不乏理工科院校。"这说明不少高校已经看到'一带一路'战略中蕴藏的发展机会,着手'小语种+专业'的人才培养布局。"

### 搭建跨学科培养平台,学者不妨向"多语种"先迈一步

华东师范大学俄罗斯研究中心副主任杨成的观点,在学界很有代表性——服务"一带一路"战略,需要打破专业壁垒,启动跨学科的人才培养将是大势所趋。

"无论是高校院所还是政府部门,长期以来都存在分工过细的问题,不同专业、不同部门之间相互隔绝,跨学科专业的平台难以建成。而面对重大的国家战略,绝不可能仅仅靠某个单一的学科提供决策咨询,更不可以靠某个人去完成。"一位综合性高校的负责人如此感言。

考虑到培养小语种人才和区域国别研究人才的周期较长,有学者建议,比起从零开始培养学生,可以鼓励一部分从事相关区域研究的学者增加对相关外语语种的学习,通过深造、访学等途径,成为多语种人才,而我们的高校,则需要有与之匹

配的科学的考核和评价机制。(《文汇报》2016.3.20)

## "一带一路"国家战略,中亚五国语言先行

日前,北京外国语大学与哈萨克斯坦阿里－法拉比国立大学的合作签约仪式在北京外国语大学举行。彭龙校长与阿里－法拉比国立大学校长穆塔诺夫先生分别代表两校在合作协议上签字。双方就语言建设、师资培训、人才培养、信息共享、哈语教学与研究等方面的合作达成广泛共识,并就未来的合作模式及合作领域进行了充分的交流与探讨。

两校之间合作协议的签署是北京外国语大学响应国家"一带一路"发展战略的重要举措。哈萨克斯坦是丝绸之路经济带沿线最重要的国家之一,其经济活力居中亚五国之首。2013年9月,习近平主席在访问该国时,在此首先提出了"一带一路"的发展构想。在此背景下,北京外国语大学认为,北外多语言背景优势应当服务于国家发展战略,"一带一路"沿线国家的语言教学和研究是建设的重点。2014年初,学校进行了广泛调研,并与哈萨克斯坦教育科学部,驻华大使馆以及该国的第一流大学进行了广泛的接触并迅速得到该国上述机构的热烈响应。至2015年12月13日,北外即在门类齐全的通用语种学科建设的基础上成立了中亚五国第一个国别研究中心——哈萨克斯坦中心。哈萨克斯坦政府第一副总理萨金塔耶夫先生与彭龙校长共同主持了该中心的揭牌仪式。

哈萨克斯坦国立大学成立于1934年,是哈萨克斯坦国内首屈一指的大学,在世界理工大学50强中排名第31位。校长穆塔诺夫是技术学博士、教授,世界艺术与科学院院士,哈萨克斯坦共和国科学院院士,自动控制和社会经济学专家。

彭龙和穆塔诺夫均强调,两校在人文领域的密切合作具有重要意义,将为促进两个国家间教育、经济、文化等层面的交流与合作做出重大贡献。穆塔诺夫校长诚挚邀请彭龙校长能够尽快访问哈萨克斯坦国立大学。

哈萨克斯坦驻华大使努雷舍夫先生也亲临签约仪式现场。他感谢北京外国语大学在哈萨克语人才培养方面所做出的努力,并对哈萨克斯坦中心的工作给予高度评价。同时,大使先生表示,哈萨克斯坦政府非常重视两校间的合作,他本人也对于能够促成两个国际一流高校之间的合作感到欣慰。

出席签字仪式的还有北京外国语大学俄语学院院长黄玫、副院长何芳、国际合作处副处长顾佳赟、北京外国语大学哈萨克斯坦中心主任蔡晖等。(人民网2016.4.12)

## 延伸阅读

## "一带一路"语言人才的培养

我国当前的"一带一路"倡议为语言教育带来新挑战,外语教育工作者需要展开战略性思考。"一带一路"沿线国家和地区的官方语言超过四十种非通用语,而我国 2010—2013 年高校外语专业招生的语种只覆盖了其中的二十种。从供需对接情况来看,缺口非常明显。许多学者撰文呼吁,"一带一路"的建设必须要语言铺路,语言先行。众多高校决策者积极思考如何在"一带一路"的建设中把握发展机遇。例如,北京大学从 2015 年秋季学期正式启动了"一带一路"课程项目;北京外国语大学、上海外国语大学、广东外语外贸大学、广西民族大学、云南民族大学、西安外国语大学等高校也纷纷采取措施,努力增加非通用语种。

笔者认同互联互通中语言人才的重要性。然而语言人才的培养是一项既关乎国家发展又关乎学生个人命运的系统工程,它周期长,投入大,仅凭一腔热血和大干快上的决心,风险太大,需要学界冷静思考,认真调研,制定方案,且行且试,逐步完善。

### 一、语言人才培养中存在的主要问题

"一带一路"语言人才培养中究竟存在哪些主要问题?准确描述问题及症结所在,需要深入细致调查。然而调查需要较长时间,而人才培养又属当务之急。下面提出的三个问题,虽然是基于经验的思考,但应具有参考价值。

(一)未能双向思考语言人才培养

当年我国的改革开放是外国资本和企业走进来,而"一带一路"建设是我国资本和企业走出去。这表明我国已从"引进来"向"走出去"转型,从"本土型"向"国际型"国家转变。目前我国"走出去"与当年外国资本和项目进入中国时的"走进来"相似。如今的投资方当年曾经是被投资方,当时双方解决语言人才短缺的做法值得我们今天回溯和类比。

三十多年前我国的改革开放政策吸引了大量的外资,大批合资与独资企业在中国遍地开花。外方一般只派少数高层管理和技术人员来华常驻,雇佣的大部分是中方员工,中方的中高层管理人员通常双语水平比较高。绝大部分外方人员不会汉语,与中方员工沟通一般使用英语,尽管有时外方员工的母语是德语、法语或其他语言。如需在正式场合使用汉语时,一般由双语特别好的中方员工担任翻译。

外企的高工资、好待遇引发了我国高校的"外语热"和"留学潮"。外语人才成

了就业市场中的"香饽饽"。以英语专业为例,20世纪80年代末90年代初,我国开设英语专业的高校只有300多个,1998年增加到790个,截至2012年年底,超过1000个。其他通用外语专业(俄、法、西、阿、德、日)的设点也呈上升趋势。与外语专业点同步增长的是来华教授外语的外籍教师人数和我国政府公派留学人数,以及投资国提供给我们的奖学金名额。

除了外语专业点增加、招生人数扩大外,作为被投资国,我国外语专业人才培养模式也经历了大幅度改革。20世纪80年代初期,全国外语院校和理工院校开始尝试复合型英语人才的培养。1998年12月,教育部高教司转发的《关于外语专业面向21世纪本科教育改革若干意见》,第一次以文件的形式阐述了复合型外语人才培养的必要性,确认了复合型外语人才的概念和培养模式。随后,2000年颁布的《高等学校英语专业英语教学大纲》首次将复合型人才列为英语专业的培养目标,并对复合型英语人才提出了明确要求。

面对今天的语言人才短缺,我们学界和众多决策者往往只从我国作为投资方出发,未充分考虑"一带一路"沿线国家作为被投资方对语言人才的供给。循着上述路径思考,我国到"一带一路"沿线国家投资的企业正像当年进入我国的外资企业一样,我国企业也会雇佣大批当地员工,他们当中部分双语水平高的会参与中高层管理。这样做能为我国企业走出去节约成本,也能为被投资国创造就业机会。再则,雇佣当地员工担任管理工作更易与本国雇员和政府官员沟通。而另一重要原因是,在中国对外承包工程项目中,许多国家对中方劳务的输入控制很严,明确规定了雇佣当地劳务数量的最低限额。

由此可见,随着"一带一路"项目在沿线国家落地生根,会汉语的当地大学毕业生会有更好的就业机会,获得更好的待遇。可以预测,被投资国学习汉语的热情会逐步升温。与此同时,我国政府为"一带一路"沿线国家提供来华学习的奖学金数量也会大幅度增加。

以上分析表明,在"一带一路"建设中,投资国与被投资国的语言人才会双向流动、内外联通。因此我国除了要培养供需对路的语言人才外,还应该认真思考如何满足被投资国学习汉语的需求。让他们的需求得到满足,便可一举多得,互助共赢。

(二)缺乏非通用语专业布点顶层设计机制

我国增设本科专业点分两种情况:一种是审批制,适用于需在全国招生目录上新增的专业。高校须提出申请,经教育部组织的专家委员会审查获准后,才能招生。另一种是备案制,适用于学校需自主增设教育部专业目录上已有的专业。它们的申请报告须在校内通过审批,并报所在地区的教育部门批准且在教育部备案后,方可招生。

为简政放权,2015年6月15日教育部将本科专业设置的审批权下放到省级政府,教育部只负责备案。目前我国招生目录上有65个非通用语专业,教育部计划到2020年增加为99个。为适应"一带一路"重大战略的实施,各高校都表示出为国家服务的强烈愿望,加之财政部对非通用语人才培养加大经费投入,留学基金委又增加了到对象国留学的名额,高校增设非通用语专业的热度骤增。在高校有了更大的办学自主权、增设新专业的门槛降低的情况下,有些高校根本不具备招生的基本条件,就准备开设新的非通用语专业。例如从本科生中挑选学生送到北京外国语大学跟着本科生学习,本科毕业后,就作为本校师资使用。2015年,某校教师得知笔者来自北京外国语大学,便问:"你们那儿有印尼语毕业生吗?我们明年要开设印尼语专业。本科毕业生也可以。"

笔者担心非通用语专业"一哄而上",将来过量的毕业生可能会带来就业难题。通常就业市场对于供大于求的现象反应滞后。例如英语专业布点过多,直到前几年英语专业就业才被挂上了"红牌"。前车之鉴,当下增设非通用语本科专业决不能重蹈覆辙。

(三)培养模式科学性不强,目标不够明确

目前非通用语人才的培养有两条途径:一是增设本科专业点,通过高考招收高中毕业生,培养语言专业人才;二是面向全体大学生开设公共外语课。

这两种培养模式都存在明显隐患。一般情况下,非通用语专业就业面没有通用语专业广,特别是一些不发达国家的官方语言。为了增加对考生的吸引力,高校设计出多种培养模式,如"通用语 + 非通用语""多语种 + X""非通用语 + 非语言专业(如国际关系、法律等)"。培养模式多种多样,未来就业看似灵活性很强。问题是,非通用语的本科教学都是零起点,要从字母教起。成功的外语学习既需要强度又需要密度。按照一个星期15课时计算,一年总学时约为480。根据外语学习规律,要把一门外语学到能熟练地用于工作的程度,至少要花2000小时以上。按照现有的课程体系,学习四年,总课时还不足2000。这就意味着,四年全部投入,学习时间还不充分。如果四年中有一年到对象国学习,那么语言估计能够过关。若是在学习一门非通用语的同时,再将英语作为通用语继续学习,还比较可行,因为他们已经有了9年学习英语的基础。如果零起点再学习一门法语或俄语或德语,对绝大部分学生来说,要达到用外语工作的程度,几乎是天方夜谭,当然不排除少数具有语言天赋的学生能够做到。同理,要在学好一门非通用语的同时,系统修学一门其他专业,学习时间从何而来? 如果只是学点基本知识,培养普通的复合型外语人才还有可能。

将非通用语作为公共选修课开设,是培养"专业 + 非通用语"复合型人才的另一条途径。例如,北京大学在全校开设"一带一路"沿线国家的 40 种非通用语课程。根据王晓珊报道,北京大学每个语种开设 1—2 个班,本科生、研究生均可报名,目前已经吸引了 3000 余名学生。学习时间一年或一年半,每周 4 小时,每学期 3 学分,教师全部为母语本族语者,小班授课,少至 3 人,多至 40 人。每个语种都制定了教学大纲和清晰的教学目标。采用文化与语言融合的方法,每学期规定要学习 500 个单词,完成整个课程时,要求学生能用所学语言进行自我介绍,并就家庭、社会、兴趣爱好、民族风情等话题进行交流。

北京大学这种为国家战略服务的热情值得点赞,然而这种既无密度又无强度的非通用语课程很容易导致"高投入、低产出"。一年只有 128 学时,一年半也只能达到 190 学时。即便学生和教师都非常努力,也很难想象不到 200 小时的学习能够把一门零起点的外语学好。尽管目前课程有着明确的目标,但目标的实现不取决于目标制定者的良好愿望。退一步说,即便目前所定的目标能够实现,他们的水平至多相当于《欧洲语言共同参考框架:学习、教学、评估》(下文简称《欧框》)中初学阶段的 A2 级,根本谈不上能在职场中发挥作用。更何况一年半后无后续学习,前期所学会的会被逐步遗忘,等到毕业时,恐怕已经所剩无几。笔者建议一定要对目前的课程进行改造,以加强密度和强度。

**二、语言人才培养的对策**

上述三个问题具有全局性的特点,如不及时解决,将影响我国"一带一路"语言人才培养的宏观布局和培养质量。为此,笔者提出以下建议:

(一)处理好国家需求、学生个人发展与外语习得规律三要素的关系

从课程论视角,下图描述了制定语言人才培养规划三要素之间的关系:①国家、社会需求;②学生个人发展;③外语学习规律。过分偏重任何单因素,都难以产生科学的语言人才培养规划。这三要素有时会有一种张力,平衡这三要素之间的关系,应是制定科学、高效课程设置的指导思想。

我国的非通用语一般指英、法、俄、西、阿、德、日七个语种以外的所有语言。很显然,从大到上亿人使用的印地语、印尼语,小到十几万人使用的岛国语言,国情、社情差别迥异。从国家政治、经济、军事、外交需求来说,与我国建交国家的所有语言,政府都应该有相应的语言人才储备,这关系到国家形象和地位。例如北京外国语大学 1961 年建立亚非系,僧伽罗语是五个首批开设的语种之一。王一兵作为第

一届僧伽罗语毕业生被分配到外交部工作作为人才储备,直到1972年斯里兰卡总理班达拉奈克夫人访华时,他才第一次在公开场合获得翻译僧伽罗语的机会。设想当时如果没有僧伽罗语人才储备,我国政府该如何满足班达拉奈克夫人要求用自己国家国语来演讲的要求呢?

从学生个人发展的需求来看,学习非通用语不如通用语的就业面广、发展机会多。无论是学生本人还是家长一般都不会主动选择学习非通用语,特别是经济落后、政治不稳定国家的语言。很显然,学生个人的需求和我国覆盖所有建交国家的语言需求有着明显的冲突。从未来就业考虑,非通用语专业的学生都希望能在校多学一点东西,如多学习一门通用语或者其他一门非语言专业,以增加在就业市场中的竞争力,应对未来的不确定性。然而这个愿望又不符合学科学习规律。

如何协调这三要素的关系?非通用语专业需要顶层设计,以国家、社会的需求为出发点,同时兼顾个人发展和学习学科知识的内在规律。这三者有时会产生矛盾,但协调平衡也是有可能的。笔者认为决定这三要素关系的平衡有两个关键:第一,政府对非通用语人才培养的宏观控制和顶层设计。第二,学校要在科学规律的指导下,在志愿的基础上挑选具有语言天赋的学生,让其学习多语或"非通用语 + 其他专业"。抓住了这两个关键,就不会出现人才短缺或者人才过剩的社会问题。

(二)双向考虑"一带一路"语言人才培养的多元化路径

"一带一路"沿线国家国情迥异、文化多样、宗教多种,我国与这些国家互助共赢的模式也不完全相同,有的直接投资,有的通过项目竞标,有的合作建立工业园,有的对外承包工程项目,也有的在国内从事跨境电子商务。我们应从投资国和被投资国两个方向思考"一带一路"建设所需的语言人才,充分认识人才的多样性、培养人才的多元路径。下表列出了部分示例。

根据下表,"一带一路"建设需求大致分为四类:①政府间人文交流;②项目决策与谈判;③项目落地国外;④项目落地国内。每种需求对我国和"一带一路"沿线国家所需语言人才类型不尽相同。我方需要的是非通用语人才,外方需要的是汉语人才。就语言人才层次来看,双方都需要一批高端人才,其中包括高级翻译、国别与区域通、行业通。他们的培养需要采用本硕贯通模式。笔者曾就这一模式在南京大学做过教学试验,实践证明,这种模式有效、可行。与此同时,双方也需要大量普通语言人才。他们可以是"外语本科专业 + 一般非外语专业知识"(5—6门课)或者"非语言本科专业 + 外语"(不少于1000学时的强化训练)。

| 任务类别 | 我国所需非通用语人才与培养路径 | | "一带一路"沿线国家所需中文人才与培养路径 | |
|---|---|---|---|---|
| 政府间人文交流 | 国别/区域通 | 本科+硕士<br>语言+专业<br>专业+语言 | 国别/区域通 | 本科+硕士<br>语言+专业<br>专业+语言 |
| | 高级翻译人才 | | 高级翻译人才 | |
| 项目决策与谈判 | 国别/区域通 | | 国别/区域通 | |
| | 高级翻译人才 | | 高级翻译人才 | |
| | 行业通 | | 行业通 | |
| 项目落地国外 / 投资办企业 | — | — | 高级翻译人才 | |
| | | | 行业通 | |
| | | | 国别/区域通 | |
| 项目落地国外 / 投资建设基础设施 | 普通复合型非通用语人才 | 本科<br>语言+专业/<br>专业+语言 | 普通复合型中文人才 | 本科<br>语言+专业/<br>专业+语言 |
| 项目落地国外 / 对外承包工程 | 普通复合型非通用语人才 | 本科<br>语言+专业/<br>专业+语言 | 普通复合型外语人才 | 本科<br>语言+专业/<br>专业+语言 |
| 项目落地国外 / 跨境电子商务 | | | 普通复合型中文人才 | 本科<br>语言+专业/<br>专业+语言 |
| 项目落地国内 / 跨境电子商务 | 普通复合型非通用语人才 | 本科<br>语言+专业/<br>专业+语言 | 普通复合型中文人才 | 本科<br>语言+专业/<br>专业+语言 |
| 项目落地国内 / 国际贸易 | 普通复合型非通用语人才 | 本科<br>语言+专业/<br>专业+语言 | 普通复合型中文人才 | 本科<br>语言+专业/<br>专业+语言 |

表－1

　　特别需要注意的是,由于任务类别不同,投资国与被投资国的需求有时相同,有时不同。例如政府间的人文交流和项目决策与谈判,我国与被投资国都需要高端复合型外语人才。短缺这类人才的一方,国家利益和形象就有可能受到损害。我国由于缺少懂外语的法律人才、金融人才和区域研究人才,在海外并购中失败的例子并不鲜见。如果项目谈判落地在国外,可以雇佣当地懂中文的复合型人才。

这也会推动所在国外语教学的发展,对于不直接涉及国家利益的一般性工程项目,需要的都是普通复合型外语人才。非通用语本科毕业生或者非语言专业学生经过外语强化训练,外语水平大致达到《欧框》的 B2 级即符合要求。

(三)借鉴美国经验,培养我方所需的复合型语言人才

美国培养非通用语人才的经验值得借鉴。第一,美国由国防语言和教育办公室(Defense Language and National Security Education Office,简称 DLNSEO)统一协调美国急需的"非通用语+专业"高端复合型人才的培养,而我国缺乏在国家层面上进行顶层设计的政府机构。为了减少无序性和盲目性,教育部可以委托行业组织来负责宏观规模的控制。全国高等教学指导委员会非通用语组是个有着二十多年历史的行业组织,该组织成员均为来自全国主要高校非通用语专业的专家学者,对全国非通用语教学情况和专业整体布局非常熟悉。如全国各高校增减非通用语专业由这个行业组织来审批,既能达到教育部简政放权的效果,又能增加决策的科学性。

第二,美国非通用人才的培养,DLNSEO 以项目集群为抓手,用竞争申请奖学金的方法,在全国范围内挑选优秀本科生和硕士生。所有获得资助者都必须将非通用语学习与相关专业相结合。例如美国 1991 年设立的国家安全教育项目中有四个与"非通用语+专业"的复合型人才培养有关:①博仁本科生奖学金;②博仁研究生奖学金;③语言旗舰项目;④全球军官工程。始于 1994 年的博仁本科生奖学金和研究生奖学金均有总量控制,前者总额为 2000 名,后者为 30000 名,两项奖学金每年批准的人数在 300—500 人之间。截至 2012 年年底,这四个子项目已经为美国培养了近万名"非通用语+专业"的高端人才,其中博仁奖学金近 5000 名,旗舰计划近 3000 名,全球军官计划近 2000 名。他们的非通用语技能一般能达到专业水平,并拥有不同的专业特长。

第三,尽早设立学习非通用语"一条龙"专项奖励基金。"语言旗舰"为中小学设立了"一条龙"基金,以鼓励在中小学开设非通用语课程,吸引有兴趣的中小学生从小开始学习,同时大学有与之衔接的语言课程。早在 20 世纪 60 年代,周恩来总理就提出"多语种,一条龙,高质量"的要求,然而这个计划至今还未得到完全落实。我们可以通过招标方式,在部分中小学开设非通用语课程。大学要为其中的优秀高中毕业生提供绿色通道,并能学习与中小学衔接的非通用语课程。国家还可以为这些"一条龙"培养出的优秀生提供本科和硕士在校学习的奖学金,并为其中优秀毕业生提供奖学金,并到对象国学习。同时,获奖者必须签订为国家服务的承诺书。

第四,将目前类似北京大学的公共非通用语课程,改造为语言强化训练课程。美国始于 2002 年的语言旗舰项目和始于 2007 年的全球军官工程都要求获奖者到对象国学习之前,在国内参加语言强化训练,提供高密度高强度的短期课程。这种课程一般不短于 8 个星期,每天 8 学时,每星期至少有 6 天上课,总学时一般接近 800 学时。我国改革开放初期,不少高校为出国学习者提供了类似培训,效果显著。这种强化训练课程可以在暑假开设,假期中,学生无其他课程,可以集中精力学习外语。达到标准后,再派到对象国学习某个专业课程。由于有后续出国学习的机会,培养成才的概率能够大大提高。

三、结语

"一带一路"建设的倡议,是非通用语专业千载难逢的发展新机遇。我们要充分考虑投资国与被投资国双方在语言战略上的互动性,采取多形式、多层次办学,对口培养我国在"一带一路"建设中所需的语言人才,同时还要积极发展汉语国际教育,帮助被投资国汉语人才的培养,切忌单向思维,不负责任地"一哄而上",把人才市场的风险留给学生。

受篇幅限制,本文未能讨论目前非通用语师资队伍建设中存在的问题。教育大计,教师为本,高质量的非通用语师资队伍应该是培养语言人才的前提与保证。(文秋芳,北京外国语大学国家语言能力发展研究中心;本文在编辑过程中,文章中的原文引用等处略有删节)(《语言战略研究》2016 年第 2 期)

# "一带一路"建设与国家教育新使命

"一带一路"旨在通过经济政策协调、要素自由流动、资源高效配置和市场深度融合,以共同利益推动沿线各国经济繁荣与区域经济合作,加强不同文明交流互鉴,促进世界和平发展。在这一世纪性系统大工程中,我国教育特别是高等教育如何担当起应该担当的使命,以更加主动的姿态推动"一带一路"沿线国家的教育合作发展,培养出宏大的人才队伍,适应和引领"一带一路"建设,并且在这一伟大进程中做强自身,建成高等教育强国,需要我们认真思考、持续实践。

## "一带一路"建设是国家重大战略

"一带一路"建设是以经济贸易为主要载体、以互联互通为核心概念、以互利共赢为基本目的的跨国战略合作设想,是对古丝绸之路的传承和提升。它东接亚太经济圈,西进欧洲经济圈,沿途连通中亚、东南亚、南亚、西亚和东非等 65 个国家,是开放、包容、普惠的经济合作倡议,不限国别范围,不是一个实体,不搞封闭机制,有意愿的国家和经济体均可参与进来,共同发展、合作发展。"一带一路"战略打破了原来点状、块状的区域发展模式,成为一种新的发展模式。"一带一路"沿线大多是新兴经济体和发展中国家,目前总人口约44亿人,经济总量约21万亿美元,分别约占全球的63%和29%。这些国家普遍处于经济发展的上升期,资源禀赋各异,经济互补性较强,彼此合作潜力和空间很大。

"一带一路"建设主要包含经济贸易、区域秩序、人文交流三方面的内涵,以政策沟通、设施联通、贸易畅通、资金融通、民心相通"五通"为主要内容。

"一带一路"是促进共同发展、实现共同繁荣的合作共赢之路,是增进理解信任、加强交流合作的和平友谊之路,是战略性、长期性、高层次、全方位的宏大战略。它承载着全面开放、统筹发展、民族复兴的伟大目标和崇高使命。要实现这一目标的空间范围广、时间跨度大、实施周期长,不是一年两年或十年八年就能立见成效的,要把眼光放到2020年、2030年、2050年几个时段,在实现中华民族伟大复兴中国梦的历史进程中进行思考和把握,确定近中远期目标和重点,先易后难,分阶段分步骤实施推进。对其长期性、艰巨性、复杂性始终保持清醒认识。无动于衷不行,急躁冒进也不行。在过去的20多年中,以金砖国家为代表的新兴国家的经济增长速度已超过发达工业国家的一倍,改变了国际经济政治格局,而"一带一路"建设必将进一步改变国际经济政治格局。

**为教育对外开放提出新使命**

"人类命运共同体"是中国政府近年来反复强调的关于人类社会发展的新理念。党的十八大报告首次明确提出,"要倡导人类命运共同体意识,在追求本国利益时兼顾他国合理关切,在谋求本国发展中促进各国共同发展"。

穷则独善其身,达则兼济天下,是中国自古以来就有的以天下为己任的担当。在今天,中国即将全面建成小康社会,进而步入中等发达国家行列之际,"一带一路"战略的推出和亚投行的组建,都体现了这种情怀。"一带一路"沿线国家多半遭受过旧殖民统治体系的剥削和压制,由于历史与自身情况的制约,很多国家至今无法摆脱贫困、饥饿、动乱的困扰,而在其现代化进程中,又不得不面对二战以来依据丛林原则形成的世界政治、经济格局,但其发展策略和发展道路又不可能走以往发达国家的老路,因而在世界多极化、经济全球化、文化多样化和社会信息化持续推进的世界潮流中,迫切需要在更加公正合理的国际体系中发展自己。中国倡议的"一带一路"建设和设立亚投行,就是着力于欧亚大陆互利共赢一体化发展和利益共同体及命运共同体的意识,是兼济天下的使命担当。

在推进"一带一路"建设、促进"人类命运共同体"建设的进程中,教育承担着独特的使命。新中国成立以来,特别是改革开放以来,我国教育顺势而为,逐步形成全方位、多层次、宽领域的对外开放格局,建成了世界最大留学输出国和亚洲最大留学目的地国。加入 WTO 以来,我国教育开放承诺水平在世界主要国家中已相对较高,有的方面高于一些发达国家,更是高于一批尚未承诺开放本国教育重要参照国。新形势下教育如何顺应新形势、抓住机遇,承担好"一带一路"建设提出的新使命与新要求是摆在我们面前的重要任务。

服务于"一带一路"建设,教育特别是高等教育,首先和主要的任务是人才培养。"一带一路"建设需要什么样的人才呢?"一带一路"建设的浩大内容,可以分为三个方面:一是交通、信息、能源基础设施,贸易与投资,能源资源,货币金融互联互通,可以理解为工程建设和经济贸易;二是区域性的生态环境保护,海上合作领域,政策的互联互通,可以理解为区域政治和秩序;三是区域性的语言文化、科技人文、卫生和旅游等人文领域的互联互通,可以理解为人文交流与合作。这些战略所涵盖的建设内容,包括基础设施建设、技术、资本、货币、贸易、文化、政策、民族、宗教,无一不需要教育、特别是高等教育为其提供人才支撑。

第一,大量的基础设施建设,需要宏大的不同领域的工程技术、项目设计与管理等领域的专业人才。据亚洲开发银行的评估报告显示,2010—2020 年,亚洲各国累计需要投入 7.97 万亿美元用于基础设施的建设与维护,涉及 989 个交通运输和 88 个能源跨境项目。这些项目的建设完成,需要数以十万乃至百万计的铁路、管道、电力、公路、港口与通信等产业的工程建设、设计施工、质量控制与保障、经济管理人才,要加强工程、政治、经济、管理等各领域的专家协作。

第二,随着众多的企业落地,急需大量通晓当地语言、熟知当地政治经济文化风俗和人文地理的人才,特别是东南亚、南亚、中亚、东北亚乃至西亚国家政治、经济及风土民情的人才。"一带一路"沿线有 65 个国家,仍然还不断有国家和地区参与进来,而通晓亚洲小语种的人才却是奇缺的,真正遭遇了"小语种危机",所以小语种教学和小语种人才培养任务很重。而且,我国大众观念中的外语几乎就相当于是英语,国外就几乎相当于发达国家,这些观念与我国日益深入和多元开放的国际化进程很不适应,亟待改变。

第三,区域性经贸往来和良好秩序的形成,需要大量的国际贸易人才。"一带一路"正在形成除大西洋贸易轴心和太平洋贸易轴心之外、新的以亚欧为核心的全球第三大贸易轴心。目前"一带一路"国家 GDP 总量达 20 万亿美元(约占全球 1/3)。区域国家经济增长对跨境贸易的依赖程度较高,2000 年各国平均外贸依存度为 32.6%，2010 年提高到 33.9%，2012 年达到 34.5%，远高于同期 24.3% 的全球平均水平。根据世界银行数据计算，1990—2013 年期间，全球贸易、跨境直接投资年均增长速度为 7.8% 和 9.7%，而"一带一路"沿线国家同期的年均增长速度分别为 13.1% 和 16.5%。尤其是在国际金融危机后的 2010—2013 年期间，"一带一路"国家对外贸易、外资净流入年均增长速度分别为 13.9% 和 6.2%，比全球平均水平高出 4.6 个百分点和 3.4 个百分点。预计未来十年，"一带一路"国家出口规模占比有望提升至 1/3 左右。亚投行成立后的首个项目即是"丝绸之路经济带"的建设，这就急需大量懂得资本运作、货币流通、贸易规则制定、通晓国际规则的人才。

服务于"一带一路"建设，需要加强民族理解和文化理解教育，力促民心互通。民心互通说到底是文化的交融。文化是全人类共通的精神产品。要使得"一带一路"战略顺利实施，互利互惠是根本，民心相通是社会根基。沿线国家普遍国情复杂，宗教信仰、地缘政治、民心社情等比较复杂，政局动荡很难预期，地区、阶层、宗教派系差异性大，只有全面了解民间需求与广泛民意，消除误解误判，才能促进合作，只有沿线国家的学者、企业家、政府部门、民间组织和民众充分理解历史文化背景与民心社情，才可能更好地实施这一战略，而这正是目前非常缺乏的，所以需要加强增进民族理解和文化理解认同的教育。只有为"一带一路"政策制定者、传播者和从事实际工作的政府官员、企业家、民间人士等提供全面、深入的历史、地理、语言、文化、宗教、政治等方面的知识培训，才能有效实现"政策沟通"；只有培养一批具有较好的国际交往能力，具有较好社会影响力与社会声誉，能经常往来于各国间的民间人士、文化使者，他们通过 NGO 志愿者、学术研究、文化交流等方式进入到整个社会的肌体中，才能达到民心相通。

服务于"一带一路"建设，教育特别是高等教育要努力提供智力支持、贡献宝贵智慧。世界历史发展表明，各个国家在全球格局中的经济、政治地位并非不可改变，世界存在于动态变化之中。亚太国家要想在新一轮的世界格局变化中占据新的席位，必须顺应地区和全球合作潮流。斯塔夫里阿诺斯曾说，"如果其他地理因素相同，那么人类取得进步的关键就在于各民族之间的可接近性。最有机会与其他民族相互影响的那些民族，最有可能得到突飞猛进的发展。实际上，环境也迫使他们非迅速发展不可，因为他们面临的不仅仅是发展的机会，还有被淘汰的压力。""一带一路"建设正是既承认沿线国家各自发展独特性，又结成互为中心和源头的共同发展体系。这种共同的发展体系决定了必须加强对人类命运共同体共同面对的重大课题的研究，提出可行的解决方案。

第一，要为建设和谐区域治理体系贡献智慧。"一带一路"沿线大都为新兴国家，随着新兴国家的发展，他们在国际事务中的影响力不断上升，但国际政治经济秩序不公平不合理的状况依然存在，不同国家和地区经济社会发展不平衡现象十分普遍，贫富差距日益扩大，地区冲突与暴力频繁发生。这些都是困扰"一带一路"沿线各国治理的难题，也是"一带一路"建设成共同发展体系需要一起面对的挑战和问题。

第二，要为人类社会和区域的可持续发展贡献智慧。全球气候变化、能源短缺、水资源危机、森林资源保护、土地荒漠化、生物多样性保护、环境严重污染、重大传染病防治、突发公共安全事件、新兴国家高速城市化、人口膨胀、资源缺乏等问题给人类社会和区域的可持续发展带来严峻挑战，但这需要大家共同面对，协调解决。由于现存的国际体系规则或明或暗得都由欧美发达国家主导，因而完全指望他们来公正地代表全球的公共利益，特别是新兴国家的利益显然是不现实的。研究如何在参与全球治理时对发展中国家更有利，如何面对和解决这些问题，"一带一路"沿线国家具有更多的一致性和共通性，更应携起手来，共同研究、调整战略对策，为人类社会和区域的可持续发展有所作为，其中中国高等教育要发挥更重要的作用。

第三，要为以解决实际应用为导向的现实问题贡献智慧。"一带一路"建设中会出现大量需要解决的各种现实问题，从宏观到微观，从文化到社会，从政策到工程，从人力资源到技术瓶颈。需要开展区域与沿线各国社会发展研究、国别国情科学研判、经贸与文化交流、国际商务合作研究、人才需求调查与培养研究。开展具有前瞻性、针对性、储备性的政策研究，对"一带一路"建设未来 5 年、15 年、50 年的发展做出科学研判、战略思考和超前谋划。加强国家之间、国家部委、相关区域政府、高等学校、产业、行业之间的合作研究，围绕决策需求，提出专业化、建设性、切实管用的政策建议。

**沿线国家教育合作如何良性推动**

实施"一带一路"战略，不仅要求我们要积极对接沿线国家经济发展和区域合作规划，更要求我国的高等教育对内把脉，找准适合"一带一路"战略发展的契合点和着力点。同时，也要向世界高等教育体系问诊，从世界秩序重建的高度，谋划我国高等教育在"一带一路"建设中的战略布局和行动策略，为沿线国家共建"一带一路"提供人才支撑和智力支持，促进"一带一路"沿线国家之间的经济、文化、教育的合作与交流，让沿线国家的人民共享"一带一路"的建设成果，从而实现合作共赢。这是中国作为一个负责任大国的担当,更是中国高等教育应有的行动。

服务"一带一路"建设,要扩大来华留学教育,培养适需的境外人才。留学生教育已经成为一个国家提升国际影响力、拓展教育市场的重要工具。改革开放以来,我国高度重视来华留学教育工作,来华留学教育的规模与质量稳步提升。据《2014年度来华留学调查报告》统计,2014年共有来自203个国家和地区的约37.7万名各类外国留学人员在我国31个省区市的775所高等学校、科研院所和其他教学机构中学习。就来华留学生规模而言,已占全球留学生份额的8%,成为世界第三大留学生输入国。但在国际教育市场上,与美国、澳大利亚、英国这些最大受益国相比,我国仍处于"逆差"状态。

长期以来,我国来华留学生教育的重心是少数发达国家,一些高校认为只有招收欧美学生才能体现教育国际化的水平与实力。但从服务国家"一带一路"重大战略布局和教育的长远目标看,我们的教育要为人类命运共同体建设、为造福整个人类社会作出贡献,就必须在国家战略的引导下,扩大来华留学规模,优化来华留学结构,继续积极接受来自发达国家的留学生,重点扩大"一带一路"沿线国家来华留学生;我国政府奖学金名额要进一步增多并向"一带一路"沿线国家倾斜,增量部分主要用于沿线国家的来华留学生,把雪中送炭的工作做实做好。

如何在满足留学生个体需求的同时,更加着眼于服务"一带一路"建设需求,提高来华留学教育质量,也是需要我们研究的一个重要问题。目前,就不同地区留学生的个体留学服务需求而言,发达国家学生更偏重语言学习;欠发达国家学生更倾向于攻读学位课程,如医学、工程等。而"一带一路"建设的合作重点"设施联通、贸易畅通、资金融通"中所涉及的学科专业在来华留学生教育中有不少尚属空白。为此,国家要从战略高度,统筹规划我国高校吸纳"一带一路"沿线国家来华留学生的学科专业,集中优势资源,做强与"一带一路"重大战略密切相关的特色学科专业,吸纳他们在这些学科专业学习,使他们来华学得好,回国用得上,发挥好作用。

提高来华留学教育质量的关键是高校能够提供质量优、数量足的教育课程。为此,高校应充分利用现代信息技术,线上线下结合,开发出服务"一带一路"建设的、多种语言教授的课程体系和学位课程,以优质的教育资源和优质的教育服务、满足国家"一带一路"建设需求,打造来华留学生教育品牌课程、品牌专业。

服务"一带一路"建设,要通过教育与产业同步、学校与企业结合,培养高素质技能人才。"一带一路"建设是一项宏大系统工程,只有在高等教育的全方位支持下,才能确保有力、有序、有效地推进。就人才培养而言,要坚持"分层分类",既要培养通晓国际规则、承载国家使命的高端人才、青年才俊、未来领袖,同时也要培养一大批适应"一带一路"基础项目建设的高素质技能人才;要区分"一带一路"建设推进工作的轻重缓急,"先重后轻",对那些大通道、大动脉、主航线、重要节点、关键环节所急需的技能人才要优先部署,重点培养。要以产教融合实现教育与产业同步发展,支持各类高校与我国高铁、电信运营等"走出去"的行业企业实行合作办学。目前,"一带一路"沿线的中国企业有一万多家,但企业和高校合作办学的还不多。同时,还要加大培训的灵活性,使学生方便选择。要做到培训围着项目走,项目建在哪儿,培训做到哪儿,紧跟并适度超前"一带一路"重大基础性建设项目,在项目建设所在国办学,把高素质技能人才培养与项目建设密切结合起来。

从人力资源构成上看,目前,沿线国家大多未出现人口老龄化现象。2013 年,"一带一路"沿线国家 15—64 岁人数占比平均为 67.5%,其中有 21 个国家的劳动力人数占全国总人口的 70% 以上,劳动力资源极为充裕。而这些国家的基础设施水平在全球则位于中下程度。"一带一路"沿线国家充沛的劳动力资源、亟待开发的基础设施建设,与我国高端制造业的雄厚实力和近十年高等教育,特别是高等职业教育国际合作办学所积累的丰富经验,形成了供需十分旺盛的教育服务市场。近年来,宁波职业技术学院在贝宁建立了贝宁国际培训中心,培养培训中资企业发展所需的当地员工,带动企业所在国的经济发展;桂林旅游高等专科学校为印尼和文莱等东盟国家培训旅游人才。这些成功的经验,值得在"一带一路"战略推进中进一步借鉴和推广。

总之,"招进来"与"走出去"协同推进,应成为"一带一路"建设人才支撑的基本路径。

服务"一带一路"建设,要有选择得在沿线国家建立境外大学和教育基地。近年来,我国高等教育质量越来越得到国际社会的认可。实施十余年的"创建世界一流大学"计划成绩显著,培养了一批拔尖创新人才,形成了一批世界一流学科,产生了一批国际领先的原创性成果,为提升我国综合国力贡献了力量。特别是在高等教育体系中"三分天下有其一"的高等工程教育,自 2006 年开始构建具有国际实质等效、与工程师制度相衔接的工程教育专业认证体系,并于 2013 年 6 月申请加入《华盛顿协议》,工程教育质量保障体系获得了国际较好认可。目前,本科层次的工科专业布点数已达 15733 个,基本覆盖了当前"一带一路"建设的所有重大工程项目。因此,我国的高等教育已经具备了"走出去"在"一带一路"沿线国家建立境外大学和教育基地的良好基础。与此同时,我们也积累了可资借鉴的经验。目前,我国高校赴境外办学已初具规模。经教育部批准的境外办学有厦门大学马来西亚分校、老挝苏州大学、云南财经大学曼谷商学院和北京语言大学东京学院;同时,还有 90 多个项目,涉及 14 个国家和地区,主要分布在东南亚国家;与 180 多个国家和地区建立了双边和多边教育交流合作关系,与 41 个国家和地区签署了学历学位互认协定。而且,"一带一路"沿线国家已有巴基斯坦、哈萨克斯坦、约旦等 10 多个国家向我国发出境外办学邀请。可以说,在"一带一路"建设中适度增加教育投入,有步骤地开发面向"一带一路"沿线国家的教育项目,将创建境外大学或其他形式的教育机构作为重点项目予以支持,既可为"一带一路"沿线国家的经济社会发展培育人才,也可为我国在世界格局的发展中积累广泛的人脉,发现培养一批以中青年为主的"知华""亲华""友华"力量,争取有利的国际舆论环境,扩大国际影响。同时,这也是推动中国教育走向世界的战略举措,是中国睦邻、安邻、富邻,为沿线国家共谋福祉的责任担当。

服务"一带一路"建设,要提升自身的国际性,做强中国高等教育。为了满足"一带一路"建设的需要,我们要加强薄弱学科专业的建设。比如,要加快培养非通用语种人才。要深入研究"一带一路"建设的语言需求,制定专门的语言发展规划,增加战略性外语人才的储备,加快培育一批既熟悉"一带一路"国家语言,又了解其国情和文化的高端人才。目前,"一带一路"沿线国家的官方语言有 40 余种,而我国高校能够教授的仅有 20 种。发达国家能够教授的语言大都可达到上百种,但我国进入教育部本科专业目录的外语语种还不到 70 种。目前,非通用语种覆盖范围远远不足,语种专业布局不够合理,关键国家和地区的语言人才匮乏的问题已成为制约推进"一带一路"建设的瓶颈,迫切需要我们把关键语言人才的培养上升为国家战略的一部分,抓实落细。要把我国已有的具有良好基础的若干所语言类大学和进行非通用语言教学的大学重点建设好,使其成为语言教学的中心、文化研究和国别研究的重要基地,为"一带一路"建设培养更多的语言和文化类人才。

实施"一带一路"战略,倒逼我们以更广阔的国际视野,全面审视和提升我国高等教育质量。我们唯有在专业、课程、教学、实践及师资等可比的核心要素方面,达到国际认同的标准且具备一流水平,培养的学生在学业水平上与发达国家的同类型、同层次的学生达到实质性等效,我们的高等教育才能在"一带一路"沿线国家乃至国际上脱颖而出,才会更有吸引力和竞争力。有的学校到境外办学,更是直接在国际舞台上进行教育质量的比拼。为此,我们要把全面提高质量作为重点,提升我国高等教育的国际性,做强各类高等学校。要通过"一带一路"建设需求的倒逼机制,触动各类高校转变人才培养模式、调整专业结构、扎实推进教学改革,用国际视野审视我们的人才培养质量。

我们还要以"一带一路"建设为契机,调整高等教育结构,加大中西部地区高等教育的政策扶持力度,解决高等教育过度"东高西低"的问题,这既有利于全国高等教育的区域协调发展,又有利于和"一带一路"建设相衔接。

在推进"一带一路"建设中,要加强"一带一路"国家高校间的合作,携手应对人类共同问题,如政治、经济、文化、安全等问题的研究,以提升我国参与国际教育治理的能力。(瞿振元,中国高等教育学会会长,国家教育咨询委员会委员,国家教育考试指导委员会委员,2013—2017年普通高等学校本科教学工作评估专家委员会副主任委员,教育部高等学校章程核准委员会委员,第十届、十一届全国政协委员)(《光明日报》2015.8.15)

# "一带一路"留学,约起

### 预期:"一带一路"建设沿线留学迎来利好

"一带一路"建设,涵盖了中亚、南亚、西亚和东南亚地区,从太平洋经印度洋一直延伸到波斯湾、地中海地区,故而需要大量既掌握语言文化、宗教法律、商贸金融、交通物流、能源等专业知识技能,又熟悉沿线国家社会文化和风俗习惯的国际化专业技能人才。因此,具有在沿线国家留学经验的国际学生将成为核心稀缺人才,并将刺激中国留学生重点向新加坡、马来西亚、俄罗斯、西班牙等沿线教育发达国家分散。

目前,"一带一路"沿线的一些非英语国家已经开始行动,采取学费减免、奖学金、学分认证、英文授课以及实习就业机会等优惠措施,加大对中国留学生的吸引力度。其中,德国最为典型,从2014年冬季学期开始,16个联邦州全面取消学费收取,仅萨克森州每学期学费不超过500欧元。这些举措对国内工薪阶层家庭而言堪称重大利好消息。

值得重点关注的是,相比美国、英国等国家,"一带一路"沿线国家的留学费用普遍相对较低,比如白俄罗斯和俄罗斯,留学生一年的全部费用(生活费和学费)大约需要5万至10万元人民币。而且,"一带一路"沿线大多属于小语种国家,留学投入产出回报率较为可观,毕业后比较容易找到工作岗位。这些都意味着中国学生将进一步从英语国家分流,"一带一路"沿线国家逐渐受到国内学生及家长的重视。

### 机遇:留学生亦能积极参与国家重大战略

由于沿线国家历史文化不同、宗教信仰各异、政治体制多样、地缘政治复杂、经济发展水平不一,"一带一路"建设推进过程中面临诸多严峻挑战,如对沿线国家文化、政治和宗教问题研究不足,少数国家对"一带一路"建设意图不理解、曲解甚至存在敌意等。在"一带一路"建设中,通过教育可以促进沿线国家人民对"一带一路"建设的深入了解和理解。

留学生作为先锋队,既是"一带一路"建设的见证者和推动者,又是直接参与者和建设者,可以从多方面服务"一带一路"建设的贯彻实施。留学生在积极参与和推动"一带一路"各项互联互通体系建设的同时,可以充分发挥自己的专业优势,实现学有所成、学有所精、学有所用。具体而言,人文社科专业的留学生可以给国内相关部门和企业提供沿线国家的政治制度、经济环境、法律情况等方面的真实反馈与建设性意见,避免政策决策和投资误区,减少和防范风险;语言翻译专业的留学生则可以直接为各个相关部门提供翻译服务,扫除语言不通的障碍;国际法相关专业的留学生可以有针对性的,为我国进入这些国家进行投资建设的企业和个人,提供相应的法律服务,帮助他们避免因为法律问题产生纠纷而造成不必要的损失;理工学科尤其是能源、石油、交通、建筑、材料等专业,更能在"一带一路"建设中发挥自身优势,把个人专业发展和国家战略需求有机结合。

同时,留学生能够为深化中外合作牵线搭桥。例如,在将国外先进成果引入国内的同时,把中国的和平发展理念介绍给"一带一路"建设的沿线国家,促进实现民心相通。而且,作为国家"软实力"的有效载体,留学生可以发挥自身在语言、沟通能力方面的优势,致力成为"一带一路"建设的专业智库,利用在国外学习、工作的条件,结合自己的专业学习开展专题研究,向国内有关部门提供专业性、建设性的意见和建议。特别是,在促进新兴产业发展、引导外资进入、帮助中国企业"走出去"、推动中外科技文化交流、担负中资企业与国外企业合作的桥梁等方面,留学生亦能够从旁协助,降低中国企业的海外投资风险等。这种亲身参与感,让中国学生的留学生涯更具价值,且对"一带一路"建设的顺利推进大有裨益。

### 挑战:积极适应和融入留学环境和文化

当然,与"一带一路"建设沿线国家的巨大文化差异,势必给中国学生适应留学生活、顺利完成学业目标等方面带来不可忽视的影响。

为此,出国前,中国学生可以通过网络等渠道了解当地文化习俗;留学过程中,中国学生遇到文化价值观矛盾甚至冲突时,要坚持求同存异,用开放的心态和豁达的胸怀去面对可能遇到的文化冲击现象,包括因信息不对称、缺乏了解所导致的误解、偏见和歧视等,避免进行无必要的正面争执和纠缠。同时,中国学生应该增强文化交际和沟通能力以及理性判断能力,不要把负面情绪符号化和模式化,遇到问题因先客观分析,并多从自身交际能力和处事方式上寻找原因,而不是一味地将责任和过失推到对方身上。最重要的是,中国学生应尽快组建新的社会支持系统和社会支持网络,慎重、广泛而有选择地结交朋友,不能局限于中国同胞,处理好朋友圈的类型和层次以及来源组成。

从留学生家庭层面看,首先,家长要帮助孩子做好出国学习深造的前期适应准备工作,广泛收集和了解留学目的地国家的社会文化生活、人际交往、社交礼仪、校园文化、学校课程设置与教育教学方式、师生关系特点、当地人的性格特点等方面的基本知识,针对孩子自身心理和性格、年龄结构、就读专业以及个人兴趣爱好等特点,做好可能发生的文化适应和心理调适方面的积极应对。其次,家长要借助书籍、网络等多种渠道,积极学习跨文化交际方面的相关知识,做好孩子的心理支撑后盾。当孩子在异国他乡遇到文化冲击和文化不适应状况时,借助网络视频、电话、邮件、博客和网络聊天工具,耐心倾听他们所面临的问题和境况,积极引导孩子主动走出个人的狭隘空间。

**使命:以人文交流为媒介促进民心相通**

"一带一路"沿线和关联国家有近百个,其中已经有 65 个(包括中国)国家和地区积极参与"一带一路"建设,这些国家使用的语言大都属于非通用型小语种,而这也是中国学生在选择出国留学时值得关注的方向。

国之交在于民相亲,民相亲推动事有成。只有长期在国外留学、工作,才能真正深入所在地的生活,才能真正掌握当地的社情民意。为此,准备去"一带一路"沿线国家留学的中国学生,应该把握"一带一路"建设的丰富意涵,充分利用语言、专业和跨文化交流的优势,增强对沿线国家社会、文化传统和习俗的主动认识,通过多种途径拓展和深化沿线国家的人文交流,担当人文交流的平台和使者。

"一带一路"沿线国家大部分属于经济发展水平较低的发展中国家,很多国家和地区面临着政治和社会转型等动荡因素。当前国内缺乏对沿线国家社会、文化传统和习俗的深入研究,故而无法准确把握这些国家民众价值观体系和文化心理动态,并将导致"一带一路"建设面临日趋棘手的"软约束"和"软遏制",使"一带一路"建设承担巨大的安全成本。因此,从国家角度看,亟需进一步加强包括对于留学生在内的跨文化交流指导服务,构建多层次、立体化的跨文化传播体系。

**展望：务实合作新阶段呼唤，加快"走出去"**

目前，在"一带一路"建设进入务实合作新阶段的背景下，向沿线国家派遣留学生与访问学者极为必要。这就迫切要求国内教育加快"走出去"的步伐，实施面向发展中国家的境外职业教育，支撑企业走出去战略的实施。通过"一带一路"国家公派出国留学项目、语言文化人才培养项目、国家留学生互换项目等，引导和鼓励国内学生进入沿线国家的高水平大学和科研机构学习、开展教育科技合作，帮助这些国家和地区培养人才，引进合作项目，重点参与重大科研项目课题开发合作以及高新科技和产业研发。

同时，国家须注重对派出的留学生进行分层、分类指导，鼓励选择学习语言、文化、宗教、法律、外交等专业，既要培养能够参与国际事务、承载国家使命的未来领袖人才，也要培养一大批能够适应"一带一路"建设的专业技能型人才。而且，应该立足"一带一路"建设需求，转变人才培养方式，委托"一带一路"沿线国家培养所需要的各类技能型人才和复合型人才，并鼓励当地高校瞄准"一带一路"重大基础设施建设项目，与企业合作办学开展技术应用型人才培养工作等。（张雷生，吉林大学高等教育研究所）（《中国教育报》2015.12.16）

# 服务"一带一路"战略的人才培养机制研究

2015 年 3 月，习近平在博鳌论坛提出了"一带一路"战略构想，之后国家发展改革委、外交部以及商务部联合发布了《推动共建丝绸之路经济带和 21 世纪海上丝绸之路的愿景与行动》，"一带一路"战略已然上升到国家高度。随着这一战略的不断深化，"一带一路"沿线国家地区之间在经济、政治、教育、科技等方面的合作愈加频繁，有力地推进了地区经济发展。"一带一路"建设及沿线国家地区的合作重点为"政策沟通、设施联通、贸易畅通、资金融通、民心相通"五方面，通过多边合作等机制不断推动沿线国家地区经贸合作与交流，实现资源的合理配置，推动丝路经济圈的建设。而这归根到底还是需要通过人才的走出去来实现其经济发展目标。因此，"一带一路"建设需要人才支撑。

**一、"一带一路"战略与人才培养的关系**

"一带一路"战略主要是中国为了实现寻求更多的国际产业合作，推动产能输出，大型企业"走出去"以及基础设施建设输出等战略目标而提出的区域性发展倡议和理念。秉持与沿线国家地区共商项目投资，共建基础设施，共享合作成果的理念，实现基础设施互联互通、科教文卫事业的地区性合作、要素资源合理配置、产业梯次对接和转移以及市场的不断深化,推动沿线国家地区经济的进步,而这些都离不开人才的支持和保障。通过人才的培养和跨区域、跨行业的专业人才对接切实满足"一带一路"战略对人才的需求,"一带一路"战略与人才培养之间联系紧密。

1. "一带一路"战略发展推动人才培养

首先,"一带一路"战略的主旨是推动沿线国家地区之间要素资源合理流通、基础设施互联互通建设以及贸易市场深化,涉及沿线基础设施建设项目工程、产业产能转移、金融投融资等方面,有助于实现沿线国家更加深层次、高水平以及广范围的交流和合作,其前提是人才的交流和合作。其次,在"一带一路"建设中,沿线国家的基础设施建设、产业转移及引进、技术创新与交流、贸易合作与竞争需要不同知识结构不同领域的人才,特别是"一带一路"战略发展所急需的人才来实现,诸如创新创业人才、海外华侨人才、急需领域专业人才以及小语种语言类人才等。"一带一路"战略发展所带来的人才缺口进一步推动了教育培训部门和机构要更多地以"一带一路"战略发展需求为导向,培养具有国际视野的复合型人才,以人才交流为切入点,实现地区间的文化交流、技术交流、贸易交流、产业合作等,形成区域新的经济增长极,从而实现沿线国家地区经济发展的目标。

2. 人才培养有助于服务"一带一路"建设

推进沿线国家地区经贸合作和交流,实现要素资源合理配置,产业产能转移对接,大型项目的跨区域、跨专业合作以及基础设施互联互通建设等,是"一带一路"战略实现共商共建共赢的支撑和保障。这既满足了沿线国家基础设施建设、经济贸易交流、市场合作等领域内的人才需求,又推动了其人才要素的合理配置,激发了地区经济建设活力,有助于将人才优势转变为经济优势,带动整个沿线地区经济发展,进而服务整个"一带一路"建设。

一方面,通过人才培养,进一步提升了人才技能及素质,使之能够适应和服务沿线国家的基础设施建设,推动中国基础设施及配套行业在沿线国家地区的发展,进而提升中国基础设施产业领域的综合实力及竞争力,并加强沿线国家地区的经济发展。另一方面,"一带一路"战略的核心目标是推动沿线国家地区的经济繁荣和区域合作,以人才为载体,进一步推动中国同"一带一路"沿线国家地区之间的人才及人文交流,加强和推动沿线国家地区经济发展。培养出一大批在跨境贸易、经济合作、市场联系以及产业对接、区域平台建设方面能发挥巨大作用的国际化复合型人才,进而推动沿线国家地区之间的人流、物流、资金流的对接,不断服务"一带一路"建设,重构沿线国家地区经贸新格局,这对"一带一路"沿线国家地区的经济发展起到了催化剂的作用。人才培养既满足了"一带一路"战略发展的人才需求,又有助于发挥人才优势的集聚扩散效应,将其转化为经济优势和技术优势,进而推动沿线国家地区的经济繁荣和区域合作。

**二、服务"一带一路"战略人才培养的关键**

创新人才培养理念,明确人才培养目标,完善人才培养组织及机构,提高人才培养质量,以此为基础,形成服务"一带一路"战略的人才培养机制。

**1. 创新人才培养理念**

"一带一路"战略对人才的需求更加多元复合化以及更专业化,因此,要以服务"一带一路"发展为导向,切实转变传统的人才培养思维,从而创新人才培养理念。加强人才的理论知识和实践技能的培训,以信息化等方式培养人才,进一步提高人才适应日渐多变的国际化形势的能力,努力提高人才质量,使之能够在"一带一路"战略中发挥积极作用,切实推进区域间的人才资源要素的互补,实现区域经济繁荣发展。以创新人才培养理念构建更加科学规范的人才培养模式,将人才竞争优势转化为科技竞争优势、经济竞争优势,进一步发挥人才在"一带一路"沿线国家地区经济发展中的经济集聚和扩散作用,以人才为载体,推动区域间的更深层次、更广范围以及更高水平的经济合作。

**2. 明确人才培养目标**

这是服务"一带一路"战略人才培养的重要构成部分。在服务"一带一路"战略的人才培养进程中,必须明确要培养什么样的人才,怎样才能发挥人才的作用等问题,因此,必须把握"一带一路"战略的核心内容及主要框架,在明确"一带一路"战略的基础上,以服务"一带一路"战略发展为目标来进行人才培养。要紧紧围绕"政策沟通,道路联通,贸易畅通,货币流通,民心相通"的战略目标,加大基础设施领域。国际贸易领域以及金融领域等行业领域内的人才培养,以培养具有国际视野、全面、复合型的高素质人才及技术人才为目标,以服务"一带一路"战略为宗旨,发挥人才优势对经济发展的辐射作用,实现沿线国家地区经济贸易的更加广范围、深层次、高质量的合作和交流,繁荣"一带一路"沿线国家地区的经济,实现人才资源等要素的互补互济,有助于形成区域经济新的增长极,从而全面推进地区经济综合实力的进步。

**3. 完善人才培养组织及机构**

通过人才培养组织及相关机构进一步加大对人才的理论知识和实践技能的培养,使之能够抓住这个战略机遇,既可以实现人才的自我追求和价值,也满足了"一带一路"沿线国家地区经济发展对不同领域内的人才需求,支援了沿线经济发展较为落后的地区和国家,符合"一带一路"战略的定位和宗旨。服务"一带一路"战略的人才培养需要相应的组织及机构予以长期地支撑和保障,通过人才培养组织及机构的系统培养,提高人才的综合技能及实践水平,如此不仅能够促进本土人才竞争力的提升,也有助于支援沿线国家地区经济建设。人才培养组织及机构包括国家性质、私人性质以及社会企业性质几种,主要有高等学校、职业技术学校、企业人才培养机构、跨区域跨学科跨行业的人才培养平台等,通过这些机构及组织对人才的技术培训、继续教育以及理论知识的教学,进一步提高人才综合素质,使之能够在"一带一路"沿线国家地区基础设施建设、国际贸易以及金融资本运作等相关领域发挥作用,进而推动地区经济、科技、教育事业的发展,实现区域内经贸合作和经济繁荣。

4.提高人才培养质量

质量是决定成败得失的关键,特别是服务"一带一路"战略的人才培养质量更是其发展的重中之重。要加强人才在意识、知识、技能及团队协作方面的培养,努力提高人才培养质量,更好地支撑"一带一路"建设。"一带一路"建设主要是"五通"的发展与实现,即"政策沟通,设施联通,贸易畅通,资金融通以及民心相通"的发展与实现,由于大部分企业人才以及相关人才不了解沿线国家地区的经济、政治形势及相关政策,因而不能及时掌握准确信息,这非常不利于对外贸易的良好发展。并且在"一带一路"发展中实现设施互联互通,基础设施领域的建设既是基本,也是重中之重,这就需要更加专业化的、国际化的复合型基础设施建设及管理人才,在该领域能与国外人才有效沟通,做到信息资源技术共享。为实现贸易畅通及资金融通,需要国际化的资本运作及金融领域的对外贸易人才。而要想重构地区间贸易新格局,还必须学习沿线国家地区的语言、历史、文化等,做到民心相通。这些都需要高素质人才的加入与助力,所以要切实提高服务"一带一路"战略人才培养的质量。

**三、服务"一带一路"战略的人才培养机制分析**

服务"一带一路"战略的人才培养机制主要包括人才培养的运行机制、驱动机制以及保障机制。通过构建服务"一带一路"战略的人才培养机制,加大对基础设施建设和管理人才、对外贸易人才、语言人才和技能型人才、海外人才的培养,进一步弥补"一带一路"建设的人才缺口,助推"一带一路"沿线国家地区经济繁荣和区域合作。

1.服务"一带一路"战略人才培养的运行机制

第一,合理规划课程设置。"一带一路"战略的实施需要依托高等教育机构进行人才培养。在人才培养过程中,要始终贯彻和坚持以服务"一带一路"战略为目标的培养理念,进一步规范培养的基本原则,以市场需求为导向,以"一带一路"发展框架及内容为指导,合理规划和增设与"一带一路"战略发展相关的专业课程,如小语种专业、国际贸易专业、涉外法律、金融资本运作等领域的专业课程。完善人才培养课程体系,努力提高人才的专业知识和实践技能,打造出大批能够服务"一带一路"战略发展的人才。

第二,坚持多元化的人才培养模式。参与培养服务"一带一路"战略人才的主体多样,耗费的人力、物力、财力较大。因此,必须发挥高等学校、职业技术学校、企业人才培养机构、跨区域跨学科跨行业的人才培养平台等各方机构组织的作用,聚集社会优质资源,积极探索服务"一带一路"战略的人才培养模式。首先,导师带教模式,导师以国际化的思维和方式,引导学生学习理论知识和实践技能,提高学生的综合素质,使之能更好地适应和服务"一带一路"沿线国家地区的经济发展。其次,"互联网 + 人才"模式。在大数据时代,利用互联网技术可以实现远程教育及教育资源在线共享,及时学习国外先进的思维和方式,培养出一批具有国际视野的信息人才。再次,高校间联合培养,实现其教育资源共享及项目对接,开阔学生视野和思维,提高人才培养的质量。最后,校企协同合作共同推动服务"一带一路"战略的人才培养。加强校企合作,实现人才的理论知识与实践技能相结合是加快人才培养进程,服务"一带一路"建设的有效方式。学习国外金融贸易领域的经验,实现员工的培训教育,提高员工的理论知识水平,拓宽其视野,使之在企业对外贸易与合作中发挥应有价值,助推"一带一路"建设。校企协同合作也有助于理论与实践结合,探索企业及产业发展新方向,助力产业结构调整,促进专业学位教育。校企协同合作不单单是国内高校和企业的合作,也可以与国外企业和高校进行项目对接,协同国内外高校及企业资源,从"科技、工程、管理"到"语言、文化、社会"等方面培养高层次国际化应用人才。

紧紧围绕"一带一路"战略,增强服务意识,加强合作,整合资源,积极探索不同类型大学的合作和不同学科的融合,建立跨专业、跨学校、跨区域的人才教育平台,探索多层次人才培养的新机制。

第三,强化人才交流平台的带动作用。开放式的人才交流平台有助于推动人才培养,提高人才的综合素质。一方面,搭建区域间人才交流平台,以便进一步拓宽人才的思维,掌握人才市场信息,实现人才与产业的对接,缓解"一带一路"沿线国家地区经济发展的人才缺口。另一方面,有助于学习国外先进的人才培养经验,改进国内人才培养方式和教学体系,推动继续教育、职业教育的深化发展,更加高效科学地培养出一批具有国际意识与专业技能的国际化人才,以更好地服务"一带一路"建设。

2. 服务"一带一路"战略人才培养的驱动机制

第一,服务"一带一路"战略的人才培养需要大量的资本投入作为支撑。一方面,政府应加大对相关领域人才培养的财政投入力度,鼓励继续教育、职业教育、信息化教育等人才培养方式的创新,将全社会对人才培养的力度,打造良好的培养氛围,从而全面推进人才培养进度。另外,"亚投行"的金融资本支持也能助推人才培养。另一方面,企业在对外经贸合作中也进一步加大了对专业人才、技能人才及海外高端人才的培养投入,一些大型企业设立了人才培养专项基金,鼓励企业人才培养,加强企业对外贸易软实力,支援"一带一路"建设。通过资本投入,改善人才培养的硬件和软件设施,逐步提高人才培养的质量,进而提高企业自主创新能力,推动企业"走出去"与"引进来"相结合。这既带动了企业经济发展,又推动了区域经济进步,其人才的集聚扩散效应能形成新的经济增长极,创新经济发展方式,在对外贸易、大型项目对接、文化交流方面将发挥出巨大作用。

第二,"一带一路"战略发展给人才培养带来新机遇。随着"一带一路"战略的实施,基础设施建设、对外贸易、人文交流、科技合作、金融资本运作等领域的交流和合作日渐频繁,同时对这些领域的专业人才需求也逐渐增加。这激发了人才的培养热潮,倒逼人才培养变局,给服务"一带一路"战略的人才培养带来了重大发展机遇。这样的发展环境有助于培养出一批国际化与专业化并存的复合型人才,为切实推进"一带一路"建设,实现区域经济更高层次更高水平以及更大范围的发展提供了无限助力。

3. 服务"一带一路"战略人才培养的保障机制

第一,加大对服务"一带一路"战略的人才培养的法律支持。一方面,沿线国家地区之间经济、政治形势复杂多变,需要强有力的法律手段保障人才的人身财产安全,增强解决国际间贸易纠纷等问题的能力,打造良好的人才培养环境。另一方面,我国的人才培养机制仍存在不足之处,人才资源如何"走出去"、引进国外先进人才、实现国内外人才对接等现实问题,都需要法律支持。这些法律支持必须保证能够在沿线国家地区之间有效使用,进而保障对外合作交流中的人才的各项人身权益。

第二,教育培训组织及相关机构的激励手段是提高培训人员积极性的有力措施,给予培训人员在物质上的充足保障,切实提高国际化人才、复合型人才以及专业性人才的培养质量,服务"一带一路"建设。

第三,国家政策的倾斜。"一带一路"战略涉及的沿线国家地区范围大、内容多,是区域性、全球性的宏大战略。随着全球经济进入4.0时代,人才培养也随之进入4.0时代。"一带一路"沿线地区经济社会发展对开放型、智慧型等新型人才需求更多,对人才培养提出了更高的挑战。国家设立了专门的留学基金以及人才培养基金,而且国家智库也建议加强服务"一带一路"战略的人才培养,国家政策的支持有助于推动服务"一带一路"战略的人才培养体系和机制的建设与完善。充分发挥人才对经济的带动作用,创新沿线国家地区经济贸易发展新格局,助力沿线国家地区经济建设、贸易往来、市场合作及文化交流。

综上所述,服务"一带一路"战略的人才培养机制建设是以高等教育机构或社会组织为培养主体,以需求为导向培养国际化、专业化复合型人才,不断创新人才培养模式,提高人才培养质量的系统工程。这包括服务"一带一路"战略的人才培养运行机制、驱动机制以及保障机制。通过对服务"一带一路"战略的人才培养,以人才优势带动经济集聚,可推动中国产业产能转移、优化对外贸易结构、深化国内外市场合作、实现区域内要素资源合理配置、繁荣沿线国家地区经济,重构地区经贸格局,推进"一带一路"沿线国家地区经济一体化进程。(刘国斌,吉林大学生物与农业工程学院;杨富田,吉林大学生物与农业工程学院)(《长春教育学院学报》2016年第7期)

# 二、中文汉语人才稀缺

随着"一带一路"伟大战略的不断推进,中国对外开放水平更上新台阶,与沿线及相关各国在教育、文化、经贸等方面的交流合作也进一步深入。而在经贸合作中,只有语言先行,才能增进彼此的了解、认同,并进行有效的沟通。当前,中国经济迅猛发展,中国企业走出去的步伐也随之加快,外国企业与中国的往来也愈加密切,各大跨国公司和企业对中文人才尤其是复合型中文汉语人才求贤若渴。

## 相关报道

### "一带一路"升温汉语热:汉语人才在俄不愁找工作

"我们这里汉语专业非常受欢迎,因为就业情况特别好,很多俄罗斯学生的家长认为学好汉语肯定会有饭吃,等于有了'铁饭碗'。"圣彼得堡国立大学东方系副主任罗季奥诺夫操着一口流利的中文对中国"一带一路"媒体采访团说道。

当他说出"铁饭碗"一词时,引起了现场人员会意的笑声。而在这笑声的背后,则是"一带一路"倡议的提出和推进,中国和俄罗斯经贸、文化等领域的沟通日益密切,汉语人才在俄罗斯就业市场正越来越受欢迎。

罗季奥诺夫透露,该校汉语专业的毕业生总体就业情况很好,本科毕业后一半左右的人会选择继续读书深造,而选择直接就业的学生一般会进入中国企业驻俄罗斯代表处、俄罗斯企业在中国办事处以及到政府部门工作。

"而汉语方向的硕士人才找工作则更容易,薪酬更高。"罗季奥诺夫说,硕士人才的就业面更为广阔,他们可以选择进入诸如俄罗斯外交部的政府部门,或选择继续深造读博当教师和做学术研究。

圣彼得堡国立大学代理教学和教学法第一副校长叶卡捷琳娜?巴别留克对记者表示,在"一带一路"倡议的影响下,汉语相关专业报名非常火爆。

据介绍,圣彼得堡国立大学在很多其他专业上也开设了汉语方向的教学和研究,比如2016年,在本科层面上2首次开设了中国方向的法律专业,而在硕士教育上,新闻学、政治学以及社会学都有中国方向的专业。

这些汉语方向专业的招生报名情况也验证着汉语的受欢迎程度。据介绍,该校中国方向法律专业招生时,原本只打算招收 20 名学生,结果由于报名人数过于火爆,最终招收了 80 名学生。

"'一带一路'建设需要懂中文的人,需要他们去推动俄中两国在各领域的合作服务。"叶卡捷琳娜？巴别留克说,圣彼得堡国立大学是俄罗斯汉学研究的发源地,目前已与中国教育机构签订 53 个合作协议。

叶卡捷琳娜？巴别留克透露,圣彼得堡国立大学跟中国的合作形式很多,除了与中国高等院校合作外,圣彼得堡国立大学还积极开展与中国地方政府的合作,并有意与黑龙江省共建一所高等院校。

据了解,圣彼得堡国立大学创建于 1724 年,是俄罗斯第一所大学,曾产生过 9 位诺贝尔奖获得者,在世界大学排名榜上具有相当高的知名度。(李金磊)(中国新闻网 2016.12.5)

## "汉语热"搅动"中国热":谈生意,语言应先行

中国国家主席习近平于 1 月 19 日至 23 日对沙特阿拉伯王国、阿拉伯埃及共和国、伊朗伊斯兰共和国进行了国事访问。此次出访也使这三国的"汉语热"升温。"汉语热"不仅是对汉语言的关注,更折射出外界想进一步了解中国的"中国热"。

### 谈生意,语言应先行

沙特、埃及、伊朗处于"一带一路"西端交汇地带,是"一带一路"通往非洲和欧洲的支点,又是共建"一带一路"的天然合作伙伴。在诱人的经济利益下要想共同发展,合作双方就务必要解决好语言交流问题。北京语言大学校长崔希亮呼吁,我们应该培训更多的阿拉伯语人才,搭建中国与阿拉伯国家之间语言与文化交流的桥梁,满足双方的需求。沙特《利雅得报》在 1 月 13 日刊文称,"我们需要进一步了解中国,了解它的国情、政治、文化、社会及经济状况。中国人从 1943 年在大学开创阿拉伯语学科起,就一直在努力了解、学习我们的语言。在这方面,中国人比我们先进很多,他们对于我们的了解程度远高于我们对他们的了解。"

烟台大学人文学院中文系主任张胜利认为,文化具有柔性力量和巨大的亲和力,对于超越歧见、化解矛盾具有重要的作用。"汉语热"为"一带一路"引导的中外合作提供了文化保障。通过学习汉语和中国文化,外国民众将具备主动了解和认知中国的能力,更容易接受中国文化和中国形象。

不仅是在沙特,伊朗现在已有四所大学开设了汉语言文学专业,近百名大学生

正在学习汉语。埃及开罗的中国文化中心已开办了 14 年,总计共有 7000 名埃及学生在这里学习过中文。

"汉语热"打通了中外交流的语言渠道。"语言热和国家合作交流是相辅相成的。比如,有了中苏交流、中西交流,出现了俄语热、英语热,而俄语热、英语热反过来又推动了中苏交流、中西交流的发展和深入。'汉语热'既是中外合作交流的需要,也是推动中外合作交流的助力。"南开大学汉语言文化学院副教授冉启斌如是说。

### 要合作　沟通是前提

埃及《金字塔报》董事长艾哈迈德·塞德·纳贾尔说,中国倡导共建的"一带一路"不是对古代丝绸之路的简单复制,而是一条在不同国情、不同文化的国家之间开展和平、平等合作的现代之路。要实现高效的合作,彼此就要互相了解,既了解对方的历史文化,也了解对方的国情民意。

前不久,在吉尔吉斯斯坦南部城市奥什成功举办了第一届"丝路杯"中国国情知识竞赛。中国驻奥什总领事宋利群在竞赛开幕式上致辞说,自奥什大学开办孔子学院以来,该地区掀起空前的"中国热",在这一背景下举办中国国情知识竞赛,将有助于当地民众加深对中国的认识和了解。

"在学习汉语的人中,抱有功利、实用目的开始学习的应该占多数,但随着学习的深入,汉语中所包含的中华哲学思想、审美趣味和价值观念就会释放出来,深深吸引住他们。这种由被吸引而产生的热爱超越了功利、实用目的而变得更纯粹、更长久。在他们心中,中国的形象也随之变得更柔和、更人性,更具有灵魂。"烟台大学人文学院副院长齐爱军教授说。如同吃饭,只有增进了解,真诚沟通,陌生人才能坐到同一张桌子上"吃饭",共享时代发展的"蛋糕"。语言是文化的载体,当汉语言被越来越多的外国人学习的时候,在一定程度上也反映了中国国际地位和国际影响力的提升。

### 谋共赢　了解做基础

中外交流,汉语充当先行官。如何使"汉语热"持续升温是我们需要思考的课题。

"汉语热"以学习汉语的外国人为主体。我们在做好汉语语言资料供应的同时,还要注意汉语教师、教材的"本土化"。中外双方增设对方的语言专业,增派留学生是有效途径,旅游和经贸规模的加大也为彼此增进了解和信任提供基础。"汉语热"牵线,"中国热"加温。

"汉语热"引发了世界了解中国的兴趣,那些恶意歪曲丑化中国形象的伎俩越来越无处遁形。"汉语热"和"中国热"是中国联系世界、世界了解中国的切入点。除了开办孔子学院、孔子课堂外,还要充分发挥网络的作用,利用朋友圈等社交平台,有规划地组织对外汉语传播的网络队伍。

"汉语热"在继续发酵,中国在敞开大门迎接各国宾朋的同时,也会积极地走出去,到朋友那里坐一坐。伴随着"一带一路"战略的开展,这一轮的"汉语热"、"中国热"将会更持久,从而推动中外交流向更广阔、更纵深的领域发展。(《人民日报海外版》2016.2.5)

## 学好汉语,如虎添翼

近日,面对中国"一带一路"媒体采访团,俄罗斯圣彼得堡国立大学东方系主任罗季奥诺夫用一口流利的汉语说:"我们这里的汉语专业非常受欢迎,因为就业情况特别好。很多俄罗斯学生的家长认为学好汉语等于有了'铁饭碗'。"的确,随着"汉语热"在俄罗斯的流行,汉语人才在当地的就业市场越来越受欢迎。

当前,随着我国"一带一路"的实施,中国与其他国家在基础设施建设、经济贸易、文化交流等领域的沟通合作日益密切,能把当地语言和汉语"两手抓"的人才正在成为用人单位心目中的"香饽饽"。哈萨克斯坦副总理纳扎尔巴耶娃曾明确表示,学好汉语将给人们就业带来很大帮助。

### 学习目的 为了谋得好出路

在谈到为什么选择学习汉语、来中国读书时,大多数留学生的回答出奇地一致:学到纯正的汉语、积累在中国的学习和实践经验,为找到好工作打下基础。

法国留学生安娜表示,中国在国际舞台上扮演着重要的角色,欧洲的用人单位非常重视会说汉语的人。多才多艺的安娜在留学期间组织、参加过多场文艺演出,她希望自己毕业后能涉足演艺行业,从事与跨文化交流相关的工作。北京语言大学俄罗斯留学生萨莎说:"在俄罗斯,现在学汉语的人特别多。他们主要是想在商贸、政府合作等方面就业。而在俄罗斯的汉学研究领域,更需要像我们这样的在中国留过学的人。"在中国曾一度成为"网红"的清华大学俄罗斯留学生大卫就把成为一名汉学家当成自己的梦想。和大卫一样,为了学成回国后进入当地的汉学研究机构,萨莎读完本科又继续读硕士,专攻中国诗歌文学。

其实,对来华留学生来说,最吸引人的工作还是经济贸易。随着"一带一路"

建设的逐步铺开,沿路国家的人们最重视的就是和中国的商贸机会。"我喜欢在贸易公司工作,以后还想自己创业做面向中国的生意。"伊朗留学生韩穆说。在理想的推动下,韩穆两年前来到北京工业大学留学,选择了中文贸易专业。他表示,"除了学汉语,我必须学好国际贸易、市场营销等专业课,最好能有机会到中国公司实习,为我未来的发展做准备。"

### 人才缺口大　学习成风潮

近年来,中国经济持续发展,同时中国政府积极推进国际间交流合作,在中亚、非洲、南美洲等地区投资援建了不少工程项目;我国的大型企业,如中石油、华为、中国银行等也纷纷向国外投资、实现与当地企业的合作;有不少企业在国外设置了工厂、子公司、办事处等机构。同时,越来越多的中国人走出国门旅游观光。这为外国增加了数量庞大的就业岗位,激发了当地就业市场对汉语人才的旺盛需求,也刺激了当地人学习汉语的热情。

在一些地区,孔子学院的招生名额一扩再扩,汉语教师也呈现出供不应求之势。一些私立的汉语教学机构应运而生。除了聘请中国汉语教师,这些机构还会聘请一些具备较高汉语水平、了解中国文化的当地人承担教学任务。日本姑娘长井惠子曾在中国留学,毕业后,她在东京的一家汉语教学机构工作。这家教学机构来自中国,在东京开设了分校。惠子介绍说:"现在中日企业之间的合作十分频繁,人才派遣制度也越来越完善,不少人要被派到中国工作,就会选择到这里上课。汉语能给他们的工作和生活带来很大帮助。"而谈到自己的求职历程,惠子坦言,是汉语为她增加了竞争力,留学中国的经历也让她获得了工作单位的重视和信任。

在泰国这样的旅游业大国,为了迎接中国游客,当地政府、机场、酒店、旅行社也越来越需要汉语人才,而他们检验应聘者汉语水平的标准就是汉语水平考试(HSK)的成绩和证书。据悉,泰国旅游管理专业的学生在修完规定的旅游汉语课程后,还必须通过汉语水平考试(HSK)一定级别的考核,才可获得政府注册的导游证。这样的现象促使泰国学生热衷于参加各类汉语考试,除了汉语水平考试(HSK)外,还有汉语水平口语考试(HSKK)、商务汉语考试(BCT)等,以便毕业后找到好的就业出路。瞄准于需求旺盛的就业市场,越来越多的外国人赶上了学汉语的这班车。对他们来说,汉语能力成了一块实打实的就业"敲门砖"。

在全球化趋势下,多语种人才在政府合作、经济贸易和文化交流中扮演着重要角色。对于外国人来说,汉语就是这"多语种"中的重要一环。然而,除了汉语水平要过硬,人们还需重视培养自己的专业技能,正如韩穆、安娜所做的那样,在学习和实践中锻炼自己,不仅要满足工作单位对人才的需求,还要充分发挥自己的能力与价值。

有一套汉语综合教材,名为《成功之路》,从汉语对外国人职业发展的影响上看,这套教材的名字起得非常传神——它向所有外国汉语学习者传达了一份美好的祝愿:学好汉语,走向成功之路。(《人民日报海外版》2017.1.6)

## 学好中文添助力

当今社会,不同行业间不断融合,生发出很多新的行业,相关边缘学科的种类也在不断增加。在这种形势下,对于人才的需求也从单一人才转向复合型人才。对于"一带一路"周边国家的青年而言,学好汉语是成为复合型人才的首要条件。其实,不少聪明人已经早早地看出了这个门道,开始着手学习中文,从而占得先机,谋得了一份好工作,在事业上取得了良好发展。而这些人的示范效应十分明显,其身边的同学、朋友、亲友纷纷效仿,学中文群体如滚雪球,越来越大。

学好中文能助力职业发展,这是与中国国力的强盛和中国对外交流合作的规模不断扩大、领域不断拓宽紧密相联系的。据了解,我国最早开始汉语国际教育的北京语言大学,几十年来曾培养出大批外国政府官员、驻华使节和商界精英,这些人由于有着来华留学背景而对中国怀有特殊感情,绝大多数都在从事着与中国相关的政治、经贸、外交、文化交流等工作。现在,留学生来华学习的目的大多已经不限于中文,在中文专业外,往往还会再选择一个专业,如医学、经贸等,这也拓宽了他们毕业后的求职之路。而我国培养留学生的高等院校也顺应了这个变化,在基础汉语考试通过后,来自世界各地的留学生进入各个专业院系,与中国学生同堂听课,共同完成学业。一些外国用人单位经常会出现这样一种情况,会中文的人不懂专业,懂专业的人不会中文。可在中国高等院校中,通过这种教学训练毕业的学生,既懂中文,又具有专业知识,正好填补了这部分的人才空白。

对于来华留学生而言,学好中文,往大了说,可以为自己国家搭建和中国交往的桥梁出一份力;往小了说,是为自己的个人发展增添了助力。(刘菲)(《人民日报海外版》2017.1.6)

## 汉语人才是怎样炼成的?

澳大利亚墨尔本大学研究人员日前表示,中国对澳大利亚经济影响大,澳急需汉语人才。但澳大利亚在这方面的人才培养力度和人才数量都明显不足,应该好好审视中文人才的培养问题。在今年的第十五届"汉语桥"世界大学生中文比赛分赛区比赛中,诞生了一批"冠军选手",这些汉语人才能够引起多方关注,成为了中外交流领域的"香馍馍"。

说到汉语人才,生下来就说汉语的中国人无疑具有先天优势。但专家指出,仅会说汉语是远远不够的。那么,对于国人来说,怎样才能成为一名合格的汉语人才呢?

### 中文好 外文同样要优秀

要符合汉语人才标准,不能简单地认为只要注重汉语学习就可以了。汉语人才既要有相当程度的中文水平,也要掌握一门或多门外语。从 3 月 18 日北京师范大学中国文化国际传播研究院(AICCC)组织实施的 2015 年度"中国电影国际传播"调研项目发布的数据来看,在两个负向指标的评价分数上,30% 多的受访者认为中国电影的思维逻辑难懂,有近 70% 的受访者认为中国电影的字幕翻译难懂。2016 年孔子学院总部、国家汉办外派教师招聘简章中明确要求,招聘的教师"需能熟练使用申请赴任国语言或英语"。

在猎聘网等求职网站上,"能掌握高水准外语"这样的招聘条件也屡见不鲜。

不久前刚刚参加完英语专业八级考试的北京语言大学对外汉语专业大四学生雷天戈说:"中外交流肯定需要中外文兼通的人才。我的专业可以说是'半英语专业',英语是与外国人交流、了解外国文化的媒介,更是我毕业后找工作的资本,所以必须过硬。"中国发展离不开世界,世界发展同样离不开中国。在全球"汉语热"发酵的当下,同时掌握中文和外语、两条腿走路的人才,脚下的路才会更广阔,也才会走得更远。

### 中国通 外面的世界也要懂

对于外国人来说,学习中文是了解中国文化的基础。"我觉得作为汉语人才不仅要中文棒,也要理解中国的历史和文化。我的理想就是成为一个能脱口而出中国历史文化知识的汉语人才。"来自北京语言大学的吉尔吉斯斯坦留学生毋梅说。对于中国人来说,如果在自己不了解中外文化的情况下教授外国人中文,则很难取得良好的教学效果。"对外汉语教师需要了解中国文化,如中国传统节日的来历、中国人对待表扬的态度、中国人表达礼节的方式等,同时也需要了解外国文化,并认识到两种文化间的差异,这是胜任教学工作的基本条件。在对来华留学生开展教学时,要了解外国人的风俗习惯、人文地理和价值观等,这样才能应对和处理文化上的碰撞。"曾任烟台大学国际教育交流学院留学生汉语系主任的隋艳说。

活跃在中外教育领域的中国留学生无疑是中外沟通的先锋,也应该成为汉语人才培养的重要对象。在澳大利亚墨尔本大学留学的侯佳文向笔者讲述了他的"对外汉语教学"经历:"我在澳大利亚结识了几个来自韩国、日本的留学生,他们对中文有很大的兴趣。平时相处时,碰到一些事物,总是问我'这个用中文怎么说'。我则开动脑筋,调动自己的知识储备,尽量用他们熟悉的人物或事物进行解释。"

既熟悉中国文化,也了解外国文化的人,才有可能成为汉语人才。

### 有知识 还要会传播

有科学实验证实,不同文化背景的人看待相同事物时存在着差异。这种差异是导致文化冲突的原因之一。只有了解差异,才能解决由此带来的碰撞和冲突。

北京语言大学汉语学院闻亭副教授认为,从传播学的角度来说,传播的过程需要考虑传播者、信息、媒介、受传者、反馈五个要素。汉语知识掌握得好,也只是具备了信息这一要素中关于知识的一小部分,这对于汉语人才来说,是远远不够的。比如,留学生很喜欢问"为什么"。一次和留学生交谈时,他问我是否喜欢自己的专业,我回答'喜欢',他接着问"为什么",我迟疑了一下,回答说"什么为什么"。其实,他问的"为什么"在汉语中有时有质疑的味道,会让对方觉得有些唐突。在日常生活中,我们往往会宽容地看待外国人说中文时所出现的不妥当、不贴切,但是在国际会议、高端对话等正规场合,用语用词上的不恰当会引发歧义,进而使彼此产生距离。

跨文化传播能力指的是在不同文化背景的个体、群体或组织之间开展交流活动的能力。对该能力的培养是多领域、多方面的,包含有人类学、文化学、心理学、传播学等学科内容。我国宋代著名词人陆游有"功夫在诗外"的精辟表述,要成为汉语人才也是这个道理,不能仅仅盯着中文知识的学习。培养汉语人才是当下之需,而怎样培养汉语人才和培养怎样的汉语人才则是当下之题。集中外语言、中外文化历史知识、跨文化传播能力于一身的复合型人才,才是真正意义上的汉语人才,才能担当起讲好中国故事、传播好中国声音排头兵的重任。(凌波)(《人民日报海外版》2016.3.26)

# 汉语学习南非"走红",汉语人才成"香饽饽"
## ——第十届孔子学院大会系列报道之七

孔子学院是如何在异国他乡的土地上渐渐盛行的呢? 12 月 6 日,记者在第十届孔子学院大会上采访时了解到,运转一年多的南非德班理工大学孔子学院如今已吸收了近千名学员,并在南非当地积极展开中外文化交流活动,促进了汉语人才培养和汉语言文化教育的发展。

**课程活动丰富,助力中非交流合作**

据了解,南非德班理工大学孔子学院于 2013 年 3 月签约揭牌,时值中国国家主席习近平赴南非东部港口城市德班参加金砖五国峰会期间,这是中国新一任最高领导人首次外交出访见证签约的第一家孔子学院。

据南非德班理工大学孔子学院中方院长傅超波介绍道,该孔子学院于 2014 年 2 月实现正式运转,并面向全校教工和学生开设汉语试验课程,逐步涉及汉语语言基础、商务汉语、舞蹈和民乐等中华传统特色文化,让学员在掌握汉语的同时,也能初步了解中国的人文文化。

举办中国电影节、表演国粹京剧、推介茶文化、举行中秋盛会、为南非国企开设"商务汉语班"……据了解,德班孔子学院的中国文化活动形式多样、内容丰富,受到了校内外人士的欢迎和喜爱。

不仅如此,今年 11 月,德班孔子学院还联合南非和中国的有关部门共同主办了"一带一路与非洲发展高级别研讨会",力图利用区域优势服务国家"一带一路"战略,促进了双边人文交流和经贸合作等议题的深入交流与探讨,积极助力 12 月份在南非约翰内斯堡举行的"中非合作论坛峰会"。

**从 200 到 1000,汉语人才成"香饽饽"**

值得一提的是,短短一年多的时间,该孔子学院的学员已经从成立之初的 200 余人,发展到如今的近千名。汉语学习为何迅速在这所南非的著名高等学府里"走红"?

"在我们孔子学院就读的学生,不仅掌握汉语言知识、通晓中国文化,而且成了就业市场上的香饽饽。"傅超波表示,"南非的华资企业越来越多,孔子学院的学生往往能获得更多的实习和工作机会。此外,随着当地企业的华人市场不断拓展,也急需通晓中英文的管理人才,因而汉语学习越来越受到人们的追捧。"

据介绍,接下来,南非德班理工大学孔子学院还将开设更多的汉语通识课程,比如增强中外方语言、文化、学术等方面的交流与合作,探索多样化的汉语考试和内涵丰富的汉语文化交流项目,并积极致力于南非基础教育体系的汉语教学。

据悉,南非德班理工大学校长哈迈德?巴瓦(Ahmed·C·Bawa),德班理工大学孔子学院外方院长为格雷姆·斯图尔特教授（Graham Stewart）也出席了在上海举行的第十届孔子学院大会。（刘时玉）（上海教育新闻网 2015.12.7）

## 澳大利亚缺乏汉语人才，学者呼吁加强汉语技能

澳大利亚墨尔本大学汉语教育专家简·奥顿博士日前接受新华社记者专访时说，澳大利亚缺乏汉语人才，而掌握汉语对澳发展至关重要，她呼吁中澳两国开展更多活动促进双方文化交流。

奥顿日前在悉尼发表了题为"培养澳大利亚人汉语技能"的演讲。她认为，澳大利亚从义务教育到高等教育阶段的外语学习能力严重落后，尤其在当前中澳经贸往来和文化交流日益加深之际，澳大利亚更需要掌握汉语的人才，这已成为国家发展的迫切需求，有利于澳大利亚加深与中国乃至亚太其他国家和地区的经贸往来。

奥顿在演讲结束后对记者说："熟练掌握至少一门外语是 21 世纪的一项基本技能，当前澳劳动市场上仅有 4.5% 的人有汉语背景，仅靠亚裔澳大利亚人与中国合作是不够的。"

奥顿此前在澳大利亚悉尼科技大学澳中关系研究院发布报告说，澳大利亚学习汉语的学生比例过低，精通汉语的人数正在下降。2015 年的调查显示，澳所有 12 年级（相当于中国高三）学生中，只有约 400 名不以汉语为母语的学生把汉语作为第二语言学习，占澳所有 12 年级学生的 0.1%；这一人数与 2008 年相比减少了 20%。

奥顿认为，会汉语不但能让澳方从正在崛起的中国获利，有利于双方的经贸往来，更对双边关系的发展至关重要，能够促进两国在各领域建立长久的友好关系，开展深层次对话与交流。她说，作为亚太地区有影响力的国家，中澳双方应共同携手，加强双方的文化交流，增进互信，消除误解。

在澳大利亚汉语教学方面，奥顿对记者说，上世纪 80 年代，为推广日语国际化，日本文部科学省加强与澳大利亚的合作，此举促使学习日语的澳大利亚学生人数猛增。她认为，中国也可效仿上述措施，推进汉语国际化。她希望中澳双方能从中汲取经验，开展更多促进双方文化交流的活动。（新华社 2016.4.26）

## 培养汉语人才是时代需要

在当今世界格局中，中国的国际影响力不断提升，伴随而来的是对汉语人才的需求日益加大。所以，培养和贮备汉语人才正当时，应该有计划地进行。

不少人以为，能够在听说读写中文方面达到一定水平的人就是汉语人才。但事情远没有这么简单。现在国内不少大学都开设有汉语国际教育专业，本科和硕士的招生人数逐年增加。可现实是，一方面在汉语国际推广过程中存在着严重的教师短缺问题，另一方面，该专业学生却在为找不到专业对口的工作而发愁。造成这种局面的原因是多方面的，这里仅就学校的培养和学生个人的努力谈谈看法。

在遍布世界各地的孔子学院中，活跃着一大批汉语教师志愿者，他们大多是汉语国际教育专业的本科高年级学生或硕士生。据不少人反映，在学校里学到的知识在教学实践中能够用到的不多，需要临时"紧急补课"方可应对登台教学。这反映出学校课程设置与实际情况存在着某种程度的脱节。从学校来说，应该多听取派出的一线教师的反馈，与时俱进地对课程设置和课程内容进行调整。从学生来说，要想毕业后从事汉语国际推广工作，就要练好内功，在学好功课的基础上广泛涉猎中国历史、文学、艺术、民俗等领域。知识储备不可能一蹴而就，首先需要学习者的自觉，其次是需要相当长时间的积累。

今日，有志青年应该珍惜大学时光，利用一切可利用的条件，为自己打下坚实而宽阔的基础；明日，在汉语国际推广舞台上才能大展身手。（《人民日报海外版》2016.3.26）

# 破解"一带一路"国际化人才缺失难题 聘用外籍留学生

"我们也想搭乘中国'一带一路'发展战略的顺风车。"昨日，来自中东也门共和国的小伙子库萨米用流利的中文说，他和同学苏巴意即将从西南交通大学土木工程系毕业，已与中铁大桥局签约，成为这家在汉央企的正式员工，6 月 15 日即将来汉报到。这也是中铁大桥局历史上首次聘用外籍留学生员工。

几乎同一时间，在汉央企一冶集团海外公司负责人也奔赴西北工业大学和西安交通大学招聘来自"一带一路"国家的外籍留学生，目前在有意向的 15 人中，国籍包括巴基斯坦、孟加拉、沙特、也门、埃及、喀麦隆、尼日利亚等 7 个国家，有本科生、硕士和博士生，专业涵盖机械工程、管理科学与工程等。

### 开拓"一带一路"企业遭遇国际人才短板

随着"一带一路"国家战略的推进，中铁大桥局、一冶等建筑施工企业加大海外拓展，项目涵盖桥梁、高速公路、光伏发电、冶金、新城等，大多来自"一带一路"的沿线国家。目前两大企业在建海外工程合同额超过 168 亿元，对国际化综合型人才的需求愈加迫切。

过去,施工企业海外人才主要来自两个渠道,一是企业自己培养的国际化经营管理人才,这些中国员工忠诚度高,但普遍对国外风土文化和国际规则不够了解,语言能过关的综合型工程师较少,通晓国际融资、税务等解决方案的人才奇缺,企业不得不为此"交学费";二是在海外项目当地招聘的人才,这些外籍员工上手快,对项目推动大,但他们不会轻易离开当地,企业在其他国家开拓项目时,往往"带不走"。

在印度待过6年的一冶集团海外公司党委书记毛洪涛深有感触:"国际化人才方面,我们与欧美、日韩等国家的企业都有差距,我在印度承接项目时,坐在谈判桌上,总感觉背后的支撑体系不够,这源于我们缺乏国际化高管人才。"

### "试水"招聘外籍留学生"破冰之旅"反响热烈

如今,在汉建筑企业开始谋求海外人才引进的"第三种模式":直接招聘在国内的外籍留学生。"两名也门留学生除了专业成绩优异,他们还热爱中国,中文说得很好,综合素质很高。这么一来,员工忠诚度高,还了解中国和本国的两种文化,满足了海外项目的需求。"中铁大桥局人力资源部科长张仁青说。

毛洪涛透露,刚刚在国内两所大学进行的招聘会,吸引了60多名留学生前来应聘,反响热烈。他们大部分来自"一带一路"沿线国家,对进入中国企业意愿强烈。"其中部分留学生在中国待了六七年,成绩优异,精通中文,他们会先进入一冶上班实习,再送到我们在'一带一路'的海外分公司。"一冶人士表示,他们正在开创双向留学生招聘模式——招两种人,一种是在"一带一路"国家留学的中国学生,另一种是在中国留学的"一带一路"国家的学生。

### 外籍留学生认同"一带一路"和中国文化

昨日,记者通过电话采访到24岁的也门小伙库萨米,他流利的中文让记者惊讶。库萨米说,他高中毕业时以全国第二名的成绩,获得政府提供的出国学习机会,被派往中国,先在同济大学学习了一年汉语,然后在西南交大学习了四年土木工程。"中铁大桥局这个月来招聘,我毫不犹豫地递交了简历。"库萨米说:"我们中东地区如果要建桥,大部分都是中国企业建。也门还没有一座像中铁大桥局建的那些大而漂亮的桥,我将来会成为一名工程师,可以回去建设自己的国家。"

库萨米说,他知道"一带一路"发展战略,"不只对中国,对其他国家都有好处"。他认为自己具有优势,"我精通中文、英语、阿拉伯语三种语言,也接触了不同国家的人和文化,不论将来大桥局把我派到哪里,我都得心应手。"库萨米也非常认同中国文化,他对中文很感兴趣,尤其是中国文化和古代史。

目前,他和同学正在中铁大桥局和西南交大联合设立的"定向班"学习国际土木工程管理、菲迪克条款(国际项目管理规范)等定制课程,正式入职后将进入中铁大桥局海外项目工作。(《长江日报》2016.5.17)

## 延伸阅读

# 国际化创新型汉语国际教育人才培养的思考

人才培养自大学学科设立以来都是其最主要的目的之一。随着"国际汉语热"的日益升温,传统"对外汉语教学"无论是内涵还是外延都不能满足汉语国际教育的需要。

为适应汉语国际化进程的迫切需要,满足海外汉语教师的巨大需求,2007年国家学位办正式批准设立汉语国际教育专业硕士,公布的《汉语国际教育硕士专业学位研究生指导性培养方案》(下称"07《方案》")对其培养目标明确定位为:培养具有熟练的汉语作为第二语言教学技能和良好的跨文化交际能力,适应汉语国际推广工作,胜任多种教学任务的高层次、应用型、复合型专门人才。2009年开始招收全日制学生,国务院学位办并于当年5月公布了《全日制汉语国际教育硕士专业学位研究生指导性培养方案》(下称"09《方案》"),将培养目标确定为:主要培养具有熟练的汉语作为第二语言教学技能和良好的跨文化传播技能、跨文化交际能力,适应汉语国际推广工作,胜任多种教学任务的高层次、应用型、复合型、国际化专门人才。与07《方案》相比,09《方案》增加了"跨文化传播"和"国际化"等内容。2012年汉语国际教育作为学科又有了进一步的发展,在教育部颁布的《普通高等学校本科专业目录和专业介绍》中,"汉语国际教育"正式取代"对外汉语"、"中国语言文化"和"中国学"作为一个本科专业固定下来。半个多世纪以来,我们在对外汉语教学人才培养和师资培训方面取得了不少经验和成果,但汉语国际教育的人才培养仍然处于一个探索阶段,能否建设一支适应海外教学需要的师资队伍是适应形势,从对外汉语教学向汉语国际教育转变的关键问题。

**一、现行汉语国际教育人才培养存在的问题与挑战**

随着从对外汉语教学到汉语国际教育形势的转变,教师、教材和教法的"三教"问题是备受关注的话题。崔希亮在探讨"三教"问题的核心和基础时说,"教师问题、教材问题和教学法问题表面上看是三个问题,实际上它们是互相纠结的,是一个整体。教师是问题的关键,教材和教学法与教师问题密切相关"。许琳主任在首届世界汉语大会上更是指出，"要适应这一新形势的转变，重中之重是要建设一支适应海外教学需要的师资队伍"。要建设一支适应海外教学需要的师资队伍，首当其冲的即是要加强汉语国际教育人才的培养，因为他们绝大多数都要被派至海外进行汉语教学，他们能否适应海外教学的需要，关系到汉语国际教育事业的成功与失败。但到目前为止，其培养还是存在不少问题与挑战。

（一）培养理念和模式各不相同

尽管国务院学位办公布的培养方案和教育部颁布的专业介绍都对汉语国际教育人才的培养有指导性的要求，但各高校在落实的时候，培养理念和培养模式还是存在差异，有些学校以研究型培养模式为主导，大多数学校采取的是应用型或实践型的培养模式，还有些学校则是应用实践和科学研究混合的模式。研究型培养模式注重对研究能力的培养，这其实是传统对外汉语教学人才培养模式的一种延伸，因为中国的对外汉语教学从一开始就以高校为基地，高校的性质决定对外汉语人才培养需要教学与科研并重，但随着形势转向汉语国际教育，纯粹只重视学科理论的研究型人才恐怕并不能顺应时代的需求。应用型培养模式注重从未来从业的角度制订培养方案、设置课程内容，以期提高国际汉语教师效能，但应用型培养模式的课程设置太过于面面俱到，以致看起来像"汉语＋外语＋教育类课程的简单学科拼盘，课程特色不鲜明"。应用型培养模式既没有从教学实践的角度培养教师应具备的知识、能力和素质，也没有关注它们之间的关系和运作方式。随着汉语国际化进程的加剧，海外对汉语国际教育师资需求的急剧增加，2007年以后实践型培养模式逐渐成为汉语国际教育人才培养的主导模式，通过现场模拟、教学实践和教学案例等方式，逐渐将所学的理论知识、教学方法转化为教学技能。

（二）培养手段和方法形态各异

培养理念和培养模式的差别决定着培养手段和方法各不相同。研究型培养模式强调学科的建设与发展，注重面向教学的语言本体研究、语言习得研究和教学法研究，但这样的培养方式与现实情况却有很大差距。因为长期以来集中在对外汉语教学领域的研究与目前国际汉语教学需求和汉语国际传播形式相去甚远，有时尽管学生理论储备充足、研究能力突出，但在实际教学中却缺乏有效地打开教学局面的方法，缺少解决动态问题的"授人以渔"式的策略，正如许多学者所说，"传授知识较易，培养能力较难"。应用型和实践型培养模式强调从应用、实用方向培养汉语国际教育人才，认为开发教师的实践性知识比灌输学科知识、教育理论以及模仿教学技艺更重要，认为汉语国际教育人才的培养更应关注"教师实际上知道什么、教师在教学中实际表现出来什么"，而不只是关心"教师应该知道什么、应该具备哪些能力"。大体可从地域、语域和角色域等三个维度解决问题,地域维度解决"在哪儿教"的问题,语域维度解决"教什么"和"怎么教"的问题,角色域维度解决"怎么学"的问题。

(三)培养内容和效果不尽如人意

尽管我们在培养理念、培养模式、培养方法和培养手段上做了不少努力,但培训效果仍然不是那么理想,学生对于培养内容也不是那么满意。汉语国际教育培养出来的人才,一般会作为志愿者被派至国外进行汉语教学,他们对于在学校和岗前培训所接受的培养内容的满意程度,从汉语教师志愿者的跟踪调查报告可见一斑。根据吴应辉等学者对汉语教师志愿者的调查,学校和志愿者集中培训的内容与实际教学存在一些差距,具体主要表现在:一是学校和岗前培训中的培养内容过于"一刀切",侧重于理论的讲解和宏观的讲授,缺乏那些具有针对性和实效性的学习培训内容,以至于所学内容不能在教学中恰当应用;二是尽管汉语国际教育开设跨文化交际课程,岗前培训也会参加跨文化交际的学习,但其针对性和国别性不强;三是赴任国的语言学习方面存在的问题比较严重,迫切需要一些即学即用型课程,比如,赴任国语言和文化、中华才艺和各种课型的教学技巧等;四是控制课堂秩序也是他们面临的主要挑战之一,也应该在学习中予以重视。

**二、国际化创新型汉语国际教育人才培养规划的前提**

国际化创新型人才的培养是一项系统工程,包括理念和模式的创新、培养手段和方法的创新、培养内容和形式的创新等,它需要探索创新的精神、勇于开拓的勇气、敢冒风险的气魄和创新进取的态度。但只有脚踏实地进行大量调研和分析,才能在国际化创新型汉语国际教育人才培养的事业中有所作为、有所成就。

(一)要做好国际化创新型汉语国际教育人才的需求分析

主要是做好两个方面的需求:一是要清楚汉语国际教育市场到底需要多少国际汉语教师,需要什么样的国际汉语教师,以避免人才培养战略规划不足所造成的人才要么缺乏、要么过剩或者质量不达标的被动局面;二是要了解汉语国际教育人才培养对象本身的需求,了解他们学习的目的和学习需求。现有国际汉语教师专业发展,无论是数量还是质量都远远不能满足汉语国际教育事业的迅速发展,这已经是学界达成的共识。但也有不少渠道告诉我们,许多国家并不缺乏汉语教师,那种半路出家、缺乏资质的兼职教师大有人在,专业、有资质、拥有丰富教学经验的汉语教师才是他们需要的对象。随着中国融入国际社会进程步伐的加快,中国的国际影响力日益提高,汉语在全球范围内逐渐升温。因此,我们亟须培养的主要是那些具有熟练的汉语教学技能、具有良好跨文化传播和交际能力、能适应汉语国际推广工作、能胜任多种教学任务的应用型、复合型、国际化专门人才。从人才培养对象本身的需求来看，纯粹迫于就业压力选择继续深造或者只是出于拿个文凭的学生也不在少数，他们并不那么热忱于国际汉语教育以及中国文化的推广，也不愿意被派至海外教授汉语。加之培养出来的汉语国际教育毕业生也并不是都能马上或直接进入汉语国际教育岗位，超过一半的毕业生可能只是作为储备力量而分散在国内各级学校中。因此，需求分析做得越全面详细，越有前瞻性，就越有利于人才培养战略规划的制定和实施，越有利于人才的培养，越能适应和满足汉语国际教育事业发展对人才的需求。

（二）要明确国际化创新型汉语国际教育人才的培养目标

明确人才培养目标实际上就是要弄清楚培养出什么样的人，即人才的具体规格和要求、人才的基本标准与要求以及人才的数量与特点。当今社会是一个人才社会，人才是社会第一资源，谁能拥有高素质的人才，谁就能在语言文化软实力的建设和推广中赢得主动权。因此，我们迫切需要探究国际化创新型汉语国际教育人才培养的具体规格，深入细致地厘清每一方面的要求。诸如语言基本功、文化知识和素养、分析和解决问题的能力、跨文化交际的能力、崇高的理想和信念、国际化视野和意识、国际合作的技能、社会职业道德等方面的要求都有待继续探讨。

国家汉办 2005 年制定了《汉语作为外语教学能力等级标准及考试大纲》，规定《证书》获得者应具备相应的普通话水平和汉语言文字能力、良好的教师素养和品质、职业发展能力、良好的外语交际能力、现代汉语知识、汉语作为外语教学理论基本知识、掌握语言学、教育学、心理学基本知识、了解必要的中国文化及当代中国国情、实施教学的能力、处理教学材料的能力、评价与测试能力、运用适当教学手段的能力。2007 年进一步发布了《国际教师标准》（以下简称《标准》）。《标准》分语言基本知识与技能、文化与交际、第二语言习得与学习策略、教学方法、教师综合素质等五个模块、十项标准，对从事国际汉语教学的教师所应具备的知识、能力和素质进行了全面描述，为国际汉语教师的培养、培训、能力评价和资格认证提供了依据。《标准》是新世纪以来面向国际汉语教学制定的一个重要的纲领性文件，但综观其基本概念、基本原则、基本能力等要求，或许更应该看作国际汉语教学"优秀教师标准"、"综合全能型教师标准"、"汉语教学专家标准"，而不是"入门型"、"合格型"的国际汉语教师标准。作为从业教师当然可以参照《标准》要求，不断补充相关知识，提高相应能力，不断发展并提高专业知识和业务素质以达到《标准》要求，但同时也该根据实际制定更加务实可行的实施细则。总之，人才的规格和要求标准描述得越具体详细，越能便于人才培养规划的操作和实施。

### 三、国际化创新型汉语国际教育人才培养规划的构想

通过以上分析，要打造一支高素质的汉语国际教育师资队伍是国际化创新型汉语国际教育人才培养规划的共同诉求。但人才培养的具体规划如何，每个学校各不相同，学界也有不同的认识。现有的汉语国际教育人才培养，突出符合汉语国际教育人才市场的需求和汉语国际教育人才培养目标的实现，而对汉语国际教育人才本身的需求则没那么重视。作为人才培养的对象，他们理应是汉语国际教育人才培养的主体，但目前只是作为被动的接受者，在"传播知识—接受知识"等外在因素的推动下前进。我们认为，汉语国际教育人才培养目标的实现、汉语国际教育人才市场的需求跟汉语国际教育人才本身的发展是一个多维互动的关系，我们应该注重人才内心真正自主、自发的诉求，构建基于专业发展和人的发展"双向发展"的"金字塔式"的国际化创新型汉语国际教育人才培养模式。

（一）以学科专业发展为目标指引人的发展

半个多世纪以来，对外汉语这一学科已取得良好的发展，但汉语国际教育作为新兴专业，在专业发展方向、人才培养模式、师资队伍建设、教学基本条件建设、教学管理改革等方面仍还有许多问题需要继续探讨。对外汉语完全被汉语国际教育取代的观点是有待商榷的，其实只有对外汉语教学和汉语国际教育二者之间长期的良性互动、共同促进，才是学科发展的康庄大道。人为得将对外汉语教学从汉语国际教育或者将汉语国际教育从对外汉语教学中剥离开来，都不利于学科专业的发展，同样也不利于人的发展。就拿高考选志愿来说，汉语国际教育在许多普通老百姓眼中都是"高大上"的专业，仅培养适应海外汉语教学师资这条就足以吸引许多学生来投报，但内行人都知道，他们毕业后的选择并不太多，多数学生毕业以后并不能从事汉语国际教育相关工作，或者被派至海外从事汉语教学。正因如此，钱玉莲根据社会对人才的要求，探索院系联合新模式，培养适应国际化背景的复合型、应用型、创新型、国际化的"三型一化"方案；周卫华提出了汉语国际教育"宽基础、强能力、多技能"的应用型人才培养模式；黄桂凤提出应充分发挥地域优势，充分利用与东盟各国联合进行人才培养的有利条件，减轻学生的学费负担，扩大就业途径；李军、王靖提出建立以孔子学院（课堂）为主的实践教学基地，实施微格教学模式。这些研究都反映了一个基本问题，那就是当前学科发展与人的发展不是那么协调，海外缺乏国际汉语教师，而人才培养又无法适应海外国际汉语教学的需求，或是海外没有或者无法及时地提供足够的国际汉语教师的岗位，或是汉语国际教育专业学生的素质没有达到国际汉语教师的要求，或是学生本身对于被派至海外从事汉语教学还未做好准备等。

因此，我们主张在学科专业发展方向和目标上，不妨"金字塔式"一点。本科阶段实施博雅教育，在博雅教育的同时提高学生对于汉语国际教育的使命感和责任感，提高他们对于汉语国际教育和对外汉语教学的兴趣。通过不断学习，成长为我国汉语国际教育以及对外汉语教学的中坚力量和栋梁之材。博雅教育是指在汉语国际教育本科阶段，要求学生具备扎实的汉语言文学（尤其是汉语言方面）基础理论知识与技能，对中国传统文化、外国文化、中外文化对比、跨文化交际等方面也要有一定的涉猎，至少熟练掌握一门外语，具有一定的汉语、外语及汉语国际教育教学技能，既能符合海外汉语教学的需要，也能适应国内如语文教学、英语教学、中小学对外汉语教学以及国内对外汉语教学培训机构的需求。但是当前的语文教学、英语教学还需要政策的支持，并且国内以专业取人而不以能力取人的思想观念还没有转变，认为汉语国际教育专业的学生语文教学不如中文专业，英语教学不如英语专业的刻板思维也仍然存在。因此，我们设想，地方学校是不是可以配合国家层面，在中、小学也储备一定的国际汉语专职教师，就如汉办在高校储备国际汉语专职教师一样，他们平时在学校里从事语文、外语或对外汉语教学，在有海外教学需求时，可被派至海外从事汉语教学。在博雅教育基础上，同时也鼓励对汉语国际教育和对外汉语教学有进一步学习需求的学生继续深造，提高他们对于汉语国际教育和对外汉语教学的使命感和责任感。一部分走向海外，加强他们汉语国际教育实践能力以及国别针对性、跨文化交际能力的培养，成为汉语国际教育的中坚力量；一部分从事对外汉语教学，加强他们对外汉语教学实践能力的培养和第二语言习得研究能力的培养，成为国内对外汉语教学的栋梁之材。此外，对外汉语教学人才还应是汉语国际教育的储备力量。

（二）以人的发展为导向促进学科专业的发展

教育部师范教育司全国教师教育通识教材《教师专业化的理论与实践》将"教师专业发展"界定为："教师个体专业不断发展的历程，是教师不断接受新知识，增长专业能力的过程。教师要成为一个成熟的专业人员，需要通过不断的学习与探究历程来拓展其专业内涵，提高专业水平，从而达到专业成熟的境界。"所以可以说，教师个体专业的发展实际上是人的发展，在人的发展的基础上促进学科专业的发展。只有基于人的发展的专业发展，才能算是真正的专业发展，否则不管专业发展规划制定得多么完美，那也只能是空中楼阁。因此，我们认为汉语国际教育这一学科的发展要适应国际汉语教师的成长规律和特点，应能充分发挥他们在专业发展中的能动作用，使得他们在知识传授和实践反思相结合中实现"自我更新"和"自我提高"。该理念不仅适用于汉语国际教育学历阶段，还应融入到国际汉语教师师资培训和继续教育中,贯穿国际汉语教师发展的整个过程。

首先,国际汉语教育创新,无论是教学理念与思维模式的改变、教学方法的更新,还是课程教材编写的改革,以及对教师能力和素养的新要求,一切都要依赖教师自身的推动与落实。在教师专业发展过程中,我们必须将教师作为一个富有生命力的能动的主体,注重其在自我专业发展和学科专业发展中自主意识的独特作用,教师内在产生的专业发展要求在学科专业发展中具有不可替代的作用。其次,尽管看起来我国已形成完整的汉语国际教育学历教育、岗前强化培训和继续教育的多元培养模块,但"一朝受教,终身受用"的时代已经过去,事实证明,如果不继续接受新知识和增长自己的专业技能,将很难适应不断变化的汉语国际教育的需要。最后,教师本身也是一个自主的"反思实践者",他们在大量的实践过程中不断主动地反思和评价自己的价值与行为,在反复学习、反思和评价中更新知识和提高技能。

**四、结语**

国际化创新型人才的培养是一项系统工程,只有脚踏实地做好汉语国际教育人才的需求分析,才能明确国际化创新型汉语国际教育人才的培养目标。我们认为,汉语国际教育人才培养目标的实现、人才市场的需求跟汉语国际教育人才本身的发展是一个多维互动的关系,我们更应该从人才内心自主自发的诉求,着手构建基于专业发展和人的发展"双向发展"的"金字塔式"的国际化创新型汉语国际教育人才培养模式,以学科专业发展为目标指引人的发展,以人的发展为导向促进学科专业的发展。

汉语国际教育还是"朝阳事业",对于汉语国际教师所应具备的知识结构和能力结构,学界尚未达成共识,课程体系和人才培养体系也处于建设之中,人才培养模式也仍需继续探索,汉语国际教育人才培养的实践基地还有待创新,需要探索新的合作和交流机制。但只要脚踏实地坚持专业发展和人的发展"双向发展",汉语国际教育事业定能如朝阳蒸蒸日上。值得注意的是,本文所探讨的是国内汉语国际教育人才的培养,海外汉语国际教育人才培养需再专文讨论。(张芳,江汉大学人文学院、武汉语言文化研究中心;肖任飞,华中师范大学国际文化交流学院)
(《继续教育研究》2016 年第 6 期)

## "丝绸之路经济带"核心区汉语国际化人才培养探讨

"一带一路"倡议带来世界经济的转变,更容易促进跨越国家的经济共同体的建立。它并不是一个单向的仅惠及中国的倡议,而是实现双方甚至多方互利互惠的倡议。因此,越来越多的人认识到"一带一路"经济框架会给沿线各国带来更多的实惠、效益以及更为广阔的发展前景。

"一带一路"中的"一带"即为"丝绸之路经济带"。作为"丝绸之路经济带"核心区的新疆,在地理位置上直接和中亚及南亚 8 国接壤,拥有独特的语言优势,有 13 个世居民族。新疆自身语言资源丰富,又拥有多个跨境民族语言,与"丝绸之路经济带"沿线中亚、南亚各国共享跨境民族和跨境语言带来的语言文化资源,这给新疆的汉语国际教育带来新的发展机遇,同时也给新疆的汉语国际化人才培养带来了新的挑战。

**一、核心区汉语教学现状和存在的问题**

1. 汉语国际化人才培养现状

国内汉语人才培养已初具规模并形成体系。李泉指出"围绕对外国人的汉语作为外语或第二语言的教学,已经形成了多层次的学历和非学历教育体系,包括短期强化教学、长期进修教学、汉语预科教育和汉语言本科教育,还有对外汉语教学方向的硕士、博士研究生教育,以及以培养师资为主的对外汉语本科专业教育、汉语国际教育硕士专业学位教育等"。

国外汉语人才培养的现行模式主要是依托当地的大学汉语系、中文学校及孔子学院实现的。崔建新提到,对加拿大汉语教学贡献最大的是大学教育和中文学(夜)校;金娅曦指出,墨西哥开设汉语教学的学校是当地大学和孔子学院;崔珏(2015)指出,俄罗斯汉语教学以各大高校的汉语系为主;俞松介绍,德国汉语传播主要依赖于各大高校和孔子学院;陈记运指出,泰国的汉语教学以各大高校和中文学校为主;张玲艳指出,尼泊尔汉语教学主要依赖于各大高校、孔子学院及孔子课堂。从上述研究可以看出,国外汉语人才培养依托的主要平台是当地高校及孔子学院。

国内与国外汉语人才培养的核心与任务基本相同。陆俭明指出,对外汉语"其核心任务与内容是汉语言文字教学,其出发点和终极目标是让国外愿意学习汉语的学习者,学习、掌握好汉语,培养他们综合运用汉语的能力。因此,汉语教学总的指导思想应该是:怎么让一个零起点的外国汉语学习者在最短的时间内能尽快、最好地学习掌握好他希望学的而且是应该学习掌握的汉语"。从国内外汉语教学实践来看,目前汉语人才培养都以"语言技能学习＋语言学知识＋文学知识"为培养内容,以培养语言综合运用能力为主要培养目标。

2.新疆的外国留学生汉语教育现状

改革开放后,中国面向外国留学生的汉语教育事业发展很快,到20世纪90年代已有相当的规模。但由于新疆地处中国的西北边疆,与内地距离遥远,再加上当时国外民众对新疆的了解和认知也较为有限,所以到新疆的外国留学生非常少。据许彦介绍,到20世纪90年代末,总共只有200名左右的外国留学生到新疆学习汉语。可以说,当时新疆的汉语教学主要是针对区内的少数民族学生;进入21世纪后,一直到2006年,新疆的外国留学生人数逐年递增,保持在千人左右。从2007年起,新疆的汉语国际教育事业开始腾飞:一方面人数猛增,2010年已达到4000多,另一方面汉语的学历教育也开始起步,到2010年,留学生中的学历生占到30%以上。"一带一路"开始实施后,新疆由边疆成为"丝绸之路经济带"核心区,国际地位大幅提升。再加上国家对新疆的重视,使新疆在短短几年内发生巨大变化,首府乌鲁木齐高楼林立,市场繁荣,已成为国际化大都市,其他地县级市也日新月异,许多城市都可与内地经济发达地区媲美,为吸引留学生创造了良好的条件。另外,新疆与中亚、南亚的部分国家接壤,与中亚、南亚甚至西亚和东欧的许多国家有着共同的跨境民族,在民风习俗和生活习惯上也很接近,这些都使新疆成为上述国家学生留学中国的首选之地。新疆高校近年来也在积极发展中亚地区的孔子学院,吸引了大量中亚国家的学生在当地学习汉语。据最新数据显示,仅2015年,来新疆的外国留学生达6000多人次,到中亚孔子学院学习的学生达15000人次。

新疆的外国留学生汉语教学随着留学生规模的扩大和学历层次的提高也不断发展。早期的留学生汉语教学基本沿袭新疆区内的少数民族汉语教学。随着外国留学生人数的增加,以及本科和研究生层次的汉语国际教育专业的增设,在教学内容和教学目标上都需要制定专门的专业大纲和规划,同时也需要与国内的对外汉语教学目标一致,而这便需要一套独立的对外汉语教学体系做支撑。2007年以后,新疆高校相继成立专门的留学生汉语教育学院,汉语教学及课程设置等都与国内的汉语作为第二语言教学和国外的汉语作为外语教学同步。

3.目前存在的问题

(1)培养目标及专业设置较为单一

孔子学院是汉语国际推广的主要阵地。按照孔子学院的章程和主要职能,培养的汉语人才主要以了解中国现实国情、了解中国文化、学习汉语为目标。而"一带一路"所需要的人才不仅要具备以上能力,还需要既懂汉语又懂专业的复合型人才。从"一带一路"的推进来看,目前来华留学生所能进入的专业还不足以满足

"一带一路"的发展需求。"一带一路"所涉及的领域覆盖面较广,包括政策法规、基础建设、医疗卫生、经济贸易、物流流通、互联网技术等众多领域,而现在培养的既通晓语言又深入了解专业的复合型人才少之又少。人才的缺乏不仅难以满足"一带一路"建设的需要,甚至可能阻碍"一带一路"的推进。

(2)汉语传播的途径和渠道较为单一

从目前汉语人才的培养来看,国外主要依托孔子学院和当地高校的汉语系或者教研室进行汉语教学,国内主要依托各高校对外汉语教育学院进行汉语教学,总的来看,汉语的传播途径和渠道过于单一,难以满足学生日益多样化的学习需求。因此,可以采取多种方式和手段,可以"千方百计、千军万马",从而把事业做强做大。美国心理学家托尔曼(Edward C. Tolman)的内外动力相结合的推拉理论(push and pull theory)认为,个体行为是外部环境的刺激与个人内部的信念、期待内外因共同作用的结果。从语言传播的角度来看,无论是国外的孔子学院还是国内的高校,汉语传播的主体都属于拉力一方,是外因,而学生的需求则是推力,是内因。如果仅以拉力方为主,而忽视学生的需求,忽视推力方,汉语传播的广度与深度则难以达到。学生需要多长时间的培训,需要在什么地点培训,需要哪些方面、哪些层次的培训,应当是不容忽视的。

(3)资源整合力度不够,未形成合力

从上文讨论的汉语传播的途径不难看出,政府在汉语传播中起主导作用。在"一带一路"推进的过程中,人才的需求量将不断增大,仅靠政府力量推动语言传播远远不够,需要发动社会力量、商业机构、非政府教育机构等。立足"一带一路"的人才需求,拓展人才培养路径,构建人才培养模式,整体布局,充分整合、利用已有的社会资源,形成合力,才能多方位、多角度地推进汉语教育事业的发展,促进"一带一路"倡议落地。

**二、汉语国际化人才的需求**

为尽快了解"丝绸之路经济带"沿线国家汉语需求情况,我们在张全生、赵雪梦的需求分析的基础上,于2015年11月底赴中亚国家塔吉克斯坦进行考察。在与新疆师范大学合作的国立民族大学孔子学院的协助下,在首都杜尚别进行了采访,采访对象包括中国在当地的企业领导、具有当地语言背景的管理人员、企业办事处工作人员、中国在塔吉克斯坦的留学生、孔子学院师生等,共39人,其中企业人员33人,其他行业6人。采访录音达800多分钟。此外,通过孔子学院学生在杜尚别街头随机发放调查问卷100份,回收87份。基于采访资料、问卷调查情况以及相关研究,我们对"丝绸之路经济带"沿线国家的汉语学习动机与人才需求概要分析如下。

1. 汉语学习的目的以就业为主

关于学习汉语的动机和需求,我们在问卷中提了两类问题:一是学汉语能做什么(可归为汉语学习动机),二是去中国的目的(可归为汉语学习需求)。通过对调查问卷所得的数据整理、分析,我们发现,无论是汉语学习的动机还是去中国的目的都与以后的就业有关。

在汉语学习的动机中,为以后工作打基础的占48%,其中"学专业"占10%,"找工作"占17%,"做生意"占21%;剩下的52%中只为"学汉语"的占34%,单纯为了"去旅游"的占18%。由于填写"学汉语"的人中大部分已经有工作,如教师、公务员等,也可看作是工作需要。具体情况见图1。

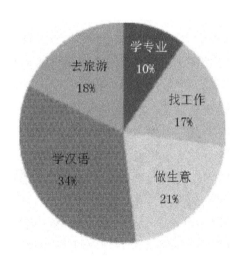

**图1 汉语学习动机调查结果**

在去中国的目的的选项中,仍以就业为主,占62%,其中19%选择"做翻译",18%选择"进公司工作",15%选择"做生意",10%选择"当老师";剩余的38%中,"去中国留学"的占15%,"交中国朋友"的占12%,"了解中国文化"的占11%。具体情况见图2。

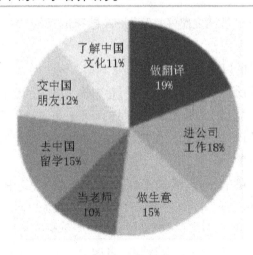

**图2　汉语学习需求调查结果**

　　调查结果显示,学习汉语的主要目的是就业。因此,我们认为"丝绸之路经济带"沿线国家,特别是中亚国家的汉语人才培养要围绕就业来进行。

　　2.中资企业的发展带动了中亚国家的"汉语热"

　　从1998年起,中国境外企业在"丝绸之路经济带"沿线国家增长迅猛,包括许多民企也走进了这一地区。通过对中国商务部网站的数据进行统计,截至2015年底仅在中亚国家的中资企业就有898家。中资企业数量增长和业务范围的拓宽需要吸纳更多当地员工。在员工招聘时会优先选择能用汉语进行简单交流的员工,这带动了中亚国家学习汉语的热潮。

　　在采访中我们也发现,上述的语言需求落实到最后都是要解决当地的就业问题。例如,中亚国家要求所有入驻的外资企业在人员使用上都必须坚持2:8的人员配比,10个员工中当地员工要占到8个。从员工构成来看,中国员工基本都是中层以上,特别是在核心技术方面,所以从语言需求来看,对初级汉语人才的需求量大。也就是说,当地员工需要掌握一些基础汉语,以便能在日常工作中进行简单交流。

　　3.汉语国际化人才的分层培养需求

　　不同的学习动机和语言需求对汉语国际化人才也有不同层次的要求。总体来说,最高层次的要求是可以对目的语国家各方面进行研究的专家,包括国情、外交、政治、经济以及文学、艺术、文化、历史等方面,即汉学家和中国通人才。其次是汉语通人才,要求只需要精通汉语,用汉语作为工具来解决交际和沟通问题。最后是初通汉语的普及型人才,可以用汉语进行简单的日常生活交流或工作交流。从不同层次的需求来看,汉学家或中国通人才需求量最小,不是汉语教学的主体,也不是仅通过汉语学习就能培养出来的;汉语通人才虽然是汉语国际教育的目标,但培养周期长,对师资的要求高,也不是汉语教学的主体;只有初通汉语的普及型人才才是汉语教学的主体。

### 三、核心区汉语国际化人才的培养优势

"一带一路"倡议将从三条通道推进,其中一条是经过中国西部,通过中亚到达欧洲。近年来,中国与包括哈萨克斯坦、乌兹别克斯坦、吉尔吉斯斯坦、土库曼斯坦、塔吉克斯坦在内的中亚五国经贸合作步伐加快,在贸易、投资、经济、技术、金融等领域合作成效显著。来自中国商务部的数据显示,2012 年中国与中亚五国双边贸易额为 460 亿美元,同比增长 13.7%,大约是建交之初的 100 倍。从上述数据可以看出,中国与中亚之间贸易关系不断深入,发展空间更加广阔,语言人才需求不断增长。

作为"丝绸之路经济带"核心区的新疆正是"一带一路"西进的要冲所在,在汉语国际化人才的培养方面优势明显,应充分发挥新疆自身优势,培养面向中亚、西亚的汉语国际化人才,为"一带一路"建设铺好路、搭好桥。

#### 1. 地域与语言优势

新疆与吉尔吉斯斯坦、哈萨克斯坦、塔吉克斯坦、巴基斯坦、阿富汗、蒙古等八个国家接壤,地理位置十分重要。同时,新疆与部分国家共享跨境民族,民族间宗教相同,文化相近,语言相同或者相似。新疆特有的地域与语言优势,便于对其周边国家的语言生活开展调查,便于了解当地的语言政策、语言教学情况,同时也便于了解其周边国家语言的学习需求及语言学习动机,从而为制定汉语国际推广策略提供数据支持,为汉语国际推广的顶层设计提供支撑。

#### 2. 双语教育优势

新疆是一个多民族聚居的地区,共有 55 个民族成分,其中 13 个是世居民族。自新中国成立后,就开始开展少数民族学习汉语、汉族学习少数民族语言的双语教育。历经 60 多年,新疆的双语教育尤其是汉语教学方面经验非常丰富,有资深的教学团队、成熟的汉语教学模式及适应国内少数民族学习汉语的教学大纲、教材,教学成果显著,培养了大量"民汉兼通"的双语人才。尽管外国人汉语学习与少数民族汉语学习有一定的差别,但新疆双语教育的实践经验仍值得借鉴。因此可以充分利用"民汉兼通"的双语人才培养模式,更好地为"丝绸之路经济带"建设服务。

### 3. 基础科研优势

新疆的高校及社科院等研究机构已展开了语言文化传播研究,内容涵盖新疆与中国边疆语言安全、跨境民族语言的交流与规划、语言国际教育与文化交流、外语教育领域中"关键语言"人才的培养和储备以及中亚语言国情等。这些研究将为了解中亚语言生活、了解中亚政治、经济、文化情况提供路径,为未来中国"丝绸之路经济带"沿线各国在经济、文化、政治交往过程中所涉及的语言问题提供相关的建议,为推进我国语言战略的制定与实施提供智库支持。

### 四、核心区汉语国际化人才的培养建议

#### 1. 高层次汉语国际化人才培养

根据对塔吉克斯坦的实地考察以及相关研究,我们发现"丝绸之路经济带"沿线国家及中资企业对中国通和汉语通等高层次人才的需求主要集中在以下三类:

（1）外交领域的中国通人才

从事外交工作、跟中国人打交道的汉语人才,主要从事使馆和外交部门的工作。需求量不大,数量基本稳定。

（2）汉语师资与翻译等中国通人才

这些人才既包括了解中国、熟悉中国、能做汉语师资的人才,也包括"汉学计划"的人才。这些人才能够为中国文化传播服务,能够翻译、介绍中国跟属地国优秀的文学艺术作品,促进中外深入交流。从走访的国家来看,由于历史的局限性,这样的汉语人才目前是奇缺的,但是需求量并不大。

（3）为企业与属地国搭桥的汉语通人才

中资企业除了需要精通汉语的汉语通人才以外,还需要拥有良好的社会关系和相关背景、能够为中资企业在当地的活动起润滑剂作用的汉语人才。这些人才需要充分了解中资企业的需求和困难,帮助企业跟属地国的相关部门进行沟通,但并不要求他们精通专业,不需要掌握核心技术。

就上述人才实际需求而言,建议在高层次汉语国际化人才的培养方向上进行调整:一是要培养汉语通识性人才;二是要培养对中国国情有深入了解的人才;三是要培养能够用汉语进行教学、翻译的师资人才、翻译人才。由于这些人才的需求量不大,所需的培养时间长,对师资要求很高,因此建议采取少而精的培养模式,在核心区水平较高的大学中实行"汉学计划",制定高层次人才培养规划并组织实施。

#### 2. 以就业为导向的普及型汉语国际化人才培养

初通汉语的普及型人才的需求量是非常大的,但是仅依靠学校专门的培养恐怕无法满足。因为学校的培养通常周期较长,在此期间属地国国情可能会发生变

化,"丝绸之路经济带"的需求也可能会发生变化。因为属地国在用工政策上有严格限制,中资企业更愿意聘用懂汉语的当地员工,所以以就业为导向的汉语教学才是真正符合双方需要的汉语人才培养模式。在中亚国家,初级汉语学习多在孔子学院完成。面对中亚国家对初通汉语的普通型人才培养的迫切需求,孔子学院作为中外文化交流、汉语国际推广的示范者、主力军,未来可以把以就业为导向的汉语人才培养作为发展方向,让当地民众看到学汉语的希望、学汉语的前途。

3.形成具有核心区特色的汉语国际化人才培养模式

作为"丝绸之路经济带"核心区的新疆,应当将自身优势与汉语国际化人才培养结合起来,形成具有区域特色的人才培养模式。

(1)核心区高校"走出去"的办学模式

张绍杰指出,我国多所高校已与国外大学建立联系,合作办学。通过合作办学,联合培养人才,以满足社会多元需求,利于人才的竞争。就具体情况来看,国内高校与国外建立合作关系的大学多集中在北美和欧洲,而"丝绸之路经济带"所涉及的国家有很多,因此应加大教育开放的步伐,鼓励各大高校与"丝绸之路经济带"所涉及的国家建立合作关系,培养懂语言、懂专业、了解当地国情、了解中国文化,能为"丝绸之路经济带"建设服务的人才。

第一,与中亚国家合作办学。中亚有与他国合作办学的先例,如吉尔吉斯斯坦的美国-中亚大学、哈萨克斯坦-美国大学、吉尔吉斯斯坦土耳其-玛纳斯大学、莫斯科大学杜尚别分校等,成果十分明显。在"丝绸之路经济带"建设的过程中,新疆应该利用自身优势,发挥跨境民族优势,积极与中亚高校合作办学,主动"走出去",与中亚各国互学互助,联合培养复合型汉语国际化人才。

第二,联合中资企业办学。新疆各高校可利用自身优势,与进驻中亚国家的大中型中资企业联合办学。中资企业的属地国员工因不懂汉语,会降低工作效率,所以,需要对他们进行汉语培训。高校与企业联合办学有助于整合学校资源与企业资源,使员工的汉语学习与技术应用相结合,加强员工对企业的认同度。在办学过程中,根据企业汉语人才的需求,有针对性地开设汉语课程,从而使汉语真正成为沟通的桥梁,发挥其工具的功能。

(2)多渠道、多途径的汉语人才培养

"丝绸之路经济带"的实施急需汉语国际化人才。从语言培训模式看,高校的正规语言人才培养模式难以满足人才需求的缺口。因此培训的承办方除孔子学院和高校外,还应将更多非官方的培训机构、语言文化研究中心等都纳入进来。因地制宜,灵活多样。

第一，口岸短期商贸汉语培训。新疆处于祖国的西部边陲，共有一类口岸 17 个，二类口岸 12 个，可以利用地理环境的优势，开展多维度、不同层次的语言培训。例如利用新疆口岸资源，在离口岸较近的城市或县镇开设短期汉语培训班。培训课程不仅包括汉语技能，还应包括商务课程（简要介绍中国相关政策法规，例如通关政策、商贸政策、物流法规等），满足在口岸工作的当地人既能学习汉语又能及时了解中国关于口岸进出口贸易的相关法律法规的需求。

第二，搭建以商贸汉语为核心的课程培训平台。以商贸汉语为核心的课程培训平台，强调实用性、针对性与开放性，除了开设商贸汉语课程外，还可开设诸如法律、旅游、经贸、国际关系等专业的汉语选修课。参加培训的学生可以根据个人需求有针对性地选择课程，该平台的建设将学生的就业需求与语言学习结合起来，有利于培养出能够为"丝绸之路经济带"建设服务的汉语国际化人才。（邢欣，中国传媒大学文法学部；李琰，中国传媒大学文法学部、新疆师范大学国际文化交流学院；郭安，北京华文学院培训部）（《国际汉语教学研究》2016 年第 1 期）

# 复合型对外汉语人才培养模式研究

2004 年 11 月 21 日，全球第一所"孔子学院"在韩国首都首尔挂牌。目前，全世界有 350 多所孔子学院，500 多所孔子课堂，在世界 800 多个地方都有中国人在从事着对外汉语教学，汉语在世界范围内得到了极大的关注。孔子学院的快速发展一方面使汉语在世界的传播加速，另一方面也扩大了汉语及汉文化的影响；与此同时，也对对外汉语专业人才的培养提出了一些新的要求。如何根据风云变幻的国际国内形势，来确立复合型对外汉语人才的培养目标，提出行之有效、具有可操作性的复合型对外人才培养模式，是目前对外汉语人才培养中亟待解决的一个问题。

## 一、对外汉语人才的培养现状

1950 年 7 月，清华大学筹建东欧交换生中国语文专修班，这是我国第一个专门从事对外汉语教学的机构。清华大学教务长、著名物理学家周培源任班主任，该班于 1951 年初正式开始授课。我国对外汉语教学的第一篇论文是刊载于《中国语文》1952 年第 7 期的周祖谟教授的《教非汉族学生学习汉语的一些问题》。1958 年，由北京大学编写的国内第一本对外汉语教材《汉语教科书》（俄语译释本）在时代出版社出版，截至目前，我国共出版对外汉语教材教辅 1000 余种。1961 年，从 11 所高等院校中文系以及部分外语专业选拔应届毕业生，作为出国汉语教学储备师资。此项工作延续了四年，共选拔培训了 112 名出国储备师资。此后，于 1972

年和改革开放后分别招收了多批出国储备师资。1985 年,经国家教委批准,北京语言学院、北京外国语学院、上海外国语学院、华东师范大学四所大学开设了第一批对外汉语教学专业。目前,全国已有 19 个省(直辖市、自治区)的 14 所一本院校,78 所二本院校开设了对外汉语专业。虽招收人数呈逐年上升趋势,但较之该专业的实际需求量而言,则相对较缓,目前,在国外使用和学习汉语的人已愈 1 亿。每年汉办都有大量的对外汉语教师需求缺口。非英语国家的汉语学习热正在升温,有些国家如俄、法、德等明确提出,汉语教师必须以本国语言教授汉语。2006 - 2007 年度,国家公派出国长期任教汉语教师的选拔工作规定,赴外汉语教师的语言要求为德语、法语等小语种。汉办的《国际汉语教师标准》里也明确规定须具备"汉语知识与技能"和"外语知识与技能"、"中国文化和中外文化比较"要求教师具备多元文化意识,了解中国和世界文化知识及其异同,掌握跨文化交际的基本规则。当前对外汉语教师培养的变化趋势是:对外汉语教师的外语培养不再仅限于英语这一种外语,已经扩大为要求对多种小语种的熟练掌握。因此,建立行之有效的复合型对外汉语人才培养模式,对加快对外汉语专业人才培养,满足全世界对外汉语人才的迫切需要而言,是刻不容缓的研究工作。而人才的培养一般可以归结为两大方面的问题:①培养怎样的人才;②怎样培养人才。复合型对外汉语人才培养模式的构建也拟从这两方面展开讨论。

**二、复合型对外汉语人才培养目标**

培养怎样的人才,即培养目标需要解答的问题。根据教育部 1998 年颁布的《普通高等学校本科专业目录和专业介绍》中的解释,对外汉语专业的培养目标为:"本专业注重汉英(或另一种外语或少数民族语言)双语教学,培养具有较扎实的汉语和英语基础,对中国文学、中国文化及中外文化有全面的了解,有进一步培养潜能的高层次对外汉语专门人才;以及能在国内外有关部门、各类学校、新闻出版、文化管理和企事业单位从事对外汉语教学及中外文化交流相关的实践型语言学高级人才。"根据该培养目标,不难看出,要胜任中外文化交流的工作,就必须要求对该专业的学生在掌握汉语言文学课程、对外汉语教学类培养模式的同时,还需要能够掌握至少一门第二语言,不言而喻,该专业所培养的是复合型人才。不仅如此,培养目标中所要求的"有进一步发展前途",更是进一步明确指出了对外汉语专业所培养的学生除了对本专业的知识与技能的掌握之外,更要在管理、新闻、经济等专业有所涉足,因为该专业的毕业生"能在国内外有关部门、各类学校、新闻出版、文化管理和企事业单位从事对外汉语教学及中外文化交流"的培养目标指出了该专业毕业生的多渠道就业要求。因此,决定了该专业的属性与性质是一门很强的应用型学科,且具有明显的跨学科交叉性特征,学科属性与性质决定了该专业所培养的人才为复合型应用型人才,该类人才具有一定复合性和综合性的才能,一般是具有两种或两种以上的基本知识和基本能力的人才。

本着理论联系实际的原则,可将复合型对外汉语人才的培养目标陈述如下:培养具备深厚中文素养、国际开拓意识,有高水平教学能力且能够深入了解国外文化的高层次、专业性的复合型应用人才,并以此促进中华文明的对外传播、以实现中国文化与其它文化的共同繁荣之目标。

### 三、复合型对外汉语人才培养模式

"人才培养模式是指在一定教育理论和教育思想指导下,按照特定的培养目标和人才规格,以相对稳定的教学内容和课程体系、管理制度和评估方式实施人才教育过程的总和。"基于复合型对外汉语人才的培养目标的复合型和应用型的两大特征,对培养模式的探讨,拟从教学方式国际化、教学手段灵活化、课程设置模块化等几个方面来展开。

(一)教学方式全球化

一般而言,教学方式包括两部分的内容:一是教师进行教学的方法;二是学生进行学习的方法。两方面相辅相成,相互影响,互为作用。教学的方法要根据学习的方法适时做出调整,并引导学习的方法,使之向着既定的教学目标靠拢,是教学方式能够达到预期目标的重要路径。在复合型对外汉语人才培养模式中所提出的教学方式的全球化,首先是指教授法的全球化。对外汉语专业的培养目标,就在于要培养能够向全世界非汉语语种地区教授汉语的人才,作为沟通中外的人才,从受培养之初就能够受到国际化的教学方法的教育,接受全新的教学方式,有利于转变教学思维,一方面有利于学生在全球化教学方式的背景下,于毕业后的就业和深造方面有一定优势;另一方面,有利于学生在派出国授教时尽快接受国外的教学习惯,缩短教学文化差异所带来的适应期,更快地进入自己职业教师角色。其次,是学习方法的国际化。教育家 B. F. Skinner 曾经说过:"如果我们将学过的东西忘得一干二净时,最后剩下来的东西就是教育的本质了。"在很大程度上,教育就是一个获得学习方法的过程,国际化学习方法中所强调的是自学的能力,独立思考方法的学习,培养举一反三的能力,如此这般。一方面能够让对外汉语专业的学生具有强的学习能力,更好地完成自己的学业;另一方面能够让该专业的毕业生更好地适应与中国传统教学方法有较大区别的海外职场。

(二)教学手段灵活化

如前所述,对外汉语专业具有很强的复合性及应用性,复合型对外汉语人才的培养须灵活其教学手段。所谓教学手段,是指师生为实现预期的教学目的,开展教学活动、相互传递信息的工具、媒体或设备。首先是教科书的选择,考虑到对外汉语专业主要是为了培养海外教学人才,在招录过程中,对该专业的学生的外语水平普遍要求较高,那么在教科书的选择上,就不仅包括了中文语言教学相关理论书籍和论文,更包括国内影印出版的英文原版书籍。这样的教科书既可以使学生了解国内外最新的第二语言习得方法,也可为其将来进一步深造打下良好的基础。其次是教学录像片的播放。因为对外汉语专业在大多数高校并未设置为师范类专业,而事实上,该专业的毕业生的实际就业却多为教师岗位,那么对该专业学生的对外汉语教学技能的培养则理当成为教学内容之一。教学录像片则可以实现教学技能指导的教授。通过教学录像片,可以传授给学生如何教阅读课、如何操练语法、如何设计交际活动等教学技能,供学生全面了解对外汉语课堂教学实况。

(三)课程设置模块化

课程设置是指学校开设的教学科目、科目之间的结构关系和各科目的学分与学时比重的分配。对外汉语专业培养目标为复合型人才,在课程设置上,为了配合复合型人才的培养目标,应逐步形成专业课程、外语课程及综合素质课程三大模块并行的趋势。并酌情考虑文、史、哲、经、教、艺等类型课程的合理搭配,使三大模块之间相辅相成,相得益彰。首先,专业课模块可分为专业必修与专业选修两类课程,专业必修课要充分考虑到语言课、文化课的专、精、深,实现学生对中国语言及文化从广度到深度全方位的掌握。专业选修课则要考虑到对中国传统文化常识理解的泛、广、博。其次,是外语模块的课程设置,对外汉语专业由于其就业方向的特殊性,对外语水平的要求较之中国语言文学之类的专业而言是更高的。那么,在外语模块,不仅是外语基础课,外语的听说读写训练也是重中之重,且该专业的毕业生还应对外国的文化与传统有一定的了解,这些内容都应囊括到外语模块的课程内容之中。最后,在综合素质模块内,政治(包含中国、世界政治知识)、普通话、经济基础知识、礼仪常识、计算机基本技能、甚至中华传统才艺等都是必不可少的内容。另外,综合素质模块中的综合职业能力是课程设置的重点,如中华传统才艺、演讲口才、社交礼仪、中外文化史等。模块化的教学内容的确定,把复合型对外汉语人才所必备的知识、能力、素质和技能有机地结合起来,满足了对复合型对外汉语人才的复合性要求。就学分这一块而言,弹性学分制无疑是一个值得推广的方法,例如:对对外汉语专业的人才培养可采用"3+1"的学制模式,即先在国内有3年全日制的基本素质、基础理论的培养,然后在最后1年里通过各种渠道,包括孔子学院、国内汉语培训机构,甚至是中外学生互结"语言对子"的形式,使学生能够得到一年的教学实践。一年的实践课程内容,不仅完成对外汉语专业学生的实习学分,更能够使学生真正做到理论与实践相结合,满足对该专业人才所应具有的应用性才能的要求。

**四、结语**

要"发展对外汉语教学这一国家和民族的事",使更多的复合型对外汉语专业人才得以成长,势必对复合型对外汉语专业人才的培养模式不断提出新的要求,国际国内瞬息万变的政治、经济、文化形势,也将不断对该专业人才的培养形成新的挑战。如何根据这些变化与要求,适时适宜地调整该专业的培养模式,开拓新的培养路径,通过教学方式全球化、教学手段灵活化、课程设置模块化等手段来培养更多的复合型应用人才,以期更好地在国际交流中实现对外文化传播、对外汉语推广,将是该专业在未来很长一段时间内的不懈追求。(申红义,四川外语学院中文系副教授;左媚柳,四川外语学院中文系讲师)(《重庆科技学院学报》2012 年第 9 期)

# 汉语国际教育人才培养模式研究综述

汉语国际教育是一门相对较年轻的学科,半个世纪以来这一学科经历了从无到有,从"对外汉语"走向"汉语国际教育"的历程。我国学界对把汉语作为第二语言教学的人才培养模式的研究也从原来较为关注微观的语言本体研究逐步转向更加注重复合型、应用型和实践型的宏观培养模式的研究。本文在对以往汉语国际教育人才培养模式研究成果进行统计的基础上,梳理出目前国内汉语国际教育人才培养模式的几种主要研究模式和学说,以期对国内汉语国际教育人才培养模式的研究成果予以综述和展望。

**一、汉语国际教育的内涵**

"汉语国际教育"原名"对外汉语教学",起步于 20 世纪 50 年代初清华大学东欧交换生中国语文专修班,中途曾停办,70 年代末逐渐恢复。1982 年在北京语言大学举行的由 10 所招收外国留学生高校发起的一次学术会议上,"对外汉语教学"首次被提出来,并将这一术语界定为"对外国人的汉语教学",其内涵指的是把"汉语作为第二语言教学"。吕必松先生认为"汉语作为第二语言教学包括汉语作为外语教学,又区别于汉语作为第一语言教学,所以最能体现对外汉语教学的内涵,也最能代表对外汉语教学的学科性质"。20 多年后,2005 年的首届"世界汉语大会"的召开,标志着我国对外汉语教学发展史上一个新纪元的开始,面对国际上日益升温的"汉语热",我国将汉语政策逐步转向"汉语国际推广",并将此作为"国家软实力建设的一个有机组成部分"。此领域的专家明确指出"近些年来,海外汉语教学由先前少数精英的学术性、猎奇性需求，转变为实用化、社会化、平民化和多元化需求趋势，值得反思的是以往我们的研究重点主要是国内的对外汉语教学，关注的主要是来华留学生的教育和教学问题，教学大纲、测试大纲、教材教法、课程设置、教学模式等，大都是面向国内的汉语教学而形成的，这当然没有错。但是，我们必须清醒地看到，无论从目前还是长远看，来华学汉语的人数永远是少数，海外汉语教学已经成为主战场。汉语的国际化程度主要取决于海外汉语教学的发展程度，取决于海外汉语教学的质量和效益"。崔希亮纵观我国对外汉语教学 60 年来发展的八大变化后，提出了发展目标的六大转变："一是从对外汉语教学向全方位汉语国际推广转变；二是从'请进来'学汉语向同时加大汉语'走出去'力度转变；三是从专业汉语教学向大众化、普及型、应用型教学转变；四是从主要靠教育系统推广向系统内外共同推广转变；五是从政府行政主导为主向政府推动、加强市场运作转变；六是从纸质教材面授为主向发展多媒体网络等多样化教学转变"，并指出"从对外汉语教学到汉语国际教育，这是一种非常大的改变"。因此，专家们一致认为"随着汉语国际推广大局的推进，'对外汉语教学'无论从内涵还是外延看都不能满足已经变化了的形势"。2007 年 5 月，在国家汉办的推动下，国家学位办批准设立汉语国际教育专业硕士，2012 年普通高等学校招生本科专业目录和专业介绍中，"汉语国际教育"已正式取代原来的"对外汉语教学"专业。

**二、汉语国际教育人才培养模式研究现状**

作为一门较新的综合性学科，汉语从"对外汉语教学"发展到"汉语国际教育"阶段。在实践中不断涌现新问题，而"教师问题"一直是汉语国际教育备受关注的话题。国家汉办许琳主任指出："要适应这一新形势的转变，重中之重是要建设一支适应海外教学需要的师资队伍"。崔希亮先生在提到汉语国际教育"三教"问题的核心与基础时阐述道："教师问题、教材问题和教学法问题表面上看是三个问题，实际上它们是互相纠结的，是一个整体。教师是问题的关键，教材和教学法与教师问题密切相关"。教师培养如何适应新的形势成为当今开设汉语国际教育专业的各高校探索和研究的重要课题。经 CNKI 及其他数据库学术搜索，作者对所查阅到的学界对"汉语国际教育人才培养模式研究"成果进行分类整理（见图 1、图 2），具体分布如下：

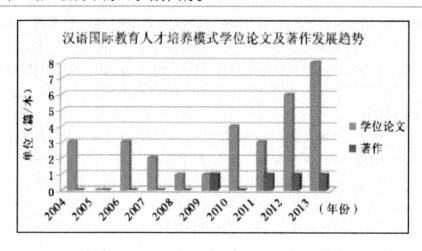

图-1 汉语国际教育人才培养研究学位论文及著作分布情况

图-1数据显示:2009年以前,学界并无此领域的研究专著出现;2007年,汉语国际教师新标准出台,两年后相关著作才开始涉及此领域。在汉语国际教育人才培养研究中,学位论文的数量值得关注,并且主要的研究成果集中在2010年后,这与国家出台的汉语国际推广"走出去"战略相吻合,说明汉语国际教育人才培养研究开始越来越引起学界的关注。

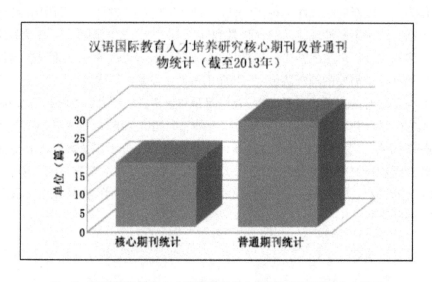

图-2 汉语国际教育人才培养研究核心期刊与普通刊物分布情况

图-2 数据显示:无论是核心期刊还是普通期刊,汉语国际教育人才培养方面的研究成果均很少,核心期刊仅查到 17 篇。其中,中文核心期刊(北大)共查到 11 篇、CSSCI 中文社科引文索引(南大)5 篇、剑桥科学文摘(美)1 篇,普通期刊种类涉及 2 种,共 28 篇文章。

所有数据表明:尽管此学科从诞生至今已半个多世纪,但其人才培养模式的研究才刚起步,且主要成果集中在最近 10 年,特别是近 5 年。这说明,相对于其他学科而言,这一学科的研究比较薄弱,但近 5 年不断涌现的论文数量也表明,随着我国综合国力的强大和国际地位的提高,在全球汉语热的推动下,国家对汉语作为第二语言教学的重视、汉语作为第二语言教学教师培养研究的关注度逐步提高,并且研究成果以高校从事此领域的教师与学者所发论文的数量居多。

**三、汉语国际教育人才培养的几种主要研究模式**

通过对汉语国际教育人才培养研究成果的梳理,归纳出此领域的研究主要集中在以下几种模式上:

(一)"研究型"培养模式

"研究型"培养模式的理念从这一学科诞生以来一直占主导地位。吕必松先生在谈到"汉语教师也要参加语言理论和语言学习理论的研究"时阐述了两个原因:"第一,我们不可能要求语言学家和心理语言学家直接提供汉语教学所需要的'短线产品',汉语作为第二语言教学中急需解决的关于汉语和汉语学习方面的某些理论问题需要汉语教师自己去研究;第二,汉语教师结合教学实践开展的理论研究具有更强的针对性,结合教学实践的研究成果也更具实用价值"。我国把汉语作为第二语言教学与英美等国把英语作为第二语言教学的主要区别在于"中国的对外汉语教学从一开始就以高校为基地",而"大多数国家把母语作为第二语言的教学主要放在社会上的语言学校进行。高校的性质决定了这一学科自然也要教学与科研并重。因而,我们的对外汉语教学多年来强调学科的建设与发展,注重面向教学的语言本体研究和教学法研究"。陆俭明指出,对外汉语教师要树立很强的学科意识、学习研究意识,还有自立自尊自重的意识。随着汉语国际教育专业本科招生人数的增多,就业困难加剧,学者杨吉春提出"知-行-研"学说,强调汉语国际教育专业学生研究能力的培养应贯穿四年教学的全过程,并应体现在这八个模块之中,即课堂研究能力培养、课外研究能力培养、见习研究能力培养、实习研究能力培养、项目研究能力培养、学年论文研究能力培养、毕业论文研究能力培养、考研研究能力培养。学生在教师的指导下撰写课题申请书、调查研究、撰写论文、撰写研究报告、结题答辩等构成"知-行-研"人才培养模式的真正内涵。此学说认为重视学生研究能力的培养,才能为学生考研或工作奠定良好的基础。

对汉语国际教育专业学生的培养,学界一致的共识是:"培养德智体全面发展、具有较坚实理论基础、系统专业知识和较强对外汉语教学能力的高素质人才"。然而,反思实际教学案例,培养目标与现实情况却有很大差距,学生"理论储备充足,但在实际教学中欠缺灵活性,不能根据教学对象的不同、国别差异、年龄差异、学情差异有效地打开教学局面,缺少解决动态问题的"授人以渔"式的策略"。学者张和生提出"就对外汉语教师培训与人才培养而言,传授知识较易,培养能力较难"。吴应辉认为"长期以来,由于汉语教学主要在国内开展,人们的研究主要集中在对外汉语教学领域,相当一部分研究集中于汉语本体研究,与目前国际汉语教学需求和汉语国际传播形式存在较大差距"。显然,伴随"对外汉语"向"国际汉语教学"的转化,只重视学科理论的"研究型"人才并不能很好地顺应时代的要求。

(二)"应用型"培养模式

伴随世界范围内汉语学习者人数的剧增,教学形势也相应发生了变化。海外汉语学习者出于各种应用目的而选择学习汉语,有想了解中国"商贸、国际交流、旅游、人际交往"的,也有"兴趣爱好,学着好玩"等,在美国休斯敦大学任教的温晓虹说:"以往大学的中文教育可能会培养一个汉学家,学术研究型的博士。现在中国迅速发展,培养中文人才的面扩大了,朝着多元化、跨学科、更实用的方向走"。由于"汉语学习目的由研究型转变为应用型"。汉语国际教育师资人才培养也随之出现了以下一些理论学说:

1."区域化"学说

学者朱瑞平在文章《略论汉语国际教育人才培养的针对性问题》中提出汉语国际教育人才的培养应充分了解各地的实情,通过地域性、阶段性等特征来有针对性地进行。这一观点得到学界一些专家学者的大力支持,进而发展为"区域化"学说。学者魏红强调:汉语国际教育人才的培养应充分考虑不同区域或国家对师资需求的共性和差异性加以培养,区域化的三种内涵为"地域维度上的区域汉语教学、语域维度上的区域汉语教学、角色域维度上的区域汉语教学"。从应用的角度出发,地域维度可以解决好"在哪儿教"的问题;语域维度可解决汉语师资培养中"教什么"和"怎么教"的问题;角色域维度可解决好学习者"怎么学"的问题。这种针对"不同国家、不同地区、不同机构、不同层次、不同对象、分类别、分层次培养,可以更好地满足不同地区、不同层次、不同对象的汉语教学的需求","从区域化汉语教学的三个维度来思考和探索国际汉语师资的培养,可以帮助我们采取更加科学、可行的培养方法,建立一个多元的、全方位的、多层次的汉语师资培养系统"。

2. "三型一化"学说

"三型一化"是学者熊家良、黄高飞提出的一种为提高汉语国际教育专业毕业生就业,从而实现合理的教育资源有效配置,既创新课程体系,又提高人才培养质量,解决专业人才培养与社会需求矛盾的一种应用型模式。"三型"即"应用型"、"复合型"、"创新型","一化"指"国际化"。"应用型指注重培养学生掌握汉语、英语、东南亚语、文化、经济、教育等学科中的相关应用技能;复合型指整合优势资源,构建学生汉语、外语、文化、经济、法律、教育等学科知识结构;创新型指教学过程中注重教师的研究性教学,关注学生创新精神与创业能力培养;国际化指通过教学语言国际化、教学内容国际化、教师资源国际化、服务对象国际化等来形成学生的国际化视野与国际化竞争力"。

毫无疑问,应用型培养模式更加注重从未来从业的角度来制定相关的培养方案,进行该专业的设置课程,从而在一定程度上可提高培养国际汉语教师效能。但应用型培养模式的课程设置太过于面面俱到,形成了"汉语＋外语＋教育类课程的简单学科拼盘,课程特色不鲜明",没有体现出学校特色和区域特色。"再次,应用型培养模式,既没有从教学实践的角度培养教师应具备的知识、能力和素质,也没有关注它们之间的关系和运作方式"。

(三)"实践型"模式

2007 年后,随着汉语国际化进程的加剧,海外对汉语国际教育师资的需求也急剧增加,为检验国际汉语教育师资的培养成效,国家汉办、孔子学院总部于 2007 年颁布了《国际汉语教师标准》,后经几度修订。新《标准》在强调构建国际汉语教师知识、能力、素质的框架基础上,更加突出汉语教学、文化传播与跨文化交际等三项基本技能和教师的实践知识。多数学者认同:从汉语国际推广的角度来说,该专业学生所必备的知识和能力倾向于实践与应用。汉语国际教育人才"实践型"培养模式的研究也就应运而生。

教师的实践性知识指的是"教师在教学实践中使用或表现出来的对于教学的认识",它包括"教师的观念、教师的自我知识、关于学生的知识、情境知识、策略性知识和批判反思知识"。学者陈向明认为"开发教师的实践性知识也许比灌输学科知识、教育理论以及模仿教学技艺更重要"。汉语国际教育人才培养应更关注"教师实际上知道什么""教师在教学中实际表现出来什么",而不只是关心"教师应该知道什么""教师应该具备哪些能力"。学者高小平认为"国际汉语教师作为一种职业资格,必须经过一定时间的实践操练,通过资深教师的指点,实习教师之间的相互观摩、评课、切磋、改进、不断自我反思才能将所学理论知识、教学方法转化为教学技能"。因此,为此专业学生提供"适当的教学实践机会、规范的教学指导及后期跟进"成为此模式的重要环节。

1."模拟现场"说

学者陈绂经分析从北京师范大学汉语文化学院 2003-2008 年派往海外 59 个国家 5386 名志愿者中统计出的 55 份问题案例中总结道:在培养汉语国际教师的过程中,以往的模式"偏重于学校内的教育,对于'校外教育'有所忽视"。他还说"翻阅我们的课程安排,我们的确下了很大的功夫,但总的感觉还是偏重于知识和技能的培养。这不仅是汉语国际教师培养存在的问题,也是我国的教育整体存在的问题"。作者认为能力不是日常的课堂教学所能培养出来的,它需要长时间的潜移默化,一次次地自己动手去解决难题的磨练。"因此,提出设想"如果我们的教学也像运动员的训练那样,给学员准备出模拟现场,收到的成效也许会更大一些"。

2."案例库"说

学者李卫国针对实践型模式提出更具体的实施方法,建立以"案例库"为主的培养模式,即"全面搜集海内外不同层次、阶段、课程、环境下的汉语教学案例,以及汉语教学交流的影像和文字资料,以新《标准》规定的五大模块为主轴"编辑建库,采用与微格教学一致的过程,实施"模拟训练,让培训者有身临其境的体验",有了"感性认识"后再对其"教学进行分析、评价",从而促进"他们在思想上产生质的飞跃"。

(四)各地方院校的一些探索性模式

随着全国范围内各高校相继开设汉语国际教育专业,因所开设的时间不尽相同,对这样一个新兴的专业而言,无论是培养目标、课程建设、教学实践、人才培养模式等都处于探索阶段。因此,各地方高校均就此领域展开一些适合自己学校所在地区与国外接壤的区域性探索。例如:王振顶提出的"双向三性"模式,即针对当前对外汉语国际教育专业教育教学实践中存在的三个重要问题——教育理论研究与教育实践脱节的问题、毕业生就业很难实现专业对口的问题、就业机制的问题,提出了可以确立与市场需求相衔接的培养目标,实行跨国或跨区域的校校联合、专业理论与技能实践并行创新的研究性教学模式与方法;突出理论与实践相衔接的培养模式,增设培养创新能力、适应能力的课程,完善课程体系设置,激活多种就业机制,从而有效解决此专业的现实问题。周卫华以三峡大学为个案,提出地方高校对外汉语专业本科人才培养模式的构想,从人才培养目标、课程设置、师资队伍建设等方面进行改革,形成一个培养"宽基础、强能力、多技能"的应用型人才培养模式。黄桂凤以玉桂师范学院为例提出了"3+1"人才培养模式构想,指出该模式的优势在于能充分发挥广西位居泛北部湾的地域优势，充分利用与东盟各国联合进行人才培养的有利条件，减轻学生的学费负担，扩大就业途径。也有高校根据自身不同特点、学校的性质、各自的需求进行改革探索。例如：李军、王靖以山东经济学院为实例，提出建立"以孔子学院（课堂）为主的实践教学基地，实施微格教学"的模式，从而保障该专业人才培养质量的模式；浙江财经学院经过多年的理论研究与改革创新，进行跨学科的嫁接和融合，结合该校学科优势和专业特色将财经或商务类知识技能融入到课程建设当中，探索出"2＋X"培养模式；申红义、左媚柳倡导通过"教学方式全球化、教学手段灵活化、课程设置模块化等手段来培养更多的复合型应用人才"。这些地方院校的探索和尝试无疑为汉语国际教育人才培养模式的研究提供了一些值得借鉴的先进理念。

### 四、存在问题与发展趋势

（一）存在问题

从总体来看，我国汉语国际教育人才培养研究起步较晚，主要的研究成果集中在近几年，随着全国各高校相继开设汉语国际教育专业及国家汉语推广政策的不断深入，大批高校学者、语言学家、教育学专家等为解决这一领域在实践中遇到的问题而展开了一系列探索，也取得了一些成果。为未来此领域的研究和具体人才培养模式的实施导向，提供了一些值得借鉴的研究模式、理论依据、新观点、新视角和新素材，为此领域的研究打下了良好基础，同时，也存在着明显的不足。主要表现如下：

1. 研究数量的不足

与蓬勃发展的汉语国际推广事业相比，起推动作用的汉语国际教育人才培养的研究显得相对滞后。这一领域系统而深层次探讨的、能起指导作用的理论专著显得较少，很多著名专家、教授的研究中也没有单独把人才培养作为专项进行研究，缺乏较强的针对性。如果与英语作为第二语言教学的师资培养（TESOL）相比，TESOL已进入了成熟期，而汉语国际教育人才培养（TCSOL）才进入起步期，能查到的论文数量也无法与前者相比。

2. 研究视野上的不足

目前，汉语国际教育人才培养模式的研究视角比较狭窄，理论的广度和深度应用也都还不够，多数研究都是在课程设置上泛泛而谈。汉语国际教育专业属于国际师范生的培养范畴，它不仅涉及语言学、教育学、心理学等理论，还涉及二语习得、文化学、跨文化交际学等理论，如果不从国际教师的标准和跨学科的角度来进行研究，只依据传统的、单一的视角来研究，很难进行全面的概括和分析。

3.研究方法上的薄弱

现在的汉语国际教育人才培养模式的研究多数流于经验性陈述,科学性的调查分析研究和实证性研究稀缺,利用现代高科技手段的研究目前几乎是空白。因此,汉语国际教师师资教育及其研究应当适应时代飞速发展的需要,与时俱进,在研究方法上增强其科学性。

(二)发展趋势

由于汉语国际教育属于一门相对较新的学科,其人才培养模式的研究也才进入起步期,以往的研究虽然还存在一些不足之处,但毕竟已取得了一个良好的开端。随着中国国力的不断增强,全球范围内对汉语教师需求量的进一步加大,汉语国际教育人才培养模式的研究也将受到更多的关注,从而获得更快的发展。审视汉语国际教育人才培养模式的研究轨迹,展望未来,此领域的研究将继续汲取相关学科的营养,以以往研究为基础,进一步深化理论研究,并借鉴国外 TESOL 培训的成功经验与理论,增强研究方法的科学性,探索创新之路。

人才培养模式的根本在于为人才培养服务,有利于人才成长的模式才是最好的模式;人才培养模式必须遵循人才成长的规律,违背规律的或不成功的"模式"应叫"做法"而不是模式;人才培养模式也必须追求个性化、本土化、特色化,因而,建立中国特色或校本特色的汉语国际教育人才模式才是发展趋势中需要重点考虑的问题。特别是地方高校,更应考虑和研究怎样在办学模式上更进一步发挥区域优势,向灵活性、开放性方向发展,以适应社会经济不断发展的需要,使汉语国际教育人才模式走向更加成熟的阶段。(彭建玲,昆明理工大学国际学院)(《昆明理工大学学报》2014 年 6 月第 3 期)

# 三、"一带一路"呼唤"小语种"人才

随着"一带一路"伟大战略的不断推进,我国与沿线国家的交流日益深入及广泛。目前和中国建交的 175 个国家中,通用的语种约 95 种,而内地仅能开设 54 种语言课程。"一带一路"覆盖的中亚、东南亚、南亚、西亚和东非 5 个地区的官方语言数量超过 40 种,而我国 2010—2013 年高校外语专业招生的语种只覆盖其中 20 种,"一带一路"小语种在校人数也偏少,在已招生的 20 个"一带一路"小语种中,11 个语种的在读学生数不足 100 人,波斯语、土耳其语和斯瓦希里语 3 个语种在 50—100 人之间,其他 8 个语种均不足 50 人。"一带一路",语言铺路,而今"小语种"人才的匮乏已成为对外文化传播、新丝路建设的瓶颈之一。

## 相关报道

## "一带一路"小语种人才短缺,高校培养急需顶层设计

2014 年,吴塔拉随队来到"一带一路"北线的重要支点蒙古国做地质勘探的翻译工作。转眼,吴塔拉已经在蒙古国工作两年多了。他向第一财经 1℃ 记者表示,近年来,来蒙古投资基建和矿业的中国民营企业和国企越来越多,工作机会也随之增加,而这些走出国门的企业最想找的是懂得当地法律的专业翻译,但此方面人才明显不接。

2016 年,"一带一路"进入"重点发力"阶段,商务部最新数据显示,2016 年 1 至 5 月我国对外承包工程新签合作同额增幅明显,与"一带一路"相关的 60 多个国家新签对外承包工程项目合同 1652 份,新签合同额 391.1 亿美元,占同期我国对外承包工程新签合同额的 51.8%,同比增长 55.9%。

中企在"一带一路"愿景和机会下的投资布局背后,需要细致考量与比较风险和回报。风险中的重要内容之一,便是如何引进熟悉投资所在国的风土人情,尤其是法律法规和习惯的语言型人才。

北京外国语大学亚非学院院长孙晓萌教授对 1℃ 表示,对于一个国家而言,外语能力建设和相应语言人才的储备,是一个国家软实力的重要组成部分。如果不懂对象国语言,缺乏对象国国别和区域研究的人才,不管是国家还是个人的在外投

资,所需要承担的风险绝非是可以预估的。从历史上看,类似缅甸水电站遭遇困境等事件背后国家利益的受损,一定程度上与语言不通,或对对象国的国情、文化和社会的不了解相关。

上述背景之下,多位受访人士呼吁,在"一带一路"的倡议之下,应该尽早出台国家语言战略,从国家宏观层面给予通盘规划和布局,建立关键性语种人才的培养、使用和保护机制。

### 九个"一带一路"建交国语言,国内尚无本科专业

教育部的统计数据显示,在我国 2010 年—2013 年外语专业招生的 20 个"丝路"小语种中,其中有 11 个语种每个语种的在读学生不足 100 人。而波斯语、土耳其语和斯瓦希里语这三个重要语种,学生在 50—100 人之间,另外希腊语、希伯来语、乌尔都语、孟加拉语、尼泊尔语、普什图语、僧伽罗语和菲律宾语等八个语种均不足 50 人。

伴随"一带一路"战略的提出和发力,上述数字正在发生巨大变动。

基于"一带一路"倡议的开放性,其沿线所覆盖的国家范围尚无明确划分。若以东南亚、南亚、西亚、北非、中东欧、中亚、独联体、中国以北区域的国家来看,明确划入"一带一路"范畴的国家有 65 个。

按照这 65 个国家计算,目前单就北京外国语大学而言,已经开设了其中 54 个国家官方语言的相关专业。

北外教务处副处长苏莹莹向 1℃ 记者表示:剩下的十个国家中,不丹是中国的邻国中唯一一个没有跟中国建交的国家。若将不丹排除在外,仍有 9 个国家的官方语言在国内高校本科专业设置中尚属空白,北外计划将在 2017 年年底之前全部覆盖。

根据教育部规划,到 2017 年,我国高校开设的外语非通用语种专业数量将达到 94 种,实现对已建交国家官方语言的全覆盖。

全球共有 6000 多种语言,如果将联合国所使用的六种官方语言(即汉、英、法、俄、西班牙和阿拉伯语)定义为通用语种,那么非通用语种,也就是常说的"小语种",其数量所占比例不言自明。

"世界上的国家,在经济总量上有大小,但是从政治和文化意义上看,每个国家都是这个世界中同等重要的一员。伴随国家的发展,我们利益的触角已经延展到世界的每个角落,处处面临着语言和沟通的问题。"北京外国语大学副校长贾文键教授向 1℃ 记者表示,当我国船员被索马里海盗劫持,需要懂索马里语的外事人员

去交涉,此时就没法用 GDP 来衡量索马里语这一专业的价值。

以上海外国语大学为例,如果把英语、俄语、阿拉伯语计算在内,目前上外已经开设了 13 个"一带一路"所覆盖国家的语种专业。其中,非通语种有 10 个,在校生一共不到 150 人。像希腊语、越南语、希伯来语、土耳其语、印地语这五个专业每四年才招一届,每届只招 12 人。

记者试图与教育部联系获得全国高校"一带一路"非通用语种专业布点和在校生数量的最新数据,截至发稿前未得到回复。

中国人民大学重阳金融研究院是"一带一路"智库合作联盟的理事单位之一。该研究院研究员陈晓晨曾深入"一带一路"多国调研考察。他在接受 1℃ 记者采访时表示,"总体而言,需求在剧增,但是供应保持了周期性,导致供求之间出现了结构性供不应求的现象。目前来看,教育部对于小语种的人才培养有统筹和规划,'985 高校'也有一定的自主性,可以根据就业形势的变化对招生规模进行调整,但这种调整需要一定时间,难以根据就业形势和人才需求做出同步反应;同时,'一带一路'小语种的供给和需求的波动性都很大,客观上加剧了准确把握供需总量的难度。"

陈晓晨分析,从需求端看,伴随"一带一路"战略构想的不断深入推进,政府间合作不断加深,同时经贸领域合作的日益密切亦增加了对相关人才的需求。

从供给端看,高校教育本身具有周期性,一般而言四年为一个完整周期,对于某些特定语种(比如阿拉伯语)而言,甚至需要学习 7 年之久;同时,语言学习具有"时效性",换言之,小语种毕业生一旦放弃了从事相关行业,几年不用后就很难重拾起来,这导致小语种人才成为一种"流量",而非存量。从而进一步加剧了供给的短缺。

**结构性短缺:高端专业性人才最缺**

什么是非通语种人才?如何培养高级翻译人才?仅仅掌握听说读写的语言技能已远远不够,"复语型、复合型"人才培养路径已经成为高校的自觉。

上海外国语大学中国外语战略研究中心是国家语言文字研究智库之一。该研究中心副主任沈骑教授向 1℃ 记者表示,人才的短缺是结构性问题,不是绝对人数的问题:"市场所需的是关键性高端人才。如何定义高端?就是能够借助'一带一路'小语种的背景文化知识,从事国际专业领域的分析、管理甚至是决策的综合性人才。换言之,既精通语言、对对象国国别有一定研究,同时具备国际经贸、法律、金融等方面的专业知识的积累,这种国际性外语人才是现在最缺乏的。"

以上海外国语大学为例,上外把"多语种＋"战略上升为学校战略。多语种是指单语人才向复语人才转变。比如,专业为波斯语的学生,学习波斯语和英语之外,还鼓励其再学习一门相近的语种如土耳其语,从而培养小语种的复语人才。同时,多语种＋某一专业、方向、领域等,培养学生从单一语种技能走向复合型外语人才,以此重新定义外语人才。

北外同样在探索学生"多语种＋多技能"机制。比如2015年,北外亚非学院开始尝试"朝鲜语＋国际商务"的方向。

2015年7月,教育部、外交部、财政部等五部委印发《2015—2017年留学工作行动计划的通知》,通知明确提出,加快培养外语非通用语种人才。2015—2017年,由国家留学基金资助一大批非通用外语相关专业学生出国进修、学习,为国家外交发展和国家"一带一路"建设提供人才支持。

在"一带一路"战略的倡导之下,不少高校应声开设相关国家官方语言的本科专业。但要开设一门新专业,特别是开设一门在国内高校本科教育中从未有过的首开专业绝非易事。

国内高校要开设一门新的本科专业,若是全国首开,教育部要专门组织专家进行论证,这类专业叫审批专业;如果是国内已经有的专业,即备案专业,程序相对简化。

苏莹莹告诉1℃记者:"从程序上看,新设一门审批专业,首先需要学院提出申请,拟开设某一新专业,此申请提出前需该学院学术分委员会充分论证,学校批准后正式启动申报;其次,启动申报后各学院针对拟开设专业组织专家论证,其中一半必须是校外专家;论证通过后,由校学术委员会教学指导分委员会、校学位委员会全体会议、校学术委员会全体会议先后审议材料,均审议通过后在校内公示一周,再向教育部高教司提出申请。最后由教育部组织专家论证,论证通过后在教育部网站上公示一个月。隔年的四月公布各高校申报新增本科专业的审批结果。"

上述论证包括开设必要性、可行性、对象国周边环境、潜在风险、师资储备、培养方案、模式创新、配套保障等多方面内容。

在孙晓萌看来,总体而言,"一带一路"是未来若干年国家长期坚持的倡议,确实需要更多高等教育从业者和高校的共同参与。有这样的积极性无论如何都是值得鼓励的。另一方面,全国高校的专业布点需要宏观布局,一哄而上可能导致人才培养的质量下降,需要加强准入门槛审核和学校资质审核。

沈骑则建议,当前,国家开展对小语种人才培养现状的调查和评估迫在眉睫,其中"一带一路"相关语种更加迫切,了解全国高校的师资力量、专业布点、学生数量等情况,便于进行宏观统筹和安排。"从全国看,目前专业布点比较零散、不合理。整体上语种数量偏少,不均衡。国内有的高校在开设新专业时的决策过程并没有充分论证。"

**非通人才建设的野心与困境**

对于高校非通人才培养而言,开设新专业,首当其冲也是最大的问题就是师资。开设一门首开专业,往往需要先培养师资。因为缺乏充足的国内师资,北外甚至将希腊语的整个班级 20 多人包括一位带队老师送到了希腊。即便最终培养出了"一带一路"国家官方语言专业的毕业生,也并不意味着这部分人均能从事于相关专业。

"首先,不能把毕业生就业时专业不对口简单地定义为培养失败。但是从非通用语人才培养的角度看,既然是紧缺人才,学以致用应是追求的目标,如果非通用语人才在学成后流失,这在一定程度上说,的确是教育资源的浪费。"贾文键向 1℃ 记者表示。

一位来自全国排名靠前的高校俄语系 2012 届毕业生告诉 1℃ 记者:"在 2012 年毕业时,俄语系一共 12 人,只有 3 人选择了直接工作,9 个人选择读研。这 9 个人中,毕业后 3 人继续读博,剩余 6 人均从事了研究生所学专业相关的工作。"

这位毕业生说:"即便是男生,在选择工作的时候,如果选择了以所学专业为中心的工作,很可能被外派至其他国家。很多外派地区的条件会比较艰苦,职业路径变窄,再想回国找其他工作也比较困难,因此班里同学都不太接受外派工种。"

这一问题无不值得高校思考。

一位不愿具名的高校外语专业管理者表示:"目前高校的招生政策的确不允许有性别选择。但实际情况是,当下世界上有些国家比较动乱,或者对象国对女性有限制,此时学校希望多招男生,少招或者不招女生,但政策并不允许。这是目前学校在培养小语种人才时遇到的瓶颈问题。这方面是否能给学校更大的自主选择权呢?"

沈骑认为,国内高校小语种人才培养与社会需求的对接问题非常尖锐。地方和学校需要对这一问题开展调查研究,同时基于学校实际情况,考虑到国家的战略需求和现实需求,根据需求建立招生动态调整机制。此外,省、市、部委也应该开展"一带一路"小语种外语人才专项建设工程,探讨非通人才的定位、需求等问题。"这个问题尽管学校自己也在做,但是经费、渠道拓展都是难以克服的问题。"他称。

在全球战略布局和利益拓展过程中,世界发达国家都把关键语言人才的培养上升为国家战略的一部分。

比如美国在"9·11"事件之后把语言上升到国家安全的高度来考虑。2006 年 1 月 5 日正式发布了"国家安全语言启动计划"(National Security Language Initiative),致力于培养国家最亟需的"关键性语言"人才。

欧盟、俄罗斯等国同样注重通过外语政策提高国家的国际政治、经济、文化竞争力。

孙晓萌一直在呼吁:对于一些关键语言的专业布点,学校可以动用力量去布局。但是从更宏观和长远的角度看,"一带一路"亟需有效的语言人才培养、使用和储备机制,这需要国家进行通盘思考和顶层设计,以规避未来"一带一路"实施过程中可能遭遇的风险和阻力。(秦夕雅)(第一财经 2016.7.7)

## 牛立文委员:"一带一路"急需培养小语种人才

"'一带一路'是我国'十三五'期间实施的重大战略任务,对进一步提升我国对外开放水平具有深远的战略意义。"全国政协委员、中科大教授牛立文认为,"一带一路"建设蕴含的机遇不可估量,但高校在相关小语种专业及招生人数上设置偏少,加快培养"一带一路"急需的小语种人才刻不容缓。

"一带一路"沿线多是新兴经济体和发展中国家,据统计,沿线总人口约 44 亿,经济总量约 21 万亿美元,分别约占全球的 63% 和 29%,是目前全球贸易和跨境投资增长最快的地区之一。

"'一带一路'覆盖的中亚、东南亚、南亚、西亚和东非五个地区的官方语言数量超过 40 种,我国 2010—2013 年高校外语专业招生的语种只覆盖其中 20 种。"据牛立文介绍,"一带一路"相关的小语种在校人数也偏少,在全国高校已招生的 20 个"一带一路"小语种中,11 个语种的在读学生人数不足 100 人,而波斯语、土耳其语和斯瓦希里语三个语种在 50—100 人之间,其他八个语种均不足 50 人。

牛立文建议,尽快从国家层面上制定详细规划,统筹部署。教育部门要抓紧着手开展调研,确定"一带一路"沿线国家和地区使用语种的数量及未来可能需求的各个语种人数,做出相应招生计划和人才培养实施方案。

"建议教育部出台政策,鼓励有条件的高校外语院系及地方外语学校,结合实际,设置或扩大小语种专业及招生人数。同时加强小语种师资队伍建设。"牛立文建议,聘请所涉及语种的外籍教师来华任教;举办短训班、速成班,解决急需师资;鼓励外语专业学生选择某一小语种作为第二外国语学习,也鼓励其他专业学生选修一门小语种。

"针对可能有很多学生不愿选学小语种专业,导致招生难的问题,可借鉴师范院校招生模式,对报考小语种专业的学生给予一定的学费减免及其他特殊补贴,鼓励和引导学生报考小语种专业。"牛立文认为,还可以发挥留学生作用,在提高招生质量和教学质量的基础上,加强与这些留学生的联系,建立合作关系,使他们学成毕业之后,作为纽带联系中国和自己的母国,在"一带一路"中发挥作用。(彭旖旎)(中安在线 2016.3.7)

## 加快培养"一带一路"小语种人才

"语言不通则人心难通,推进'一带一路'国家战略,语言人才培养不容忽视。"全国政协委员、省政协副主席牛立文在全国政协十二届四次会议上表示。

牛立文介绍,"一带一路"沿线覆盖的中亚、东南亚、南亚、西亚和东非五个地区的官方语言数量超过 40 种。与之相对应,我国 2010 年至 2013 年高校外语专业招生的语种只覆盖其中 20 种,人数也相对偏少。在已招生的 20 个"一带一路"小语种中,11 个语种的在读学生人数不足 100 人,其中波斯语、土耳其语和斯瓦希里语三个语种在 50 人到 100 人之间,其他八个语种均不足 50 人。小语种人才的缺乏,无疑不利于与"一带一路"沿线国家的沟通交流。

牛立文建议,尽快从国家层面上制定详细规划,统筹部署,抓紧着手深入开展调研,确定"一带一路"沿线国家和地区使用语种的数量及未来可能需求的各个语种人数,做出相应招生计划和人才培养实施方案。出台政策鼓励有条件的高校外语院系及地方外语学校设置或扩大小语种专业及招生人数,加强小语种师资队伍建设。针对可能有很多学生不愿选学小语种专业而导致招生难的问题,可借鉴师范院校招生模式,对报考小语种专业的学生给予一定的学费减免及其他特殊补贴,鼓励和引导学生报考小语种专业。

"目前有数万名来自'一带一路'国家和地区的留学生在我国学习,这些学生熟悉本国语言及文化,可以发挥他们的优势和作用。"牛立文建议,加强与留学生的联系与合作,使他们学成毕业后,成为联系中国和他们祖国的纽带。(《安徽日报》2016.3.9)

## "一带一路"呼唤小语种人才

12 月 19 日,中泰铁路合作项目在泰国大城府正式启动,而半个多月之前,中老铁路磨丁至老挝首都万象段刚刚奠基。这两段铁路建成后将与中国境内铁路组成昆明到曼谷的铁路大动脉,连接"一带一路"沿线上的老挝、泰国。

基础设施互联互通是"一带一路"建设的重点领域,在中老、中泰铁路乃至"一带一路"沿线各国与中国的合作项目中,都不乏相关小语种专业毕业生的身影。

但是,"一带一路"沿线许多国家所用语言的教学当前在我国仍是空白,特别是一些非通用语种。为此,北京外国语大学19日宣布成立首个"一带一路"语言教学与研究中心,并将逐步开设所有与我国建交国家所用语言的教学。此外,国内其他数个外国语大学也在培养小语种人才上发力。

增开多个小语种

根据中国社会科学网的报道,初步统计显示,"一带一路"沿线国家所使用的官方语言及主要民族语言总共约60余种,其中我国目前尚未有高校开设的语种有18种,仅有1所高校开设的语言有20种,而且已开设的一些语种也存在人才储备不足的情况。

自"一带一路"倡议提出以来,国内数家外国语大学都在推动沿线国家所用语言的教学与研究,填补了多个语种的国内教学空白,其中北外的力度最大。

2013年11月9日,来自埃塞俄比亚的教师亚姆斯拉奇·阿亚莱乌站在北外的讲台上,首次向20余名中国学生教授埃塞官方语言阿姆哈拉语。这也是中国学生第一次在大学课堂上学习阿姆哈拉语。统计显示,中国连续多年成为埃塞俄比亚最大的贸易伙伴、最主要的外资来源和工程承包方,截至2014年底,中国对埃塞俄比亚直接投资存量达9.1亿美元,2014年双边贸易额达34亿美元,同比增长55%。

据新华国际客户端了解,虽然两国贸易合作愈加紧密,但目前中国懂得阿姆哈拉语的人寥寥无几。埃塞驻华大使塔斯法耶·伊尔马·萨博日前曾说,中国学生现在可以学到阿姆哈拉语,"虽然人数不多,但这是一个良好的开始。"

事实上,阿姆哈拉语只是北外近年来开设的多个新语种之一,亚美尼亚语、菲律宾语、孟加拉语、泰米尔语、吉尔吉斯语等"一带一路"涉及语言都开始以选修课的形式教授。另外,北外日前还公布了关于科摩罗语、马达加斯加语、索马里语、普什图语、库尔德语、阿菲利卡语等语种的人才培养遴选计划。

**外语大学发力**

由于"一带一路"沿线国家文化、语言差异大,一些外语大学根据自身能力与特色建设国家语言能力。

北外校长彭龙12月19日在"第二届非通用语战略发展高端论坛"上说:"北外力求到2020年覆盖世界上主要地区的语言,涵盖所有与我国建交国家语言,其中包括大量'一带一路'沿线国家语言。"

论坛上,北外还宣布成立"一带一路"语言教学与研究中心统筹教研。这个中心由大学内设的亚非学院牵头,邀请各界语言教学与研究方面的专家组成委员会,将围绕语言人才培养、语言服务体系的建构等方面展开工作,以满足国家"一带一路"发展倡议的需求。

广东外语外贸大学在论坛上表示将逐步开全"21世纪海上丝绸之路"沿线国家涉及语言,并通过教师人事改革等方法加强对相关语言教学的支持。广西民族大学也表示要进一步完善东盟国家语言的教学。

**培养高素质人才**

新华国际客户端注意到,参与本次非通用语论坛的多位学者强调,在学习外语时要强调对对象国文化的学习与研究,也有学者对外语人才培养的模式提出了看法。

外交学院副院长孙吉胜说,"一带一路"外语能力建设影响到国家利益、国家形象和"一带一路"整体实施,这需要认真、严肃地规划。

她说,现在全国有1000多所高校开设英语专业,152所高校开设翻译专业,但是一些用人单位依然在抱怨招不到好的翻译,这是一个值得深思的现象。

根据2015年公布的《推动共建丝绸之路经济带和21世纪海上丝绸之路的愿景与行动》,"一带一路"中的"互联互通"中包括交通、能源、通信、贸易等领域。

孙吉胜说:"这些涉及交通运输、建筑、装备制造、石油管道、电站建设、商贸、旅游等行业,如果用传统的语言方式培养,是否能应付这些专业,培养人才时候需要考虑。"

为此,她建议各个院校应加强合作,为外语学生提供一些必要的基础专业知识培训课程或讲座,同时注重培养这些语言专业学生的英语能力。

此外,孙吉胜还建议培养高端的外语人才,能有效地在"一带一路"沿线国家媒体等领域用所学语言发声,避免发生这些国家民众对中国的误解与误读,促进"民心相通"。(杨舟)(新华网2015.12.20)

# "一带一路"急需小语种人才

为期三天的首届"南京论坛"在南京举行,论坛由南京大学与韩国高等教育财团联合主办,是继"北京论坛""上海论坛"和"天津论坛"之后,中国高校和韩国高等教育财团合作打造的又一对话平台。专家在论坛上指出,小语种人才是"一带一路"的急需人才,人才的匮乏将会成为影响这一重大战略的瓶颈。

据了解,"一带一路"覆盖的中亚、东南亚、南亚、西亚和东非五个地区的官方语言数量超过40种,而我国2010—2013年高校外语专业招生的语种只覆盖其中20种,"一带一路"小语种在校人数也偏少,在已招生的20个"一带一路"小语种中,11个语种的在读学生数不足100人,波斯语、土耳其语和斯瓦希里语这三个语种在50—100人之间,其他八个语种均不足50人。

针对"一带一路"小语种的招生情况,各高校都存在生源并不是很好的现象。南京某高校一位老师说,大部分高校外语涉及日语、韩语、德语、法语等相对比较多,一些小语种却很少有设置。

东大海外教育学院院长邱斌说,小语种领域有很多空间可以发展。在小语种方面,仅仅东大就有105个国家的近1800个留学生。"很多留学生在学习汉语的情况下,我觉得也要积极培养能说他们语言的人才。特别是在小语种领域,比如阿拉伯语、俄语、希腊语等方面,不仅是南京,在全国都比较匮乏。"

针对"一带一路"留学生培养这一方面,邱斌认为,南京作为高校云集的城市,也是教科实力非常强大的城市,在"一带一路"建设过程中,南京必然有很多潜力需要发挥,以国际教育为例,东大的1800名留学生来自全球105个国家,将来南京企业在"走出去"之时,可以很好、很有效地依托这些学生来发展在海外的事业拓展。只要把留学生教育做好,其实就等于给南京,给江苏做了无形贡献。

邱斌建议,高校在留学生招生中,首先要配合国家战略,同时提高留学生招生质量:"比如我们江苏、南京产业结构,哪些更能推出国际产能合作,高校要有一盘棋的思想。高校在专业设置上,要配合省市设置专业。第二,建议要提高留学生招生质量,毕业后不仅为他们本国服务,也可能作为纽带,联系中国和他的母国。"(王晶卉)(《南京晨报》2015.10.21)

## "一带一路"语言达40多种,专家:加快培养小语种人才

20日在南京举行的首届"南京论坛"上,高校专家学者就南京乃至江苏如何对接"一带一路",献计献策。

为了响应"一带一路"建设,提高南京的城市综合竞争力,专家建议应及时设立南京国际商事仲裁中心。南京大学法学院教授范健说,"一带一路"沿线65个国家,各个国家之间经济政治发展水平不一,法律制度各有不同,这种差异为进一步开展经济合作、文化交流、基础设施建设带来了极大的困难。

专家们还建议,为满足"一带一路"建设的需要,江苏应加快培养急缺的"小语

种人才"。

"一带一路"覆盖的中亚、东南亚、南亚、西亚和东非五个地区的官方语言数量超过40种,而我国2010—2013年高校外语专业招生的语种只覆盖其中20种。在已招生的20个"一带一路"小语种中,11个语种的在读学生数不足100人。针对"一带一路"小语种,我省各高校都存在专业开设不多、生源不理想的现象。

南京大学俄语系主任张俊翔副教授说,作为覆盖"一带一路"10多个国家的俄语,招生情况也不理想。然而近年来,企业界瞄准未来与独联体"一带一路"国家的合作,对俄语人才储备的需求量却在成倍增长。(中国江苏网 新华日报2015.10.21)

## 小语种人才匮乏影响"一带一路"实施

"小语种人才是'一带一路'的急需人才。但从目前的情况看,人才匮乏将会成为影响这一重大战略的瓶颈。"2014年度中国语言生活状况报告近日在京发布,教育部语言文字信息管理司副司长田立新介绍了相关情况。

"一带一路"覆盖的中亚、东南亚、南亚、西亚和东非五个地区的官方语言数量超过40种,而我国2010—2013年高校外语专业招生的语种只覆盖其中20种。同时,"一带一路"小语种在校人数也偏少,2010—2013年已招生的20个"一带一路"小语种中,11个语种的在读学生数不足100人,波斯语、土耳其语和斯瓦希里语三个语种在50—100人之间,其余八个语种均不足50人。另外,在读学生的男女比例也严重失衡,2010—2013年,20个语种的招生总数为11445人,其中男生为2650人,女生为8795人,男生仅占23%,部分语种男生比例甚至不足15%。据了解,目前我国正在建立外语人才的资源库。(中国青年报2015.10.21)

## "一带一路"亟需小语种人才

近日记者在采访中了解到,随着"一带一路"构想的推进,中资企业走出去步伐不断加快。但在实际工作中,很多企业面临小语种人才瓶颈,为顺利"走出去"带来一定困难。专家建议,我国宜尽快制定"一带一路"小语种人才培养规划,扩充小语种人才"蓄水池"。

### 小语种人才匮乏

中国能源建设集团广西水电工程局有限公司一位负责人告诉记者,公司在非洲承揽了一批工程项目,主要集中在以葡萄牙语为官方语言的安哥拉。由于国内翻译人才短缺,高薪聘请的当地翻译又很难深入项目施工一线,导致我方基层管理人员与当地员工交流不畅。

据不完全统计,目前和我国建交的国家中,官方语言有上百种,其中90%以上为小语种,而我国仅开设50余种小语种课程。北京外国语大学教授文秋芳认为,我国小语种人才培养目前存在三方面问题:

第一,招生不均。"一带一路"覆盖的中亚、东南亚、南亚、西亚和东非五个地区的官方语言数量超过40种,而我国2010—2013年高校外语专业招生的语种只覆盖其中20多种。

第二,"丝路"小语种在校生人数偏少。2010—2013年,在已招生的20多个"丝路"小语种中,11个语种的在校学生数不足100人,三个语种在50—100人之间,其余语种均不足50人,且在校生男女比例严重失衡,男生偏少,无法满足用人单位驻外工作需求。

第三,培养模式单一。"丝路"小语种都在"外国语言文学"一级学科下招生,受学科名称所限,课程设置一般采用语言学和文学相结合的框架,学生知识结构单一,不能满足"一带一路"建设对既懂外语又有金融、通信等专业基础的复合型人才的需求。

**在市场驱动下服务国家战略**

文秋芳等学者认为,"一带一路"小语种人才缺乏,归根结底是我国外语教育长期以来存在的结构问题所致。

广西民族大学外国语学院院长覃修桂认为,当前我国越来越多学校开办英语专业,大量英语专业学生毕业后并不从事英语相关工作,造成教育资源极大浪费。"英语专业泛滥,重复办学现象严重。"他说,我国高校外语教育结构必须调整,要根据国家战略和市场实际需求,有的放矢培养小语种人才。

据一些高校外语教师介绍,学习小语种难度大,获得培训机会少,难免让学生望而却步。这也对小语种人才培养提出了要求:应当有步骤、有计划培养,避免人才浪费。

"当前我国缺的不是普通翻译,而是知识面广、视野开阔的高层次翻译人才。"广西民族大学东南亚语言文化学院院长刘志强说,应当改变"重语言轻应用"的培养模式。

对此,上海外国语大学越南语专业毕业的学生王苗深有体会。她认为学校不仅要重视语言学习,还应该开设与语种有关的政治、经济、文化方面的课程。"这些课程应该是有实在内容的,而不是很水的那种选修课。"她说。

**调整培养模式 扩大培养规模**

接受采访的学者指出,从现实情况看,当前我国高校若增设"丝路"小语种专业,可能面临教师短缺和难以吸引高素质考生的问题,同时本科生的培养周期为四年,难以解决燃眉之急。因此,以"丝路"小语种人才为典型代表的人才培养改革急需启动。

文秋芳等学者建议,我国宜尽快调整小语种人才培养模式,重新审视和规划"一带一路"区域非通用语种,广西、云南等地的高校应积极规划东盟语种、南亚语种教学建设,西北地区可以优先发展中亚国家语种,广东可以考虑南亚和非洲语言规划。

首先,选定一批重点高校建立"丝路"小语种强化训练基地,设立"丝路"小语种人才培养基金。由在校生自愿申请,在基地强化学习3—6个月后,成绩达标的可获得基金资助,前往该语种应用国学习三年语言。

其次,高校应该相应扩大小语种的招生规模,并在培养学生语言能力的同时,拓宽其对对象国及对象区域的知识面,使其掌握政治、经济、社会、文化等相关知识,为国家、为社会储备更多综合型专才,为国家经济进一步外向型发展提供良好基础。

最后,要改变外语学科的评价体系,为小语种教育发展创造良好条件。(《半月谈教育》2015.10.15)

# "一带一路"催热小语种专业

得知澜湄合作首次领导人会议即将举行,云南民族大学柬埔寨语专业的研究生任茂杨很是兴奋。因为他当初选择的"冷门"专业,乘着"一带一路"重大战略的实施特别是澜湄合作的东风,该专业如今却是越来越火热。

任茂杨的本科同学当年尚未毕业,就被各大用人单位预定一空。他本人也以本科学历应聘到云南师范大学当柬埔寨语教师,通常高校的教师必须具备博士研究生学历。不过,考虑到澜湄合作对小语种高级人才的需求,他选择了回校继续攻读硕士学位。

起源于青海唐古拉山的澜沧江,从我国西双版纳出境后被称为湄公河,先后流经缅甸、老挝、泰国、柬埔寨、越南,最后流入南海。澜沧江—湄公河既是联系澜湄六国的天然纽带,也是沿岸人民世代繁衍生息的摇篮,孕育了澜湄国家各具特色而又相亲相近的文化,形成了各国间历史悠久、深厚广泛的经济与人文联系。

20世纪90年代以来,澜湄流域区域合作机制逐渐多元化,目前已有澜沧江—湄公河次区域经济合作、东盟—湄公河流域开发合作、湄公河委员会等合作机制。3月23日,澜湄合作首次领导人会议将在海南三亚举行。六国将就推进澜沧江—湄公河合作机制建设、加强次区域国家全方位合作、促进地区一体化进程等深入交换意见。

在云南民族大学从教37年的刘晓荣教授认为,随着澜湄流域区域合作机制逐步深化,对小语种人才的需求会越来越大。"各国之间的经济、文化、商贸、旅游合作需要大量的非通用人才融入交流,而这些人才又能促进地区间的进一步交流和繁荣。"

作为与缅甸、老挝、越南接壤的云南省,早在2013年,就下发了《关于加快云南省高等学校小语种人才培养工作的实施意见》,成立了云南省高等学校非通用语种类专业教学指导委员会,对全省高校小语种教学和改革提供指导并组织研究,推动全省小语种人才培养工作。

刘晓荣介绍,自己所在的泰语专业有10名专职教师,其中8名有副教授以上职称,但是因为有300多名本科和硕士生需要辅导,泰语也成为全校公共外语课,加上政府部门的一些委托培养项目,刘晓荣感觉教学任务还是挺重。

截至2014年底,云南省高校已建成了11个国际人才培养基地,全力推进南亚、东南亚语种人才培养,云南省高校中学习小语种的在校生已达5.5万人。目前,在滇高校开设的小语种专业已达十余个,包括泰语、缅甸语、越南语等,每年培养出大批小语种人才,就业形势较好。

云南民族大学越南语专业大四学生祁雅梦告诉记者,这几年越南语专业学生越来越好找工作,除了中国在越南开办的企业或越南人在中国开办的企业外,一些IT公司和政府部门也在大量招聘。"不开玩笑地说,我们都不用出去找工作,他们上门来招聘。"

"一江通六国",刘晓荣介绍,现在周边国家都在兴起"汉语热",一方面需要大量的语言人才担任中小学教师,另一方面也助推了合作的深化。"现在澜湄国家之间合作越来越密切,交通路网也在不断完善,未来翻译人才需求还将进一步加大。"

(袁雪莲 白靖利)(新华社2016.3.23)

## "一带一路"大战略带动中国内地小语种热

"俄罗斯圣彼得堡大学、莫斯科语言大学开设的外语语种超过100种,美国蒙特雷地区培养外语人才超过 200 种,英国社区公共服务使用的语言超过 150 种,但是在中国,进入教育部本科专业目录的外语语种目前还不到 70 种",广东外语外贸大学校长仲伟合 7 日接受记者采访时透露。

"我们在国家层面忽略了战略性外语人才的储备",仲伟合直言,在国际交流日益深入广泛的当前,特别是在国家"一带一路"大战略下,语言问题已成为对外文化传播、新丝路建设的瓶颈之一。

据了解,目前和中国建交的 175 个国家中,通用的语种约 95 种,而内地仅能开设 54 种语言课程。"一带一路"所覆盖的中亚、南亚、西亚等地区,涉及官方语言达 40 余种,而目前内地教授的语种仅 20 种。

仲伟合表示,除了英语专业外,广东外语外贸大学在原有 19 个小语种专业的基础上,2015 年将新增马来语和乌尔都语两个专业;未来五年,学校还将根据"一带一路"的战略发展需求,再增加三至五个使用人口多、战略意义大的小语种专业,如希腊语、土耳其语、塞尔维亚语、瑞典语等。

据报道,不久之前,北京外国语大学也新增开设了蒙古语、泰米尔语、孟加拉语及菲律宾语 4 个语种,格鲁吉亚语、亚美尼亚语、摩尔多瓦语等 11 个小语种专业也在申报中。

小语种受到了青年学子的青睐。来自广东外语外贸大学印尼语专业的大四学生徐珊告诉记者,学习小语种给自己带来了非同一般的竞争优势,"我已收到珠海市社会发展研究所的工作邀请,并且在薪酬待遇方面比非语言专业和英语专业的同学都要高一些。"她表示,如果自己选择外派到印尼,薪酬将会比在国内更高。根据广东外语外贸大学的统计,该校像徐珊这样的小语种专业在校生约 2100 人,每年约有 500 人毕业。

与此同时,随着更多小语种专业的开设,师资方面的需求也在增加。"我们学校东南亚小语种专业都会配备 1—2 名华裔外教",仲伟合表示,很多东南亚华侨华裔不仅懂汉语,同时也精通所在国语言,这对语言教学和翻译教学将会起到重要作用。(中国新闻网 2015.5.7)

## 助力"一带一路",小语种有大前景

随着英语在国内普及程度越来越高,前往欧美地区留学的学生也越来越多,熟练掌握英语,逐渐成为许多求职者的标配。如今,"学好英语"已经满足不了大型企业的用人需求,掌握至少两门外语的求职者在就业市场上的竞争力更强。而随着中国"一带一路"战略的实施,小语种专业学生更是迎来了无限光明的就业前景。

### 留学性价比高

据了解,目前和中国建交的 175 个国家中,通用语种约 95 种,而国内(港澳台地区除外)仅能开设 54 种语言课程。"一带一路"所覆盖的中亚、南亚、西亚等地区,涉及官方语言达 40 余种,而目前国内教授的语种仅 20 种。"一带一路"战略的实施,在国内掀起了小语种热潮。近来广东外语外贸大学、北京外国语大学等各大外语高校纷纷开办小语种新课程,小语种专业发展前景可谓一片光明。

传统意义上的"九大小语种"指法语、德语、意大利语、西班牙语、葡萄牙语、俄语、日语、韩语与阿拉伯语。与英美澳加等传统留学国每年数十万人民币的费用相比,留学小语种国家显得实惠得多。

在意大利、法国、荷兰等欧洲国家,绝大部分公立大学免收学费,也有部分学校要收取学费,通常为每年五万人民币,算上生活费以及其它杂费,一年支出为十多万元,而且许多国家还针对留学生设立了丰厚的奖学金。留学性价比高,使得这些国家受到越来越多中国家长的青睐。

### 就业形势火爆

近年来,国内职场对小语种人才的需求持续增长,学习小语种的学生无论在国外还是回国就业都很受欢迎。据蔚蓝留学的冯老师介绍,以西班牙语为例,每年国内培养出来的人才远远满足不了就业需求。

"现在,英语仅仅是作为一种工作交流的工具,不再具有绝对的就业优势。职场上最紧俏的是那些具备专业知识、又掌握了小语种能力的人才。近年来,从法、德、俄、意等小语种国家留学归来的人才,在就业市场上尤为抢手。"

### "技多不压身"

曾经留学日本的张亚雯目前就职于深圳某日企,为了寻求更好的职场发展前景,已经熟练掌握英语与日语的她还在学习俄语。谈到学习小语种,张亚雯表示,能够从同级毕业生中脱颖而出,很大的原因就是自己在大学期间自学日语并考取了等级证书。

"技多不压身,掌握了中日英三门语言,使得我在职场上'如鱼得水'。现在越来越多国外企业正在开拓中国市场,多掌握一门外语,未来就多一分选择。"

不过张亚雯指出,小语种的就业取决于语言掌握的熟练程度,听说读写是否经得起实战的考验。"学语言不一定需要天赋,但绝不要抱着蒙混过关的心态去考级,因为学语言的最终目的是应用,不能熟练应用,有再多的证书也没用。"

## 小语种分布国家及就业前景

葡萄牙语:7 个

有 5 个葡语国家在非洲,非洲也是目前葡语就业的主要战场。其中,安哥拉是中国在非洲的第一大贸易伙伴,另外,莫桑比克也与中国保持着很好的经济关系。巴西也是葡语人才的重要阵地。巴西、中国、俄罗斯、印度目前被称为"金砖四国",经济发展潜力巨大。

值得注意的是,葡萄牙本国因为经济形势严峻,反而无法提供更多就业机会。

西班牙语:20 多个

讲西语的国家有 20 多个,而国内开设西班牙语专业的院校只有 20 多所。目前西班牙语是升温最快的,一方面是由于美洲国家留学市场的开放,另一个方面是市场对西语人才有了更多的需求。

西语国家大部分集中在拉丁美洲,对中国经济依赖程度不高,西语人才的需求相对稳定。目前良好的就业形势得益于物以稀为贵的法则,有预测认为,开办西语专业的院校这几年会激增,西语就业未来可能不会再有明显的优势。

法语:40 多个

法语是除英语之外,使用国家最多、涉及范围最广的语种。不过就业情况并不理想,现在的法语专业很像是非洲预科班,为非洲源源不断地输送翻译人才,因为讲法语的国家多半分布在非洲。

值得注意的是,现在法语专业的毕业生太多,开设法语的院校 5 年间翻了一倍,赴法留学生也在陆续归国,这都给法语专业的就业造成了冲击。

德语:5 个

德语专业人才的就业形势一直很稳定。近年来,由于留学政策的调整,德国留学处于低谷,德语培训招生人数略有下降,不过,对德语专业的人来说,竞争者减少也许是好事。

日语:1 个

日本拥有的世界 500 强企业数量排全球第二,由于地缘关系,大量日企在中国投资建厂,吸收了大量日语专业毕业生。不过由于日企的文化因素所影响,外国人在日企很难得到好的晋升机会,但工资水平较高。

意大利语:1 个

意大利语没有一个能大量吸收毕业生的领域,但因为开设院校数量少,招生人数少,加之意大利留学政策不太稳定,导致意大利留学生不多,因而就业竞争压力不大。

俄语:10个

除了俄罗斯,俄语在其他国家都不是唯一通用的语言,比如在乌克兰等国家,俄语地位正面临被削弱的趋势。俄罗斯经济这些年复苏得很快,中俄贸易很活跃,对相关人才的需求逐渐增加。

阿拉伯语:20多个

阿拉伯语国家主要分布在西亚、东非和北非。阿语毕业生的就业跟石油紧密相关,学习阿拉伯语的女生相对难找工作。另外,阿语国家缺乏知名企业,学阿语进外企的想法比较不切实际。

韩语:2个

在华投资的韩企多为二三线城市的小公司,集中在山东、东北、江浙、广东等地。

在9个小语种中,韩语专业的含金量偏低。很多企业招人,只要求有大专或高中以上学历水平。一是因为韩语相对容易掌握,二是中国很多朝鲜族人天生就是中韩双语人才,三是目前在华韩国留学生和职员众多,对韩语翻译的依赖性很小。(王亦琛)(《南方教育时报》2015.5.15)

# 小语种大用途,填补"一带一路"交流空白

今年高考第一天,永州市宁远县第一中学考点有一个只有一个考生的特殊考场,他是宁远县近年的第一个小语种考生,他报考的外语是日语。据招生考试规定,高考生在报名时,外语科除英语外,还可填报日语、俄语、德语、法语等小语种。

而正在北外小语种专业读大一的张文博并不是小语种考生。"因为对小语种感兴趣,我小学五年级就去学了西班牙语。"北京外国语大学亚非学院2015级泰语专业学生张文博说道。"你会几种语言?"张文博谦虚地说:"英语、西班牙语、泰语、韩语和一点点阿姆哈拉语。"

### 小学生爱上小语种 致力于外语交流路

什么是阿姆哈拉语?张文博告诉未来网记者这是近年开设的小语种之一。

在和张文博的交流中,记者得知这个姑娘对外语是发自内心的热爱。她向记者讲述了她的外语学习之路。"因为从小就非常喜欢语言,那时候听到不同的语言就会很兴奋,觉得每种语言都很美。于是,小学五年级的时候就开始学西班牙语,

那是我学习的第一个小语种。就是从那个时候开始,决定了我以后要学习小语种。"

可是,无论是小学,还是初中、高中,当我学习小语种时,周围的很多家长都不太理解,他们认为这些阶段的主要任务是学习,学小语种没什么用。"幸运的是,我的爸爸妈妈是特别支持孩子兴趣的那种家长。"张文博开心地说道。

**为啥选择小语种?**

张文博说:"最主要的还是兴趣,很享受学习小语种的过程。我很喜欢有一天能和外国人自由对话,还能充当别人交流媒介的感觉。"

**看好小语种就业前景 学生信心满满**

张文博虽然从小学习小语种,但由于不是外国语高中的学生,所以也参加了千军万马挤独木桥的普通高考,被北外的小语种专业录取。"高中的时候我也自学了些韩语,当时就想着一切顺其自然,就算没能考上外国语大学,还是会继续学习小语种,因为这是我的兴趣。对于高考的感觉就是写了几页纸,高中生涯就波澜不惊地结束了。"对于刚刚过去一年的高考,张文博说得非常平淡。

考上了北外泰语系后,张文博乐此不疲地看泰剧、听泰语歌。

未通过自主招生考试,也是参加全国高考统考被北京外国语大学提前批次录取的亚非学院 2015 级韩语国际商贸专业学生谢冉迪表示,她是高考结束以后,才结合自己的性格和兴趣,在比较倾向的经济学与小语种中,选择了小语种专业。"虽然当时报专业的时候并不知道如果被北外录取了会学什么语种,但是想到可以了解一种语言、一个国家、一种文化就很期待。"谢冉迪说,"能在四年学习期间掌握一门语言很吸引我,期间不仅有出国留学的机会,而且学习小语种也不会落下英语。"

对于小语种的就业前景,谢冉迪信心满满,她说,因为学的专业是韩语和国际商务结合的专业,所以想在韩企从事营销工作,并期待把韩语和英语作为技能,掌握更多的经济知识。

张文博则以后打算做翻译,偏向会场口译方向。

**加快小语种人才培养 助力"一带一路"贸易发展**

大家对西班牙语、韩语和泰语应该都不陌生,而阿姆哈拉语则是随着"一带一路"的发展,近年才开设的小语种之一。

阿姆哈拉语是埃塞俄比亚的官方语言,2013年9月,北京外国语大学才决定增设阿姆哈拉语。

据统计,中国连续多年成为埃塞俄比亚最大的贸易伙伴、最主要的外资来源和工程承包方。2014年双边贸易额达34亿美元,同比增长55%,截至2014年底,中国对埃塞俄比亚直接投资存量达9.1亿美元。随着"一带一路"的发展,中埃两国的贸易合作日益紧密,而且,在"一带一路"沿线各国与中国的合作项目中,都不乏相关小语种专业毕业生的身影。遗憾的是,中国懂阿姆哈拉语的人寥寥无几,"一带一路"沿线许多国家所用语言的教学,在我国仍是空白,特别是一些非通用语种。

2015年12月19日,北外校长彭龙在"第二届非通用语战略发展高端论坛"上宣布成立首个"一带一路"语言教学与研究中心,并逐步开设所有与我国建交国家所用语言的教学。彭龙说:"北外力求到2020年覆盖世界上主要地区的语言,涵盖所有与我国建交国家语言,其中包括大量'一带一路'沿线国家语言。"

据不完全统计,目前和我国建交的国家中,官方语言有上百种,其中90%以上为小语种,而我国仅开设了50余种小语种课程。2016年两会上,全国人大代表、民革广西壮族自治区委员会副主任委员莫小莎建议"尽快调整我国高校外语教育结构,加快'一带一路'小语种人才培养。"

"推进'一带一路'国家战略,语言人才培养不容忽视。"全国政协委员牛立文在全国政协十二届四次会议上如是说。

上海外国语大学校长曹德明表示,"当今世界正步入'多语种+'时代,高校必须积极为国家储备未来需要的人才。上海外国语大学校长计划三年内再增加10门语种专业或课程,将'一带一路'战略发展落到实处。"(李盈盈)(未来网2016. 6.10)

## 小语种人才成"香饽饽"

前天,由教育厅主办,广东外语外贸大学承办的广东省2017届高校毕业生供需见面活动(外语、外贸、涉外、管理类专场)在广东外语外贸大学白云山校区举行。本场供需见面会有近250家用人单位进场,提供了近5000个就业岗位。

广东外语外贸大学副校长刘海春介绍说,广外今年就业情况总体比去年要好,考公务员的人数基本持平,但是进入名企的学生数量明显增加。在招聘会现场,记者看到大部分的跨境电商企业都在招聘小语种人才。深圳某科技有限公司负责人告诉记者说,他们公司希望招聘德语和法语的运营员,一个上午收到五六十份简历,但是来自小语种专业的几乎没有,只有几个日语专业的学生。

近年来,在"一带一路"政策的影响下,广东外语外贸大学小语种专业就业率大幅度增长。刘海春校长说,有些企业要意大利语专业的学生9人,但是广外整个意大利语毕业班学生才20几个人,基本企业都招不够小语种专业人才。他说,学生和家长总有一个误区,就是选哪种语言就要在哪个国家就业,因此一些印尼语、柬埔寨语、老挝语等专业一直以来都比较冷门。但是实际上并非如此,很多跨国企业在中国设有办事处,且随着越来越多的中国企业拓展业务到东南亚地区,这些小语种人才都将成为就业的"香饽饽"。(《南方都市报》2016.12.6)

## 缺人才 报考热——小语种,冷热之间

在近日召开的全国留学工作会议上,"小语种人才缺乏"这个问题再次被提出来。

随着国际交流的进一步深化,一些专家的"预言"得到了证实:"小语种"虽然"小",需要的人才却很多。这次会议还出台了《外语非通用语种人才培养意见》——目前和我国建交的175个国家中,通用的语种约95种,而我国仅能开设54种语言课程,预计到2017年,这个空缺将被完全填补。

未来,小语种规划还面临哪些问题?在小语种人才培养上,我们和发达国家还存在哪些差距?如何全面看待"小语种热"这个问题?在小语种热的背后又有哪些需要注意的方面?

### 小语种,热在哪

非通用语种,也被称为小语种,是指那些在国际交往中使用范围不是很广泛的外国语言,特指英语、俄语、德语、法语、西班牙语、日语和阿拉伯语之外的其他所有语种。近年来,在高考填报志愿时,不少小语种专业成了广大考生和家长追捧的"香饽饽"。每年仅全国本科院校的小语种招生人数就超过5000人,在各地专科层次的招生更是数以万计。

以上海外国语大学为例,在开设的26个语种专业中,每年报考小语种专业人数均爆满,学生生源质量普遍较高,其中甚至不乏来自各省市的高分考生。从就业情况看,国内各外语院校小语种毕业生,因其特有的语种特殊优势,培养取向明确,就业渠道相对稳定,有相对固定的用人单位,且以国家事业机关、驻外使领馆以及海外企业为主。即便是地方院校和民族院校培养的小语种外语人才在服务当地区域经济和社会发展等领域,也发挥着重要作用,大有"用武之地",成为就业市场上的"新宠",为此备受考生的青睐。

我国小语种教育起源于 20 世纪 50 年代,当时,由于严峻的国际形势和东西方两大阵营的对抗,为加强与亚非国家和东欧国家的友好交往,国家高度重视并逐步开展非通用语种外交外事人才的培养工作。60 多年来,中国非通用语种教育从无到有,从弱到强,几经波折,在深化教学改革、优化师资队伍,改善教学条件,提高教育质量和办学水平,培养高水平外语人才等方面已经取得有目共睹的成就。特别是进入 21 世纪以来,随着改革开放及全球化进程的加速,中国的外交、政治、军事、经贸、文化和教育迅速发展,国家对小语种外语人才的需求与日俱增。2001 年,教育部在北外、上外、广外、北大、中国传媒大学等八所高校设立"国家外语非通用语种本科人才培养基地",重点规划培养高层次小语种人才。目前北京外国语大学能够开设 54 个非通用语种课程,是国内开设小语种专业最多的高校,在语种上已经完全覆盖欧洲所有国家。

此外,市场导向对于"小语种热"的产生也起到了推波助澜的作用。由于市场对于小语种人才的"热捧",不少高校都开始设立小语种专业,目前国内开设朝鲜语专业的各类院校就超过 200 家,仅上海就有 10 所高校开设朝鲜语课程。随着中国与巴西、葡萄牙、安哥拉、莫桑比克等国家在外交、文化、贸易等方面往来日益密切,葡萄牙语专业的市场需求愈趋旺盛,在国内持续走热,国内开设葡萄牙语的高校超过 20 家,而开设意大利语专业的高校也达到 14 家。与英语专业毕业生相对"过剩"的尴尬局面相比,小语种专业却是"风景这边独好"。

**小语种建设还有不足**

然而,面对日益升温的"小语种热",我们也要保持冷静,全面思考在新时期我国非通用语种教育规划中存在的现实问题,众所周知,语言是人类最重要的交际工具和认同标志,在政治、经济、军事、文化、教育等领域发挥着无可替代的重要作用,是一种特殊的战略资源,在综合国力中占有重要的一席之地,是国家战略能力的基本要素之一。从某种程度上讲,一个国家的非通用语种数量和质量是国家外语能力强弱的重要标志之一,非通用语种在满足国家现实特种需求,维护和拓展国家利益等方面具有重要战略价值和意义。

首先,在语种数量方面,我国目前开设的小语种专业和课程明显不足。美国早在 20 世纪 50 年代就在"国防教育法"中将汉语、俄语、朝鲜语等社会主义国家的语言列为重要外语,资助并鼓励大中学生学习。"9·11"恐怖袭击发生之后,美国更是从国家战略高度出台"关键语言"战略,政府和军方更是斥巨资支持各大高校对危及"国家安全"的语种课程学习。仅哈佛大学就能开设 90 个语种课程,该校非洲研究拥有 24 种非洲语言课程,其中很多语言的名称在我国少有耳闻。据统计,目前美国大学拥有 270 种语种的教学能力。此外,英国、法国、德国、俄罗斯等国家的部分高校都具有开设上百个语种课程的教学能力和研究能力。

相比之下,我国目前在非通用语种课程开设和教学数量上都还很不够。在与我国建交的 175 个国家中,至少涉及了 95 种语言。但是,目前中国仅有一所高校能够开设 54 种非通用语种课程,其中不少语种还是近几年在有关部门重视和关注之下才陆续开设的。国内其他几所外国语大学的非通用语种课程都不超过 20 种,这显然跟不上当前国家的需要。

其次,现有非通用语种主要以欧亚为主,但面向非洲等语言资源丰富、语言文化多样化地区的语种却很少,这在某种程度上反映出现有非通用语种分布和布局存在不均衡之处,各地语种布局并不合理,除军队院校之外,语种开设较多的高校主要集中在北京、上海、广州等外国语大学,以及云南和广西等具有跨境语种的地区,而不少综合性大学和其他地区高校的小语种专业和课程相对匮乏,很多高校的外语学院,仅能开设英语、日语等通用语种专业。众多高校外语语种单一,势必带来学科同质化倾向明显,更无法满足国家对各类外语人才培养的需求。以泰语为例,在整个华东地区,仅有上海外国语大学一所高校能够开设泰语专业,这与近年来中泰经贸联系和交流日益密切的大环境是极不相称的。

除了语种数量缺乏和布局不合理之外,非通用语种教育质量也不平衡。相对而言,朝鲜语、葡萄牙语、越南语等语种教育质量较好,办学层次较高。其他语种除了存在语言难度与语言距离差异等语言本身因素之外,师资水平和教学条件极为有限,教学质量相对较弱,一些专科层次的高校师资和办学条件更是令人担忧。小语种发展中出现的这些问题都直接制约和影响中国在海内外处理各类事务的国家外语能力。无论是对中国企业走出国门,还是维护国内社会安全(仅广东东莞的外国人监狱就有来自非洲和南亚地区共计 48 种语言),都会带来各种现实语言障碍问题。

我国非通用语种教育中存在的问题,有着客观历史和现实原因,但都与缺乏全面系统的小语种战略规划不无关联。一方面,自新中国成立以来很长一段时间内,我国外语教育在语种规划方面一直都是"一边倒"地学习俄语,改革开放后至今,英语在外语专业教育中的比重竟高达 95% 以上,非通用语种规划一直没有得到应有的重视,致使其发展空间极为有限。另一方面,现阶段小语种发展受到市场化导向的影响,各类高校在缺乏必要的专业论证的背景下,争先恐后地开设一些小语种专业(如朝鲜语专业),盲目提高招生规模,进行大量低层次重复建设,没有将更多精力放在对接国家和区域问题的语种选择和语种均衡发展上面。因此,从国家战略视角开展非通用语种教育规划势在必行!

### 如何建立小语种人才"蓄水池"

当前中国正从本土区域大国向国际经济强国转型,在国际舞台上发挥着日益重要的作用。我国非通用语种教育必须对接国家战略,从以市场导向为主向服务国家重大战略需求转向。

首先,非通用语种规划要服务"一带一路"国家战略大局。中国是世界上邻国最多的国家,拥有29个周边国家,自2013年以来,周边外交成为中国外交战略的重要任务之一,从政治到经济,周边外交已经步入全面发展期,因此,周边国家语言的战略价值不言而喻,特别是在"一带一路"战略需求下,重新审视和规划这一区域的非通用语种已成当务之急,例如,地处西南边陲的省份就可以加强印度和巴基斯坦等国的语言规划;广西、云南等地的高校应该积极规划东盟语种、南亚语种建设;西北地区可以优先发展中亚国家语种;广东就可以考虑南亚和非洲语言规划。这样既有效利用各自跨境语言优势,因地制宜发展相关小语种专业建设,又可服务于中国周边外交战略。

其次,非通用语种规划要有助于拓展中国海外利益。非洲和拉美地区都具有重要战略资源,是中国海外经济利益的主战场。有学者指出,熟悉和掌握对象国语言文化,可以在很大程度上规避海外投资风险。因此,有关部门可以在国家非通用语种基地高校科学合理布点,在未来3—5年内增设更多的语种专业,向世界各国派遣小语种外语留学生和区域国别研究人员,同时还要建立关键外语语种人才储备机制,制定完整全面的国外语种专业和课程。

最后,非通用语种规划要应对非传统安全风险。随着中国国际地位的日益提升,需要在世界范围内履行一个大国的国际义务和责任,在参与处理国际公共安全问题时,如联合国维和部队、维和警察、派遣国际医疗队等国际事务,以及处置跨国毒品走私、非法移民、恐怖主义以及抗震救灾等突发事件的时候,都对相关人员掌握当地非通用语种能力提出新的要求,这有助于降低和化解由此可能带来的非传统安全风险。为此,国家应在专业外语院校建立非通用语种应急外语人才资源库,建立高层次多语种外语人才"蓄水池",随时应对并及时解决各类非传统安全带来的语言问题。(沈骑,上海外国语大学中国外语战略研究中心专职研究员)(《光明日报》2014.12.18)

## 延伸阅读

## "一带一路"背景下小语种专业面临的挑战和对策

2013 年 9 月 7 日上午,习近平总书记在哈萨克斯坦作重要演讲,提出共同建设"丝绸之路经济带"。随着"一带一路"战略的提出,全国各大高校也纷纷就如何培养符合"一带一路"背景下的小语种人才展开论坛。"一带一路"战略的实施,对高校现有小语种专业的发展提出了新的要求。现有小语种专业,特别是日、德、法三个专业,既面临着前所未有的挑战,又迎来了新的发展机遇。

**一、现有小语种的现状(以日、德、法三个专业为例)**

在我国,广义上将英语以外的语种称之为"小语种"或非通用语种。泛指日语、德语、法语、韩语、西班牙语、阿拉伯语等政府通用语种。"小语种"里日、德、法三个专业,是仅次于英语的三大外语类专业,也是目前面临最大挑战的小语种专业。

(一)现有小语种专业的数量,不能满足当前市场的需求

"一带一路"沿线 60 多个国家、40 亿人口、几十种语言,目前开设的小语种专业,远远不能满足于"一带一路"发展的需要。以西安外国语大学为例:目前开设的小语种专业仅有日语、德语、法语、俄语、印地语、泰语、葡萄牙语、意大利语、韩语这 9 个语种,很显然目前开设的语种数量还远远不够,也无法满足人才市场的需求。

(二)小语种日、德、法三个专业的学生数量,过分饱和,超过了市场需求

在小语种专业里,日语是仅次于英语的第二大语种,含各类二级院校及高职在内,共有 418 所院校开设了日语专业。每年的毕业生高达近 23000 人,而毕业生仅对于日本工作(仅有日本使用日语)。

法语是小语种专业里仅次于日语的大语种。法语也是使用国家最多、涉及范围最广的语种。目前,讲法语的人 42% 生活在欧洲,39% 在非洲。全球讲法语人数超过两亿,学习法语的人数也明显增加,已接近 1100 万人。

德语是德国、奥地利的官方语言,也是瑞士、比利时、卢森堡的官方语言之一。全国有 70 多所大学开设了德语专业,每一年的毕业生接近 15000 人。

(三)现有的小语种人才培养目标不符合市场需求,就业率低

小语种专业的毕业生面临的问题是:一方面由于专业水平层次较低、专门语言空白、动手能力不足等原因找不到工作;另外一方面却是用人单位招不到满意的专业人才。

## 二、日、德、法三个专业面临的共同挑战

十年前曾经一度火爆、备受瞩目的日、德、法三个专业,现如今已经从当初的"香饽饽"变成了"冷馍馍",是什么原因导致日、德、法三个专业面临如此严峻的挑战? 现就小语种日、德、法三个专业存在的普遍问题做以下分析:

(一)盲目扩招导致生源质量下滑,毕业生质量不高

(二)人才培养目标不明确,课程体系不科学

(三)过分注重专业语言的学习,忽略"专门"语言

(四)人文素养严重缺失

(五)学制短,企业要求高

(六)高端复合型、涉外翻译人才缺失

(七)由于母语薄弱影响其理解能力、以及翻译水平的提升

(八)英语水平较低,限制其发展

(九)动手能力差,缺乏社会实践

(十)学习目标不明确

## 三、日、德、法三个专业各自所面临的不同问题

(一)日语专业面临的挑战

1. 受当前中日关系的影响

2. 受"安倍经济学"的影响

3. 受母语的影响

4. 受仇日情绪的影响

5. 受日本经济衰退的影响

(二)德语专业面临的挑战

1. 受德语自身特点的影响

2. 德国企业对英语水平要求较高,受自身英语水平的影响

3. 德语并不是德国政府的唯一官方语言

(三)法语专业面临的挑战

1. 法语发音难、难"开口"

2. 语法结构复杂,不利于中国学生学习

3. 法语多面向非洲,工程类工作较多,由于专业水平低,无法胜任工作需要

## 四、"一带一路"背景下建设小语种人才培养的立足点

"一带一路"是国家对外发展的重大国家战略,是中国经济发展取得巨大成就时为国际社会提供的一项重要"公共产品"。各大高校应坚持国际化办学战略,创新举措,并结合学校办学资源,充分发挥智库作用,为"一带一路"战略目标的实现

制定相应的对策。

（一）小语种人才的培养,应符合国家中长期教育改革和发展规划纲要的指导思想和总体目标,符合国务院现代职业教育体系建设规划(2014—2020 年)精神,符合"一带一路"战略实施发展的需求。

（二）小语种人才的培养,应体现在实际综合技能的水平上,而不是单纯的体现在语言应用的能力上。其人才的培养应服务于定位的水平,要结合市场的需求从社会服务、技术应用和学习深造三个维度,来培养符合市场需求的技术应用型人才,才是"小语种专业"发展的根本。

（三）小语种人才的培养,应紧密结合各大高校的自身优势,培养出更多的"特色"人才、"专门"人才。通过优化课程设置,联合校企合作办学,创新应用技术型人才培养模式,大力提倡"双兼职"师资队伍的整合,通过优秀教学团队的建设,使实践教学和理论课程建设紧密结合,为社会更多地培育出更具特色、符合社会需求的技术应用型人才。

（四）通过探索技术型、应用型、复合型人才培养的教学模式和方法,有效提高就业率,并促进小语种专业的教学质量得到进一步提高。在不断地实践教学中,提高学生的实践能力和创新能力,使教师队伍在组织结构、过程管理和教学质量上协调发展,形成可持续发展的良好机制,基本适应"一带一路"建设与发展的需要。

（五）突破小语种专业过于理论化的"瓶颈"

通过分析岗位职业能力,订制专业人才培养目标,突出小语种专业学生个性的培养方案,提高人才培养质量,促进小语种专业更好、更快地发展。建立完善可行的课程体系,对于就如何更好的培养出服务于"一带一路"背景下小语种人才的教学改革具有重要的现实意义。

**五、"一带一路"背景下建设小语种的对策**

（一）由上至下开设专业

（二）增设"一带一路"沿线小语种专业

（三）拓展面向非洲的小语种专业,加强对非洲的认识

（四）依据地域特点,开设优势专业,加大"俄语"人才的培养力度

（五）外语学习不能"一边倒",应注重"技能"培训

（六）小语种专业应强调人文素养的学习

（七）加强母语的学习,使汉语"走出去"

（八）加大小语种复合型人才培养的力度

（九）不但要"走出去",更要"请进来"

（十）延长学制,最好从初中开设小语种专业

（十一）鼓励继续深造，扩充高端复合型、涉外翻译人才的队伍

（十二）小语种专业加设国际关系、宗教信仰等课程

（十三）提倡教师双语教学、甚至于多语种教学

（十四）加强英语的学习，加大跨境类电子商务涉外专业的学习

（十五）大力发展校企联合办学，提高学生的动手与实践能力

（十六）在专业设置上向小语种专业倾斜，积极与沿线国家大学对接

（十七）建立小语种人才储备机制

**六、结语**

2014 年 12 月光明日报，沈骑发表了关于"小语种，冷热之间"的评论，称："小语种"虽"小"但需要的人才却多。在小语种人才培养上，我们一定要全面看待问题，在面对小语种"热"的同时，也要保持冷静，找出高校小语种在发展过程中的不足，为"一带一路"战略的实施，培养更多的复合型、高素质涉外翻译商务人才。人才的培养应紧跟国家政策的需要，既要能够服务于地方经济，又要满足于市场的需求。因此各大外语类高校，在扩大外语多语种专业的同时，学院需依托语言课程和专业课程优势，不断加大引进国外优质教育资源力度，主动对接外语母语国家高校，使语言类专业学生和其他应用类专业学生能够到外语母语国家研修或培训，亲身感受当地语言和社会环境，接受其文化熏陶，开拓国际化视野，从而为学习掌握外语专业基础知识和技能打下坚实基础。各大学院还应该在优化现有小语种的基础上，继续新增外语语种，加大国际化办学力度，为我省融入"一带一路"建设提供强大的外语类"人才资源库。"（陈丽，西安翻译学院小语种教研室主任）（《鸭绿江月刊》2015 年第 11 期）

## "一带一路"战略背景下小语种人才培养的困境和出路

随着"一带一路"国家战略的加快推进，中国制造、中国文化的"走出去"步伐也在不断加大。"一带一路"从地域跨度上贯穿亚欧非大陆，涉及到的不同国家官方语言 40 多种，而目前我国有一定教学规模的小语种语言仅有 20 种左右，语言问题已成为对外文化传播、新丝绸之路建设的主要瓶颈之一。因此，合理布局"一带一路"小语种人才培养，通过深入开展需求分析和调研，制定相应招生计划和人才培养实施方案成为当务之急。为此，近年来，笔者所在四川外国语大学成都学院依托自身在小语种人才培养方面的优势，以实际行动积极响应国家"一带一路"，有条件有步骤地扩大小语种专业及招生人数，加强小语种师资队伍建设，并积极借鉴免费师范生培养的宝贵经验，对报考小语种专业的学生给予特殊补贴和其他政策优惠支持，鼓励和引导学生报考小语种专业，在吸引优质生源上取得了显著的成

效。但是同时,在小语种专业人才培养过程中也凸显出一些典型性问题。

**一、小语种专业人才培养所面临的困境**

笔者通过自身的教学实践发现,目前的小语种人才培养至少存在以下三个方面的问题:

首先,小语种各专业招生分布不均。学生们更热衷于报考日语、德语、法语、葡萄牙语和西班牙语等热门语言专业,而对老挝语和蒙古语等则乏人问津,从而导致招生专业分布的严重不均。一方面,热门专业学生数量的激增所带来的人才过度饱和,远远超出了市场的需求,无形之中缩减了就业的机会,增加了学生的就业压力;另一方面,冷门专业学生的稀缺导致"一带一路"战略人才储备远远不足。

其次,过分注重专业语言的学习,而忽略综合素质的提高。教育环境、师资素质和培养目标定位等不利客观因素和传统专才培养模式的缺陷造成很多小语种专业的毕业生所面临的实际问题是:语言能力出色,但是知识结构单一,缺乏对其他专业领域知识的系统性学习,因此无法满足"一带一路"建设对既懂语言,又了解国际经济贸易和区域政治文化等复合型人才的需求。

此外,传统的小语种教学方式重知识轻能力,重灌输轻探究,重教法轻学法。语言只有在交际中才有生命,学生们只有在使用语言的过程中才能够真正掌握语言。然而,在小语种的实际教学实践中,老师们并非把小语种作为语言工具,更多的是当作语言知识在教,强调语法,强调课堂内的教学。因此,学生们在学习了多年的小语种后,却难以利用所学语言开展有效的沟通和交际,也习惯于被动式地去参与学习过程,亦步亦趋,缺乏自主性和创造力。

**二、应对的策略**

(一)制定合理的小语种学科专业布局

充分调研人才市场,准确、动态性地评估国内外市场对于各类小语种人才的实际需求,合理控制招收规模,精心布局各小语种专业的人才培养数量分布;引导学生更加长远地、理性地看待小语种专业的"冷"与"热",不盲从,不偏听;积极地同社会企业开展合作,有条件地实施联合培养或定向培养,搭建小语种人才输出与企业特需人才引进的纽带,不断开拓高质量人才培养、市场需求供给、国家战略储备支撑的多赢模式,让家长和学生们也意识到小语种专业的广阔发展前景。

(二)尝试与国外大学开展联合培养

通过开展"2+2"或者"3+1"人才培养模式,有条件地选派学生到小语种对象国及对象区域开展联合培养学习。一方面在实际语言环境中提升学生的语言运用能力,另一方面引导他们深入了解对象国及对象区域的特定国情和民俗,使其掌握历史、政治、文化及经济方面的相关背景知识,为"一带一路"战略储备更多综合型人才。此外,应该多渠道支持"小语种"任课教师赴对象国及对象区域进修学习,教师在国内生活和学习的经历,将有助于他们拓宽国际视野,开拓教学思路,掌握先进的教育理念和教学方法,提高个人综合素质,反过来又将极大的促进人才培养的质量。

(三)复合型人才培养目标的定位

以语言技能培养为主的传统小语种人才培养目标已无法满足"一带一路"战略的需求,因此,高校小语种专业应树立语言能力培养与专业素养塑造相结合的复合型小语种人才培养目标。学生们学有所成以后,应该是:不仅具备娴熟的语言应用能力,而且还应至少兼具对对象国及对象区域的历史、社会、文化、经济等方面的深入了解。同时校方应该积极开展学科交叉与融合式培养,强化小语种专业学生选修其他人文类或理工类公共课程的修习要求,鼓励学有余力的优秀学生选修双学位,打破专业间、学科间的壁垒,培养"宽口径、厚基础、高质量"的复合型人才。

(四)创新式教学方式的引入

传统的小语种教学以教师的主动讲授和学生的被动反应为主要特征,严重束缚了学生学习的积极性、主动性和创造性的发挥。因此,高校小语种教学过程中应该积极地引入翻转课堂、微课等创新式教学方法,以学生为主体,充分调动学生的主观能动性,教师则升格为教学的设计者、组织者,学生的助手和伙伴。教师的作用在于抛砖引玉,帮助学生构建知识体系,引导他们通过自己的实践去感受新知、发现规律、获取知识,培养学生主动参与知识形成过程的意识及能力。(李韶,四川外国语大学成都学院)(《知识经济》2016.7.1)

# "一带一路"建设与小语种人才培养

小语种的正式名称应该叫做"非通用语种"。在我国,人们习惯把英语以外的外语统称为"小语种",这种定义过于宽泛,许多小语种应该称为"小小语种"。"一带一路"覆盖的范围大部分是小语种语言区和小小语种语言区。由于各种原因,我国的小语种人才,特别是小小语种人才培养出现短板,无法满足"一带一路"战略的需求,因此,必须采取切实有效的措施解决这一问题。

## 一、"一带一路"格局空前

(一)区域辽阔,语言众多

根据我国暂定的"一带一路"路线图,该战略涉及的区域非常辽阔,包括全球60余个国家,连接国外100余座重要城市,人口约44亿,占全球人口的63%;经济总量约21万亿美元,约占世界经济总量的29%。实际上,我国对"一带一路"的范围是灵活的,以后仍有扩大的余地。这是我国政治、经济的一盘大棋,对我国现代化建设和屹立于世界的领导地位具有深远的战略意义。

依据现在划定的"一带一路"范围,全球所有语言区已基本全部涵盖。那么,世界上到底有多少个语系、多少个语族、多少种语言呢?语言学界的基本概念是:全球有 9 大语系,37 大语族,4000—8000 种语言,如表-1。

表-1 世界语言分类(资料来源:基于世界语言整理)

| 语摇系 | 语摇族 | 主要语言 |
|---|---|---|
| 汉藏语系 | 汉语族、藏缅语族 | 汉语、藏语、门巴语、缅甸语、哈尼语、景颇语、土家语等 |
| 印欧语系 | 印度语族、伊朗语族、斯拉夫语族、波罗的语族、日耳曼语族、罗曼语族、凯尔特语族、希腊语族、亚美尼亚语族 | 英语、俄语、德语、法语、西班牙语、希腊语、印地-乌尔都语、哈萨克斯坦语、塞尔维亚语、斯洛文语、波兰语、捷克语、丹麦语、孟加拉语、阿富汗语、波斯语、库尔德语等 |
| 乌拉尔语系 | 芬兰-乌戈尔语族、撒莫狄语族 | 芬兰语、匈牙利语等等 |
| 阿尔泰语系 | 突厥语族、蒙古语族、通古斯-满族语族 | 土耳其语、土库曼语、朝鲜语、维吾尔语、蒙古语等 |
| 阿非罗-亚细亚语系 | 闪米特语族、奥摩语族、埃及语族、库西特语族、乍得语族、柏柏语族 | 阿拉伯语、希伯来语、斯瓦希里语、索马里语、豪萨语等 |
| 伊比利亚-高加索语系 | 伊比利亚语族、阿布哈兹-阿第盖语族、巴茨比-斯梯语族、达格斯坦语族 | 格鲁吉亚语、车臣语等 |
| 达罗毗荼语系 | 达罗毗荼语族 | 比哈尔语、桑塔尔语等 |
| 澳泰语系 | 印度尼西亚语族、拉美尼西亚语族、密克罗尼西亚-波利尼西亚语族、壮泰语族、苗瑶语族 | 马来语、爪哇语、美拉尼西亚语、夏威夷语、毛利语、泰语、壮语、苗语等 |
| 奥斯特罗-亚细亚语系 | 孟-高棉语族、达诸语族、马六甲语族、尼科巴语族、澳大利亚语族 | 越南语、高棉语、孟语、塞芒语等 |

上述分类法是语言界的基本认识,除此以外,还有美国麻省理工学院分类法(六大语系)、澳大利亚国家标准语言分类法(九大语系)、北京大学徐通锵和胡吉成分类法(十三大语系)、英国希蒙大学分类法(四大语系)等。面对如此众多的语言,我们仅仅学习英语这一"大语种"是无法满足"一带一路"建设需求的。

（二）世界语种的大与小

同语言分类一样，区分语种大小的标准也存在很多争议，有些学者以语言使用人数确定语种的大小，有些学者以语言在国际活动中的使用频率为标准，还有些学者以语言分布范围为标准，下面的表－2按照使用人数、使用范围、经济实力等综合因素排名。

表－2 世界10大语言综合排名（资料来源：网易教育：世界语言排名整理）

| 排名 | 语言 | 说明 |
|---|---|---|
| 1 | 英语 | 73个国家的官方语言，覆盖疆域最大，在国际交往中使用频率最高，语言区综合经济、军事力量全球第一，是当之无愧的世界第一大语言。 |
| 2 | 中文 | 母语人数最多，在国际交往中的使用频率越来越高，越来越多的外国人在学习中文，语言区的综合力量在迅速壮大。 |
| 3 | 法语 | 34个国家的官方语言，重要的国际语言，语言区的综合实力很强。 |
| 4 | 西班牙语 | 23个国家的官方语言，重要的国际语言，语言区的综合实力较强。 |
| 5 | 葡萄牙语 | 全球超过2亿人以该语言为母语，新兴大国巴西的官方语言，中国澳门的官方语言之一，语言区的综合实力较强，但语言区的分散不利于强势语言的培育。 |
| 6 | 俄语 | 单一语言区国土面积最大，15个加盟共和国的官方语言，俄罗斯世界大国的地位不可小觑，但经济的下滑影响了语言的强势地位。 |
| 7 | 阿拉伯语 | 20多个国家的官方语言，语言区域辽阔，人口众多，能源实力雄厚，但语言区的动荡制约了该语言的外扩。 |
| 8 | 德语 | 德国、奥地利的官方语言，比利时等其他欧洲国家近1亿人以德语为主要语言，歌德学院在全球推广德语及日耳曼文化，成效显著。语言区社会、经济实力雄厚，但由于使用范围窄，影响力受到很多制约。 |
| 9 | 日语 | 日本是世界经济强国，影响大。但岛屿以外使用该语言的人寥寥无几。 |
| 10 | 印地语 | 印度的官方语言，以人口众多取胜，但由于社会、经济等原因，影响力有限。 |

上述十大语言除英语和中文外，按照我们的习惯都得称为"小语种"或"小小语种"，在全球浩瀚的语言中可谓沧海一粟，即使掌握了这些"小语种"里的"大哥大"，仍然不能满足"一带一路"建设的需求，还有更多的"小小语种"需要我们掌握。

**二、我国小语种人才匮乏**

我国高校招收的小语种主要有：俄语、日语、德语、法语、西班牙语、葡萄牙语、阿拉伯语、朝鲜语、马来语、捷克语、荷兰语、瑞典语、波兰语、匈牙利语、意大利语、塞尔维亚语、蒙古语、越南语、缅甸语、泰国语、老挝语、菲律宾语、柬埔寨语、印度尼西亚语、乌尔都语、波斯语、斯瓦希里语等。在这些小语种里,我们可以看出,所谓的小语种层次是有很大差别的,我们应该再细分出重要的"小小语种",这些语种不像俄语、日语、德语、法语那么"大",但对我国"走出去"和"一带一路"事业具有重要意义和影响如表-3。

表-3 2015 年我国主要外国语院校部分小小语种本科招生情况
（资料来源：五所院校公开招生数据）

| 小小语种 | 培养院校 | 人数 | 合计 |
|---|---|---|---|
| 阿拉伯语 | 北京外国语大学 | 42 | 169 |
| | 上海外国语大学 | 25 | |
| | 广东外语外贸大学 | 12 | |
| | 西安外国语大学 | 30 | |
| | 四川外国语大学 | 60 | |
| 印度尼西亚语 | 上海外国语大学 | 10 | 22 |
| | 广东外语外贸大学 | 12 | |
| 马来语 | 北京外国语大学 | 19 | 31 |
| | 广东外语外贸大学 | 12 | |
| 泰语 | 北京外国语大学 | 22 | 64 |
| | 上海外国语大学 | 10 | |
| | 广东外语外贸大学 | 12 | |
| | 西安外国语大学 | 20 | |
| 印地语 | 北京外国语大学 | 22 | 54 |
| | 广东外语外贸大学 | 12 | |
| | 西安外国语大学 | 20 | |
| 乌尔都语 | 广东外语外贸大学 | 12 | 32 |
| | 西安外国语大学 | 20 | |

| | | | |
|---|---|---|---|
| 葡萄牙语 | 北京外国语大学 | 12 | 92 |
| | 上海外国语大学 | 11 | |
| | 广东外语外贸大学 | 9 | |
| | 西安外国语大学 | 30 | |
| | 四川外国语大学 | 30 | |
| 西班牙语 | 北京外国语大学 | 53 | 224 |
| | 上海外国语大学 | 7 | |
| | 广东外语外贸大学 | 21 | |
| | 西安外国语大学 | 28 | |
| | 四川外国语大学 | 115 | |
| 意大利语 | 上海外国语大学 | 12 | 68 |
| | 广东外语外贸大学 | 13 | |
| | 西安外国语大学 | 3 | |
| | 四川外国语大学 | 30 | |
| 希腊语 | 上海外国语大学 | 12 | 12 |

从表 - 3 可以清楚地看出,即使是我国最顶尖的外国语大学,在小小语种招生方面也显得有些"缩手缩脚"。2015 年五所学校只有上海外国语大学招收了 12 名希腊语学生。据教育部一位官员透露,李克强总理在 2014 年 6 月访问希腊前,在我国竟然找不到一位合格的希腊语翻译人员,也就是说,我国还没有一位能够担当如此重大翻译任务的希腊语人员。希腊是文明古国,是世界有影响力的国家。尽管目前希腊在经济方面出现问题,但其重要性毋庸置疑。改革开放近 40 年的中国,一轮又一轮的学习外语热潮,如火如荼的"走出去"战略竟然对希腊的涉及如此之少,这不能不让我们感到震惊,这不仅仅是学习希腊语的问题,而是反映出我们在外语学习方面存在着极其狭隘的倾向。

从表 - 3 中还可以看到,2015 年五所院校仅有上海外国语大学和广东外语外贸大学招收了印度尼西亚语的学生,合计 22 人,数量太少。印度尼西亚是世界第四大人口国家,人口超过 2.5 亿,是与我国隔海相望的邻国。尽管两国之间恩怨不断,但仍然是我国重要的投资、贸易地区,语言的不对等(对方能听懂我们的语言,我们却听不懂对方的语言)会给我们的事业造成不利影响。

印地语和乌尔都语也不乐观。印地语和乌尔都语分别是印度和巴基斯坦的官方语言,我国这两个邻居不仅人口众多,而且与我国有着千丝万缕的联系。中巴之间"巴铁"关系的维护、中巴经济走廊的推进、瓜达尔港的建设等众多事业都需要大量的通晓两国语言、了解两国文化的人士。印度作为新兴经济体有着巨大的后发优势,印度来华留学人数呈逐年上升态势,每年都有超过一万名的留学生在我国不同高校就读。2015 年,有留学生 16694 名,在所有来华留学的国家中位列第四,而我国到印度留学的人数却少得可怜,每年只有区区几百人。

有些小小语种五所高校在 2015 年都没有招生,如非洲重要的语言——斯瓦希里语,它是坦桑尼亚的唯一官方语言,是肯尼亚、刚果的官方语言之一,是赞比亚、马拉维、布隆迪、卢旺达、乌干达、莫桑比克等国家的重要交际语言。

表 –3 数据显示,西班牙语和阿拉伯语的招生情况比较好,但这两种语言分别是 20 多个国家和地区的官方语言,使用范围很广,以这样的速度培养人才是否能够满足日益扩大的国际交流还是个问题。小语种人才短板严重制约着我国"走出去"战略的实施和"一带一路"建设的进程。

### 三、小语种人才培养的困境

目前,我国小语种人才呈现的局面很尴尬,一方面,"一带一路"需要大量的小语种人才;另一方面,小语种人才培养的速度慢,数量少,质量低。那么,小语种人才培养的瓶颈到底在哪里呢?

(一)师资短缺

师资短缺是制约小语种人才培养的最大障碍,除极个别高校外,绝大多数的高校小语种师资奇缺,特别是小小语种的师资更是少得可怜。有些高校一个小语种专业只有一名教师,有些高校甚至没有师资也要开设小语种。

(二)缺乏基础

我国的外语教学有"羊群效应",容易随大流,一窝蜂追逐大语种,而忽略小语种,基础阶段小语种更是鲜有人问津。于是便造成了大语种太大,小语种太小的后果。绝大多数的小语种学习者,特别是小小语种学习者,直到进入大学才开始接触这门完全陌生的语言,这群"高龄"小语种初学者在繁杂的课业及事务中"啃食"着硬骨头,难度之大、效率之低可想而知。

(三)国际动荡

小语种与国际接轨的程度远远高于大语种,其就业情况与国际局势密切相关。当前,国际局势动荡不安,局部战争不断,有些国家领导人更迭频繁,派别之间、种族之间矛盾重重,严重影响着对外交往和国家社会、经济的发展。小语种学习者一旦遇到语言区的动荡,特别是持续动荡,其就业将受到很大制约。

### 四、小语种人才培养的有效途径

(一)发挥来华留学生的作用

随着我国综合国力的不断提升,来华留学的国际学生越来越多,2015 年来华留学人数达到 39763578 人,成为全球吸引国际学生的前三甲。在众多的来华留学生中,不乏有一定教学经验的人,甚至有些就是教师出身。充分发挥这些留学生的作用,让他们以不同形式给小语种学生授课,对我国加快小语种人才培养将产生事半功倍的效果。首先,留学生可以在口语、听力方面发挥重要作用。在语言的听、说、读、写、译能力中,最基本、最难提高的是听、说能力,我们常常批评、讽刺英语学习中出现的"哑巴英语""聋子英语",就是因为听、说能力差造成的。选拔有一定教学经验的留学生给小语种学生授课,不仅能缓解师资短缺、中国教师听与说水平欠佳的问题,而且能有效创造语言环境,加强口语、听力训练力度,促使学生较快提高听、说能力,且发音纯正,表达清楚。其次,留学生可在文化方面发挥积极作用。语言是文化的载体,学习语言一刻也离不开文化。留学生担任小语种授课教师,遇到文化方面的问题很容易解释清楚,如果没有在这种国家学习、生活过,有些文化现象是很难解释清楚的,有时会产生误解,出现"文化冲突"。第三,留学生在结对学习中作用突出。在语言学习中,最好的方法是有一位母语语伴,在业余时间结对学习,不仅有更多的机会锻炼口语、听力,而且有机会了解语言国的风土人情、社会生活、为人处世等课本中少见的内容,从而使学习内容更加充实、有效。

(二)出国交流

目前,我国与世界许多国家有学生交流交换项目,不仅有政府之间的项目,而且更多的是校际、校企之间的交流项目。相关部门应努力安排小语种学生出国交流学习,学生本人也要积极争取。

(三)从娃娃抓起

如前所述,我国小语种学习基础薄弱,无法满足"走出去"战略的需求。为了破解这一难题,除了采取权宜之计外,还必须从长计议,从娃娃抓起。现在,我国到处可见的"少儿英语""双语幼儿园""外国语学校"等,基本上都是以英语为主。政府应该发挥调控作用,适当安排小语种进入部分学校,在财政、人事方面给予政策倾斜;有能力的学校应该积极争取开设小语种,为学生未来的发展提供更多机会;家长也要有清醒的头脑,在力所能及的情况下让孩子接触一门小语种,说不定会激发起孩子的学习热情,在小语种领域打开一片天地。

(四)学好小语种,不丢大语种

这是一种看似矛盾的提法,但这是目前我国的现状和国际形势共同作用的结果,也是语言学习者应持有的态度。我国的小语种学习者基本上都有英语基础,如果是从大学开始学习小语种,之前学习的是英语,那么学习英语的时间至少达到六年以上,已经有了较好的基础,完全放弃英语确实可惜。目前,英语的国际地位是非常明显的,而且有些小语种的国家也可以用英语进行简单交流,有英语基础又有小语种支撑,对语言沟通会很有益处。另外,语言学习不进则退,而且退步速度很快,数年不用就可能荒废掉了,为了学习小语种而完全荒废了基础较好的英语是不明智的。两者兼得的做法是把英语作为第二外语持续学习,力争做到学习小语种,不丢大语种。(杨云升,海南大学国际文化交流学院)(《新东方》2016年第4期)

## "一带一路"背景下的英语+小语种的复合应用型人才培养

"一带一路"作为我国新一轮开放和走出去的重大战略,西进欧洲经济圈,东接亚太经济圈,并且贯穿整个欧亚大陆。成为提升我国的国际地位和拉动我国经济增长的重大举措。地处西南边陲,北上连接丝绸之路经济带,南下连接海上丝绸之路贸易枢纽的云南省,在"一带一路"战略中有着不可忽视的地理优势。促进沿线国家经济合作和文化交流是"一带一路"战略的重点,其除了硬条件"海陆空"的互联互通外,十分关键的是语言和文化的互联互通。改革开放以来,我国大力培育英语专业应用型人才,为我国进出口贸易的发展奠定了坚实的基础。但随着"一带一路"战略的实施,单一的英语人才已经不能够满足我国经济发展的需要,因此需要大力发展"英语+小语种"的语言教育,来应对"一带一路"给我国当前语言教育提出的挑战。

### 一、云南省的区位特点和在"一带一路"中的重要战略地位

云南省国境线长达4060公里,与缅甸、老挝、越南接壤。目前从云南飞泰国的国际航班可以实现朝发夕至,交通十分便利。云南省16个州市中,有8个州市的县与缅甸、老挝接壤。25个少数民族中有16个民族跨境居住。有17个边境口岸,92个公开的边境通道。其天然笃厚的区位优势奠定了其在"一带一路"中重要的战略地位。云南省和东南亚国家的经贸关系十分密切,1992年成立大湄公河次区域合作组织,2010年成立中国—东盟自贸区,2011年与东盟的贸易量突破150亿美元。通过上述描述可以得出云南省在"一带一路"战略中发挥着十分重要的经济走廊作用,所以研究云南省当前英语+小语种复合型应用人才培育现状对于我国经济发展具有十分重要的意义。

## 二、"一带一路"背景下对英语专业人才需求的升级

为了解"一带一路"背景下对英语专业复合应用型人才的需求现状,作者进行了深入研究后发现,属于"一带一路"沿线地带国家的官方语言有 40 余种之多,但我国目前高校开设的外语专业只涉及其中的 20 多种,这远远不能够满足当下我国经济发展对多语种复合应用型人才的需求。仅从成都、重庆所开行的"蓉欧"和"渝新欧"货运班列所涉及的沿线国家看,成都、重庆、西安、昆明、贵阳等地高校还没有开设白俄罗斯语、波兰语、哈萨克语、乌克兰语等专业。云南被称为我国向西南开放的"桥头堡",在保障我国进出口贸易和道路畅通中起着十分重要的作用。自 2011 年,云南省政府与教育部签订了《加快云南教育事业发展推进云南桥头堡建设战略合作协议》——力争用三年时间,使全省高校小语在学规模达到 10 万人。截至 2015 年,在云南省政府大力扶持下,小语种学习人数已经达到 3.5 万人,沿有 7 万人在学规模需要扩展。但单纯的小语种人才或小语种复合型人才无法适应经济全球化趋势。英语作为世界语言,无疑是全球经济一体化的必备语言,因此,英语＋小语种复合应用型人才的培养是既能适应经济全球化,又能满足"一带一路"大背景下培养小语种人才的需要。目前,从政府政策制度来看,并没有建立很好的英语＋小语种复合应用型人才的培养方案,而国际化的就业市场中英语＋小语种复合应用型人才十分短缺,根本不能满足当前市场对此类人才的需求。云南省要更好地贯彻"一带一路"战略构想,加快贸易交流,必须培养大批能够胜任贸易沟通的语言人才是关键。英语作为国际语,再加上一门东南亚、南亚小语种,能更好地在国家"一带一路"战略建设中发挥切实的作用。所以云南省对英语专业人才的培育急需"转型升级"以适应我国经济发展的客观需求。

## 三、英语＋小语种复合应用型人才的优势

随着经济全球化与区域经济一体化的进一步推进,我国对于外语人才的需求也进一步升级,单纯只掌握一门英语已经不能满足当前我国经济发展的需要。所以单纯的英语专业向英语＋小语种复合应用型人才培养转轨迫在眉睫,而能够很好掌握这一专业的人才将会具有以下几方面优势:①由于英语＋小语种复合应用人才目前在市场上处于供小于求的状态,所以该类人才在劳动力市场上将会拥有相对高的竞争力,更好就业,就业的质量也会相对较高;②对于既熟悉企业业务知识,又掌握英语加一门小语种的人才来说,很容易在公司得到重视并且对于自己的职业发展也具有很强的优势;③我国大力"实施走出去"的战略,并且出台相应鼓励企业走国门的政策,这些政策势必会对英语＋小语种复合应用型人才产生"红利"外溢效应。

#### 四、云南省当前英语 + 小语种复合应用型人才培养现状

在全球化以及区域经济一体化的大背景下,云南省为了与国际接轨,也制定了相应的应对"一带一路"对英语复语复合型人才需求挑战的政策,强调加强本地区英语 + 小语种的培育计划并把越南语、老挝语、缅甸语、泰语、柬埔寨语列为重点发展对象。就目前来看,单纯小语种教育或者是选修发展速度较快,而英语 + 小语种复合应用型人才的培养稍显薄弱。

截至 2013 年 6 月,云南已有 43 所高校开设了 62 个小语种专业,以云南民族大学为例,开设包括泰国语、老挝语、缅甸语、印度尼西亚语等 8 个语种的本科专业。攻读小语种专业人数已超过 1 万人,其中本科生占约 70%。

在授课教师方面,据 2006 年统计,全省仅有 90 名小语种老师,而且素质普遍偏低。但通过多年不懈努力,云南省小语种师资队伍有了明显提升,综合素质不断提高,到目前已经拥有 300 多名专业教师,高校小语种教研室已达 56 个。小语种专业的不断扩大为小语种人才培养提供了强有力的保障。在"一带一路"背景下,英语 + 小语种是复合应用型人才培养的一个分支,虽然该事物仍是新生事物,且仍需要不断探索,但云南省部分高校已经在努力尝试。目前,就云南省开设英语专业的独立学院来说,在英语专业设立英语 + 小语种(东南亚、南亚语种)方向的学院有三所。其中,云南师范大学商学院设立了英越(越南语)、英缅(缅甸语)、英泰(泰国语)复语方向;云南师范大学文理学院设有英泰(泰国语)复语方向;云南大学滇池学院开设英泰(泰国语)双语方向。

在课程设置方面,由于受到学时、学分的限制,英语专业复语或双语方向的学生无法达到一门语言学习应配置的对等课时,以云南师范大学商学院为例,英语专业复语方向的学时仅超出英语专业其它方向 200 个课时(以 45 分钟 1 课时计算),无法达到语言教学应有课时,严重影响了教学质量。

#### 五、云南省英语 + 小语种人才培养面临的问题

虽然云南省在培养英语复语复合型应有人才上取得了一些成就,在一定程度上缓解了我国对该类人才的急迫需求,但是目前培育过程中还存在许多问题。首先在政策制定方面:① 英语专业政策的制定是政府还是社会还是某类机构主导;②社会到底需要什么样的英语 + 小语种的复合型人才;③英语 + 小语种政策制定需要依据什么,如何确立该学科的评价体系。其次在人才培养方面:①在课程设置上,英语与小语种的课程比例多少为宜;②语言学习学时如何保证;③教学模式如何适应人才培养方案需要;④师资配置如何优化。

**六、云南省英语专业复语培育的解决措施**

虽然在英语复语复合型人才培育方面存在很多问题，但人们却看到了对英语复语复合应用型人才需求的巨大缺口，并且这也是进一步发展我国经济的客观需要。所以应该从以下几个方面来应对目前所面临的挑战：①政府要大力支持云南省发展英语＋小语种复合应用型人才的规划，制定相应的政策措施保障该计划的顺利开展；②充分了解社会需要，找出目前市场上最缺乏哪类英语＋小语种复语复合型人才；③在了解市场需求的基础上，大力发展英语＋小语种的教育；④英语学习在进入大学之前就已经具备一定基础，在英语＋小语种课程设置上，加大小语种学时、学分分配，强化零基础语言学习；⑤适当增加复语或双语课时配置，以系统、扎实地学习小语种；⑥通过多种国际合作人才培养模式，把语言专业学生送往语言对象国，培养学生的国际视野，提升语言应用能力；⑦优化英语专业英语＋小语种复语方向师资配置。以英泰复语为例，此方向授课的教师可优先选用拥有泰国相关文化背景的英语教师，在英语课堂上，巧妙地融入泰国文化；泰语教师又具有较好的英语水平，将英语文化融入泰语教学。

**七、总结**

文章在"一带一路"的大背景下，探究了我国当前对英语＋小语种复合应用型人才的需求现状，认为在目前市场英语＋小语种复合应用型人才存在明显"供不应求"的现状，这就为我国进一步发挥"一带一路"对经济发展的提振效应提出了挑战。云南省作为"一带一路"战略的重要组成部分，近几年在单纯小语种人才培养方面取得了显著成绩，在数量和质量上都有所提高，但针对英语＋小语种人才培养尚存在诸多问题。作者针对现存问题提出了解决建议，希望对云南省培育英语＋小语种复语复合应用型人才有借鉴意义，从而促进我国经济的进一步发展。（王丽，云南师范大学商学院）(《高教学刊》2016 年第 15 期)

# 小语种，大作为
## ——以北京外国语大学非通用语种人才培养沿革与发展为例

世界上有 6000 多种语言，其中联合国的六种工作语言：汉语、英语、法语、俄语、阿拉伯语与西班牙语，以及使用范围较广的德语和日语被我国外语教育界定义为"通用语"，此外的所有语言相应地被称为"非通用语"。也有人把非通用语称作"小语种"，然而这个"小语种"却在许多领域发挥着举足轻重的作用。如果说语言是桥梁，那么"小语种"是我们走遍世界角落、通往世界深处的桥梁。

许国璋先生说，外语是"事关国家利益的大事"。一个国家掌握他国语言的力量以及对外传播本国语言的能力,构成了整体的、广义的外语实力,这是一个国家综合国力的体现,也是国家的战略资源。所以,在国家层面上,外语无大小之分,外语教育是国家战略的重要组成部分。成立于1941年的北京外国语大学(以下简称北外,前身是延安的抗日军政大学三分校俄文大队)是目前国内开设外语语种最多、最全的高校。截至2015年,学校共开设了72个外语专业,含65个非通用语种专业,完整开设了欧盟国家24种官方语言和东盟10国官方语言,其中29个非通用语种为全国唯一专业点。六十多年来,北外非通用语人才培养的模式,经历了几番较大的变革与尝试。应该说,每一次改革,都是北外在历史变革时期为满足社会需要、适应社会发展变化所作出的积极探索。

**一、"单一式"非通用语人才培养模式**

20世纪50、60年代,亚非拉地区民族独立运动蓬勃发展,第三世界兴起。与第三世界同样新独立国家历史、命运相似的新中国,急需与之联合,共同抗击新老殖民主义者,因而在当时,我国急需一批掌握亚非拉各国语言的外事翻译人才。1961年7月,北外成立了亚非语系,开设了老挝语、柬埔寨语、僧伽罗语、斯瓦希里语、豪萨语等五个专业。而出于与欧洲国家交往的需要,1954年,北外开设了波兰语和捷克语两个专业。1956年,开设罗马尼亚语专业,1959年成立波捷罗语系。20世纪60年代初,北外还增设保加利亚语、匈牙利语、阿尔巴尼亚语、塞尔维亚语、瑞典语、意大利语等专业,并成立了东欧语系。1962年3月,外交部下发周恩来总理、陈毅副总理批准的《关于北京外国语学院专业设置计划的报告》。这一文件提出,北外要"争取在三至五年内扩大到三十多个语种,然后再扩大到七十余个语种,做到世界上凡有相当数量人口说的语言,我们都有人掌握"的计划,并具体指示,北外非通用语种可按计划逐步开设至74种。

20世纪50年代末到70年代后期,北外的非通用语种专业人才培养目标是"高质量地掌握一门非通用语的外事翻译和外事干部",并采取了"单一式"非通用语人才培养模式。为了加速培养急需人才,亚非语系在建系之初开设了两个专修班(斯瓦希里语和老挝语),学制为两年。专修班之后,亚非语系、东欧语系开设了五年制的各语种本科班。开设的课程主要是精读等口、笔、语实践课,目标是打造北外外语专业"字正腔圆"的"金字招牌",同时为新中国的外交发挥了"小语种,大外交"的重要作用。

**二、"非通用语+英语"的双语制人才培养模式**

20世纪70年代后期到80年代中后期,国家实行改革开放,以经济建设为中心,与发达国家交往增加。"出国热""英语热"的出现,以及人们价值观的改变等因素都对非通用语的发展产生了冲击。社会对非通用语人才的需求也发生了变化,只掌握一门非通用语不能满足要求,必须也能较好地掌握英语。北外非通用语种专业的人才培养模式也从"单一的非通用语培养"改为"主修一门非通用语,同时学英语的双语制",学制从四年改为五年。学生入学后,前两年学英语,后三年学非通用语言,但一直保持少量的英语课时。毕业生既掌握了一门非通用语言,英语又达到了大专水平。双语制的改革比较成功。各单位都争相录用这批双语制毕业生,也解决了毕业分配时的困难。

### 三、非通用语种专业定向培养制度

20 世纪 80 年代中后期,随着我国经济迅速发展,英语人才需求量大,非通用语人才需求相对减少,双语制学生往往比较重视英语学习,而不重视非通用语的学习,出现了人才流失以及毕业生专业语言质量下滑等现象。为了确保向用人单位输送高质量的非通用语种人才,20 世纪 80 年代中后期,北外多个语种专业为中央各部实行了定向培养计划,即学生入学后学校、用人单位、学生三方签订协议书,用法律形式确定各方的责任和义务,毕业后,学生到定向委培单位工作,用人单位则提供大学期间的学杂费和生活补贴,鼓励他们学好非通用语。

定向委培模式的确立,取得了较好的成效。定向生的专业思想比较稳定,学习上也较刻苦努力,成绩较好,用人单位也比较满意。但是随着时间的推移,新的问题及矛盾也逐渐暴露。一部分定向生由于思想上产生"进了保险箱"的想法,竞争机制的缺乏导致他们缺少奋斗向上的动力。随着社会形势的发展,用人单位思想的转变,定向培养制度弊病的日益显现,所以 1999 届成为北外最后一届非通用语定向生。

### 四、复语型、复合型与国内外联合培养的非通用语人才培养模式

进入 21 世纪,随着国家综合国力的稳步上升,和周边外交的不断扩大,以及汉语海外推广的积极开展,外语专业的重要性及其所发挥的作用日益得到国家的重视,非通用语种专业的发展进入了第二个蓬勃发展期。国家在全国高校建设了九个国家外语非通用语种本科人才培养基地,从政策和经费上推动非通用语专业的发展。北外成为唯一一所同时拥有两个国家级基地的学校。

在新形势下,外语教学界深刻地认识到,一个单纯掌握语言技能的"外语熟练工"已无法满足时代发展及人才市场的需求。我们所培养的学生既要掌握过硬的语言基本功,更应该对语言对象国及其所处区域的文化有较为全面、深入的了解。他们将来不仅仅是翻译,更应该是国别和区域研究的专家。

为了更好地适应国家和社会的新需要,北外确定了复语型、复合型的人才培养

新模式。所谓"复语型",即"非通用语 + 英语"。多年来的实践情况说明:用人单位非常重视毕业生的英语水平,双语人才符合社会的实际需要。与此同时,"复合型"的改革也势在必行。为给复语型、复合型非通用语人才的培养创造良好的育人环境,北外在 1999 年开设"外交学"和"国际经贸"两个专业的辅修课程,并于同年开设了辅修英语专业。学生修满规定的学分,成绩合格者,可获得大学颁发的辅修证书。为加大外语复合型人才的培养力度,2002 年北外开始设立外交学、国际经贸、国际金融、工商管理四个双学位专业。修读双学位专业的学生在毕业时,除获得本专业的学士学位证书,选修合格并通过考试后,还可获得北外颁发的双学位证书。复语型、复合型的培养模式,使学生通过四年的学习,不仅具有扎实的非通用语基本功,而且具有较好的英语基础和宽广的专业基础知识,能更好地适应国家经济建设和社会发展的需要。

进入 21 世纪以来,全国开设非通用语的高校基本上采取三种人才培养模式:复语型、复合型和复语复合型。例如:北京大学采取的就是复语复合型培养模式,学习能力强的学生在毕业时可以得到两个、三个甚至四个学士学位证书;上海外国语大学自 2000 年开始实行"非通用语 + 英语"的双语教学模式;广东外语外贸大学采取的是"非通用语 + 英语 + 辅修"的培养模式;而广西民族学院和云南民族大学则逐步确立了"复合型、应用型"的非通用语人才培养模式。与此同时,在经济全球化和教育国际化的发展形势下,为提高非通用语人才的培养质量,北外积极推行国内外联合培养的人才培养模式,力争使学生在校期间能够赴所学语言对象国学习半年至一年。北外提出"7 + 1"以及"3 + 1"的模式,即努力与国外相关大学签署合作协议,争取把学生送到国外学习一个学期或一年。国内外联合培养的学生,拥有在海外求学的经历,具备非常扎实的外语功底,在专业上也有较深的造诣,这就突破了单纯语言文学的层面,是高素质、国际化的复合型创新人才,具有很强的竞争力。

**五、"非通用语 + 通用语"高层次、国际化的战略人才培养**

"十二五"期间,作为当今世界第二大经济体的中国,已经从世界规则的旁观者转变为参与制定者。正在崛起的中国,其战略利益在各个领域的拓展与延伸,迫切需要与各国进行以语言沟通为基础的全面深入交流,以恰当得体、深入民心的方式在世界上确立中国的话语体系。与此同时,随着互联网技术日新月异的发展,人类正快速地步入一个"互联网 +"的时代。互联网给网络用户提供了多样语言的选择,所以"多语种 +"的时代已经到来。这一切都对我国的对外交往工作提出了新的要求,凸显了外语教育,特别是非通用语种学科布局和高端人才培养的重要性和紧迫性。

2013年以来,中国把握亚洲发展脉搏,找准地区国家的利益契合点,适时提出了打造"丝绸之路经济带"和"21世纪海上丝绸之路"以及亚洲基础设施投资银行等一系列重要倡议。在"一带一路"战略的实施过程中,非通用语的战略支点作用日益显现,对该战略的整体实施和推进将起到关键性的作用,因为只有语言相通、文化相通才能实现真正意义上的"民心相通"。然而,在新时期国家发展大战略的映衬下,非通用语人才,特别是高端人才的巨大缺口也凸显出来。在2014年召开"全国留学工作会议"后,教育部等五部委联合印发了《2015—2017年留学工作行动计划》,提出了培养国家战略和重点行业发展急需人才的首要任务,并列出将进行重点培养的五类人才。其中,"外语非通用语种人才"首当其冲。随后,教育部又紧锣密鼓地出台《外语非通用语种人才培养意见》,强调:"外语非通用语种人才培养涉及国家主权、安全与发展利益,是一项复杂的系统工程。纵观世界,各主要发达国家均重视非通用语种人才培养对国家的战略空间拓展和全球利益布局的重要作用。当前,我国外语非通用语种人才培养在语种种类、开设数量和人才使用等方面与西方主要发达国家相比还有一定差距,高水平非通用语种人才,特别是高级翻译人才、复合型区域问题研究人才培养的紧迫性日益凸显,还不能满足国家发展的需求。"

北外积极适应国家战略发展需求,适时调整非通用语种的学科布局,大力加强非通用语种学科建设力度,优先建设涉及国家外交、能源、安全以及文化利益的国别和地区语种,有计划、有步骤地增设相关专业。与此同时,北外确定了培养兼具中国情怀与国际视野,外语水平与跨文化交际能力出众、具备国别和区域研究知识、通晓国际规则、具有较高人文素养和综合能力的非通用语人才的培养目标。为实现这一目标,学校在坚持复语型、复合型培养模式的基础上,计划进行"非通用语+通用语"的高层次国际化战略人才培养模式。要求学生在精通一门非通用语的同时,要学好一门与专业语言关联性较大的通用语言,其复合的通用语不一定是英语,并将大大提高对通用语的掌握水平要求。有的专业还提出了"三语"的要求,即专业语言、地区临近语言以及英语等通用语的高要求。此外,为了实现国际化战略人才的培养目标,北外将把自主培养与国外培养有机结合起来。充分利用学校目前已经与世界上87个国家和地区的451所高校建立的校际交流关系,特别是已经与伦敦大学亚非学院、法国国立东方语言文化学院、莫斯科语言大学、圣彼得堡大学这些在世界外语教学领域处于领军地位的高校签署了校际合作协议,把部分非通用语种专业的学生在学期间送往这些学校进行培养,以国际上最优秀的非通用语教学资源助力我们的人才培养。

　　在"十三五"期间以及今后更长的发展时期,北外将把非通用语种建设与对象国研究、区域研究紧密结合,拓展学科发展的内涵,逐步完善非通用语种群人才培养方案,为国家培养并储备非通用语种紧缺人才,打造国家非通用语发展的战略高地,让优秀的"小语种"人才开展"大外交"、体现"大作为"。(苏莹莹,北京外国语大学教务处)(《北京教育》2016 年第 4 期)

# 四、"一带一路"沿线国家留学逐渐升温

"一带一路"建设,涵盖了中亚、南亚、西亚和东南亚地区,从太平洋经印度洋一直延伸到波斯湾、地中海地区,其范围之广,必定需要大量既掌握语言文化、宗教法律、商贸金融、交通物流、能源等专业知识技能,又熟悉沿线国家社会文化和风俗习惯的国际化专业技能人才。因此,到沿线国家留学,学习语言,了解其国情,回国后将大有可为。

目前,"一带一路"沿线的一些非英语国家也已经开始行动,采取学费减免、奖学金、学分认证、英文授课以及实习就业机会等优惠措施,加大对中国留学生的吸引力度,使得越来越多的中亚、西亚、东欧地区的高校人气大幅提升,到沿线国家留学热度逐渐升温。

## 相关报道

## 去小语种国家留学开始升温

提及留学,大家首先会想到美国、加拿大、英国等热门地。但从上周末在京举办的中国国际教育展来看,部分小语种国家在留学市场中逐渐升温。"一带一路"沿线的俄罗斯、匈牙利等国因为留学费用低、性价比高而受到关注,葡萄牙等国也因独特的文化而受到欢迎。

### "一带一路"带火俄罗斯留学

伴随着"一带一路"战略的推进,越来越多的中亚、西亚、东欧地区的高校人气提升。在俄罗斯联邦教育科学部国家展团处,就有许多家长前来咨询留学相关事项。

"我们与宁波大学、黑龙江大学合作推出2+2项目,中国大学生在大学的后两年到俄罗斯来学习。"莫斯科国立管理大学一位招生代表热情地向观众介绍这个项目,"因为卢布贬值,对于中国留学生来说费用降低了。"据了解,通过这个合作项目,中国留学生可同时获得莫斯科国立管理大学的工商管理学士文凭,以及宁波大学或黑龙江大学的文凭。

记者了解到,俄罗斯的高校非常欢迎中国留学生,主要看重他们超强的学习能

力和实践能力。依托俄罗斯基础设施建设对人才的需求,学生可以留在俄罗斯或者在中俄合作企业工作。

### 留学"冷门国"性价比高

记者在现场发现,伴随着 G20 峰会等经贸大事的举行,以往被视为留学"冷门"之地的阿联酋、菲律宾、葡萄牙、捷克等非英语国家也受到更多关注。

"到阿联酋留学的优势在于工作机会相对较多,并且待遇高于国内。签证一般一周就可办好。"迪拜东方智慧中阿教育与文化交流中心刘鑫告诉记者,以阿联酋航空大学为例,如能申请到奖学金,拿下硕士学位仅需 10 万元人民币。

一位姓郑的家长告诉记者,自家孩子在匈牙利学医学。之所以这样选择,一是去美国、加拿大等国家留学竞争太激烈,不能挑到好专业;二是在性价比方面,热门国家费用太高,最后也不一定能找到合适的工作。

由 15 所大学组成的葡萄牙大学联盟也是首次来华。作为使用较为广泛的小语种,懂葡萄牙语可作为就业加分项。葡萄牙科英布拉大学的负责人尹梦佳告诉记者,在该校留学一年仅需要 9 万元人民币左右,且对英语没有硬性要求,能够进行日常沟通即可。

中国传媒大学国际教育中心副主任王晓芳表示,由于信息不对称,很多家长和学生对于出国留学存在盲目性,他们并不知道冷门国家也拥有较高的科研教育水平。"80 后""90 后"受英美文化影响较多,如果选择到马来西亚、捷克等国家留学,可以感受到更多的文化差异。

### 今年出国留学人数将超 56 万

目前,中国仍是全球最大的国际留学生出口国,2014 年国内出国留学人数达46 万,2015 年升为 52 万,预计今年将超过 56 万人。为了抢占这块市场,很多国家都专门针对中国留学生推出了优惠措施。

截至去年年底,共有 35.7 万名国际学生在加拿大留学,其中超过 12 万人来自中国。今年加拿大总理特鲁多首次访华期间,宣布将在中国新开设七个签证申请中心,进一步方便办理加拿大签证申请。

据法国高等教育署介绍,中国赴法留学人数从 2005 年的 1.5 万人增长到 2013 年的3 万人,2016 年约为 4 万人。法国政府计划 2020 年使在法中国留学生人数达到 5 万。

为此,法国政府推出了"人才签证"举措,在法国获得硕士及以上学历者,可自动获得五年多次往返签证。奖学金方面,法国驻华大使馆推出的"France?Excellence"硕士奖学金用于支持优秀中国学生赴法攻读硕士学位;另有一项"艾菲尔奖学金",可支持读硕或读博的中国留学生。

除此之外,荷兰政府专门设立了面向中国学生的"橙色郁金香奖学金",2016年至2017年,为73名中国学生提供总额超过600万元人民币的奖学金。

意大利推出了文化遗产保护、古建筑修复、古文物修复等特色课程,这些课程与文化创意产业管理形成交叉课程,拥有非常强的就业竞争力。(《北京日报》2016.10.24)

## "一带一路"国家成留学新热点

越来越多的学生选择出国留学,除了英美等传统留学目的地外,还有哪些国家可以选择? 昨日,记者从中国(教育部)留学服务中心、上海教育国际交流协会获悉,第21届中国国际教育巡回展上海站将于5月15日在东亚展览馆举行。有关人士透露,"一带一路"沿线国家或将成为留学新热点。

据悉,此次教育巡展吸引来自全球近30个国家和地区的300余所高校和教育机构参展,覆盖大学、职业技术学院、中学以及各类教育培训机构。在上海站中,来自澳大利亚、加拿大、法国、德国、西班牙、英国、美国等国家和地区的90余所院校和教育机构将参展。

为响应国家"一带一路"战略构想,扩大中国与"一带一路"沿线国家教育交流,阿联酋、立陶宛、罗马尼亚、马来西亚、泰国、新加坡、塞浦路斯、波兰、捷克和匈牙利等"一带一路"沿线的10个国家的30所院校进驻本届展览。其中,匈牙利将有10所顶尖高校抱团参展。

教育部留学服务中心国际合作处高级项目官员韩三军介绍说:"目前,我们国家亟需一批通晓'一带一路'沿线国家语言的人才,国内部分高校也通过调整专业设置加强非通用语种人才的培养。留学生若到这些国家留学,除学习语言外,还了解了其国情,回到国内后可大有作为。"(张鹏)(《文汇报》2016.5.8)

## "一带一路"沿线国家逐渐受到中国留学生亲睐

中国与全球化智库的最新研究结果显示,目前,国际高等教育区域化趋势明显,"一带一路"沿线与中国经济交往活跃的国家逐渐受到中国留学生重视,老牌留学目的国正在被新兴国家和热门留学区域中心所取代。

10月21日,中国与全球化智库(CCG)、社会科学文献出版社在京共同发布《中国留学发展报告(2015)》蓝皮书。蓝皮书称,在"一带一路"合作倡议下,中国企业将更多地到"一带一路"沿线国家投资,既熟悉当地情况,又了解中国文化的人才极为短缺,互派留学生无疑是培养人才的最佳方式。

中国与全球化智库(CCG)执行秘书长苗绿表示,加强"一带一路"沿线留学生的双向往来,尤其是加强来华留学生的培养势在必行。

### 2001－2014年八大留学目的国的变化情况

单位:%

| 2001年八大留学目的国及其占全球的比例 | | 2014年八大留学生目的国及其占全球的比例 | |
|---|---|---|---|
| 美国 | 28 | 美国 | 20 |
| 英国 | 11 | 英国 | 11 |
| 德国 | 9 | 中国 | 8 |
| 法国 | 7 | 法国 | 7 |
| 澳大利亚 | 4 | 德国 | 6 |
| 日本 | 3 | 澳大利亚 | 6 |
| 西班牙 | 2 | 加拿大 | 5 |
| 比利时 | 2 | 日本 | 3 |
| 其他国家 | 34 | 其他国家 | 35 |

### 2012－2014年中国在各主要留学国家的留学生人数

单位:万人

| 国家 | 2014年 | 2013年 | 2012年 |
|---|---|---|---|
| 美国 | 27.4 | 23.5 | 19.4 |
| 澳大利亚 | 15.3 | 15.0 | 11.9 |
| 加拿大 | 9.5 | 8.8 | 6.7 |
| 日本 | 9.4 | 8.2 | 8.6 |
| 英语 | 8.8 | 7.2 | 7.9 |
| 韩国 | 5.6 | 5.4 | 5.5 |
| 德国 | 2.8 | 2.6 | 2.3 |
| 新西兰 | 2.0 | 1.8 | 2.4 |
| 法国 | 3.0 | 3.0 | 3.5 |

### "一带一路"沿线国受重视

苗绿说,目前最受中国留学生欢迎的留学目的国仍是英语国家,但与中国有活跃经济交往的国家逐渐受到重视,未来将可能吸引更多的中国留学生。

根据《中国留学发展报告(2015)》对2012—2014年主要留学接收国中国留学生人数的统计,目前最受中国留学生欢迎的留学目的国仍是北美和英联邦等英语国家。美国、加拿大、英国、澳大利亚公布的中国留学生人数呈现稳定增长态势,日本、韩国、德国的中国留学生平缓增加,而法国和新西兰留学人数略有减少。

从近五年对本科毕业生留学的调研来看,赴美国、加拿大、英国留学的学生占比在2014届有较大的减幅,从前四届的55%左右降到40.7%,赴英国留学的学生占比从前四届的24%以上下降至17.3%;赴美国、加拿大留学的学生占比从2013届的31.4%降到23.4%;而赴日本、韩国、德国、中国香港、中国澳门等国家和地区留学的比例均有较大提升。

蓝皮书称,随着"中国-拉共体论坛"、"一带一路"的提出、APEC举行及中澳自贸协定签订等经贸大事的发生,与中国有较为活跃的经济交往的国家将成为留学生关注的目的地。

根据CCG的观察,"中国-拉共体论坛"成立后,市场对西班牙语人才的需求将不断上升。全球共有4亿人以西班牙语为母语,而在美国有600万人、法国有200万人、德国有50万人学西班牙语。中国学习西班牙语者不足2.5万人,远不能满足经贸交往对西班牙语言人才的需求,由此相关国家留学生也将成为重要人才。

而随着"一带一路"战略构想的推进,沿线国家的留学生也将会成为核心稀缺人才,也将刺激中国留学生向相关国家分散,重点国家如新加坡及马来西亚。新加坡政府和马来西亚政府对留学生所采取的优惠措施对中国留学生有着明显吸引力。

此外,部分非英文国家出台各种措施,吸引留学生,也将促进中国留学生进一步从英语国家分流。如从2014年冬季学期开始,德国16个联邦州将全面取消收取学费,仅萨克森州还在收取每学期不超过500欧元的学费。日本东京大学、庆应义塾大学、明治大学等30多所名校在本科阶段开设信息工程等专业的全英文授课(G30)课程。

### 设立"一带一路"留学基金

"建议增加亚投行在教育领域的投资,设立'一带一路'留学基金。"蓝皮书提出。

苗绿说,随着"一带一路"和亚投行的推进,中国社会面临着从"引进来"向"走出去"的转型。在这一转型过程中,国际化的人才无疑成了转型能否成功地关键要素之一。而"一带一路"、亚投行所涉及的区域对中国诸多企业而言是非常陌生的地区,没有大量的专业性人才的储备,很难推动好"一带一路"战略实施。

中国与全球化智库(CCG)主任王辉耀表示,从全球跨国企业的发展状况来看,落地国企业用人还是以当地人才为主,因此,培养熟悉、理解中国文化的外国人成为一个重要的人才培养途径。

而人才培养方面,一个重要的方面是要充分利用好分布在 134 个国家的 495 所孔子学院,依托他们培养起来的数百万亲近中国文化的学员和已经打造好的文化交流基础,加强来华留学,并且从孔子学院学员、来华留学人才中,培养和挑选"一带一路"所需国际化和本土化人才。

另一方面,充分利用相应国家中国海外留学生和孔子学院培养起来的数万名中方院长及外方院长,为我国未来"一带一路"战略实施解决国际人才缺口问题。

王辉耀认为,加强沿线国家来华留学和出国留学是"一带一路"建设中人才培养和交流的重要载体,而设立"一带一路"留学基金,加大留学教育的投入,将成为培养"一带一路"战略实施所需国际人才的重要抓手。(第一财经网站 2015.10.21)

## 中国每年将面向"一带一路"国家公派留学生 2500 人

教育部日前印发的《推进共建"一带一路"教育行动》(以下简称《行动》)提出,未来三年,中国每年面向"一带一路"沿线国家公派留学生 2500 人;未来五年,建成 10 个海外科教基地,每年资助一万名沿线国家新生来华学习或研修。

《行动》提出,将推进"一带一路"国家间签证便利化,扩大教育领域合作交流,形成往来频繁、合作众多、交流活跃、关系密切的携手发展局面。举办沿线国家校长论坛,推进学校间开展多层次多领域的务实合作。支持高等学校依托学科优势专业,建立产学研用结合的国际合作联合实验室(研究中心)、国际技术转移中心,共同应对经济发展、资源利用、生态保护等沿线各国面临的重大挑战与机遇。打造"一带一路"学术交流平台,吸引各国专家学者、青年学生开展研究和学术交流。推进"一带一路"优质教育资源共享。

《行动》提出,将推动学历学位认证标准连通。推动落实联合国教科文组织《亚太地区承认高等教育资历公约》,支持教科文组织建立世界范围学历互认机制,实现区域内双边多边学历学位关联互认。

《行动》还提出,将实施"丝绸之路"留学推进计划。设立"丝绸之路"中国政府奖学金,为沿线各国专项培养行业领军人才和优秀技能人才。全面提升来华留学人才培养质量,把中国打造成为深受沿线各国学子欢迎的留学目的地国。以国家公派留学为引领,推动更多中国学生到沿线国家留学。坚持"出国留学和来华留学并重、公费留学和自费留学并重、扩大规模和提高质量并重、依法管理和完善服务并重、人才培养和发挥作用并重",完善全链条的留学人员管理服务体系,保障平安留学、健康留学、成功留学。

"一带一路"是指"丝绸之路经济带"和"21世纪海上丝绸之路"的简称。2013年9月和10月,中国国家主席习近平在出访中亚和东南亚国家期间,先后提出共建"丝绸之路经济带"和"21世纪海上丝绸之路"的重大倡议,得到国际社会高度关注。(贺迎春)(人民网2016.8.11)

# "一带一路"建设:要派大量人才去沿线国家留学

"一带一路"建设不能追求"一蹴而就",应深入了解当地实情,找到彼此的利益契合点和发展的最大公约数

在"一带一路"的建设中,科技创新可以发挥怎样的作用? 在9月25日的2016浦江论坛之"一带一路"科技创新合作专题研讨会上,来自不同国家的专家学者对此提出了各自的观点和建议。

### 科技创新要突出合作

中国-南亚技术转移中心副主任马敏象在论坛上表示,创新的灵魂是文化,创新的根本是制度,在"一带一路"的建设中,科技可以发挥更好的作用。因为创新的技术和产品将会推进国家与国家之间的文化交流,技术的双向开放式的转移也将提升国家间文化交流的水平。

在中科院地理资源所"一带一路"战略研究中心主任刘卫东看来,"一带一路"是"中国期望走的一条全球化道路",是包容性全球化的倡议。他对《第一财经日报》记者表示,在"一带一路"的建设中,中国首先必须了解沿线的国家。

"传统的世界被视为'核心—边缘'的二元结构,所以过去我们主要从发达国家那里学习经验和技术。但现在世界已经形成了'发达国家—新兴国家—欠发达国家'的三元结构。在'一带一路'建设中,中国需要携手两端,在推动世界经济增长上发挥更加积极的作用。"刘卫东认为,"一带一路"建设不能追求"一蹴而就",

在政府搭建好合作平台后,民间应该增强交流,深入了解当地实情,找到彼此的利益契合点和发展的最大公约数。"学会打交道比急于打交道更重要。"他这样说。

对于科技创新,刘卫东表示,最重要的是加强合作、加深理解。任何合作都应该是促进民心沟通的过程。"最核心的就是要让当地老百姓切身体会到双方合作给他们带来实质性好处。"

"科技界往往重视技术上的创新,但其实还有理念和制度上的创新。"刘卫东对本报记者表示,比起具体建设项目,"一带一路"更是合作理念和合作方式的创新,更具有"道"的意味,它倡导的是丝路精神,是"共同把蛋糕做大、然后共同分享"的理念。这种理念创新需要加强传播。

同济大学德国研究中心特聘研究员 Maximilian Mayer 给自己取了个地道的中国名:梅飞虎,也可以说一口流利的中文。在当天的论坛上,梅飞虎表示,从德国的角度来说,创新首先要思考为谁创新以及如何创新。而"一带一路"本身就是创新,创造了一种新的价值观导向。

自称三分之一是上海人的原尼泊尔帕坦医科大学校长沙阿(Jay Narayan Shah)也是个中国通。他在论坛上说,中国提出的"一带一路"计划是尊重意识形态多样化,能够求同存异的,这个独特性需要大声说出来,让大家了解。

**重视人才和软实力建设**

刘卫东对《第一财经日报》表示,"一带一路"建设中非常缺乏懂得沿线国家国情和文化的人才。"过去,很少人愿意去这些地方留学。"他说,为推动"一带一路"建设,我们应该派大量人才去这些沿线国家留学,政策也应该鼓励学者到实地进行深入研究。

另外,日本的一些做法也值得借鉴。"当年日本企业'走出去'的时候,它们的行业协会往往先组织对投资地的研究,让所属企业共享研究成果,更好地了解当地。中国企业也可以尝试共同出资去研究沿线国家。"刘卫东说,这种投入 3—5 年就可以看到收获。

澳大利亚投资智库 Business Foundation 执行主管坎普(Phillip Kemp)也在论坛上提出了自己的建议,中国中小企业要走出去,但在国际化的过程中应该以业务和商业为中心。

"我所说的商业就是以利润为驱动,以赚钱为导向地促进中小企业的发展。"坎普表示,除了物理上的基础设施建设,还要加强人才的基础设施建设。"我们正在打造第四代孵化器,它尤其看重创业的生态和人才培养,中国对外投资更多的关注点也应该放到这种软实力的基础设施建设上。"

梅飞虎则建议，应该建立一个政府基金来支持"一带一路"的相关研究，以推动高校间的跨领域、跨学科合作，从而推动整个知识经济体的转型以及体制改革。

### "一带一路"应避免几个误区

刘卫东认为，要从"包容性全球化"的视角来理解"一带一路"。

他表示，首先，"一带一路"具有"开放包容"和"平等互利"的建设理念，不划小圈子，也不搞"一言堂"；秉持开放态度，欢迎有意愿的国家或地区平等地参与。

其次，"一带一路"坚持"共商、共建、共享"的原则，特别强调共同发展和共同繁荣。另外，"一带一路"坚持"和而不同"的文化观念。在维护文化多元性的基础上共谋发展、共求繁荣、共享和平，这是大多数国家的共同愿望。

刘卫东还说，目前对"一带一路"的认识存在几个误区。其中包括，"一带一路"不是要重建历史时期的跨国贸易路线；不是中国的政府工程，而是中国为世界资本流动搭建的一个公共服务平台；不是区域发展战略，而是中国的全球战略；不是单向"走出去"，而是"走出去"与"引进来"的有机结合。同时，"一带一路"不能被解读成地缘战略；它也并非是"线状"经济体，而是一个开放、包容、普惠、均衡的国际区域合作平台。(《第一财经日报》2016.9.28)

## 专家建言增加"一带一路沿线国家留学生互派"

"我们缺少相关的人才，对'一带一路'沿线国家了解不够"，中科院地理资源所"一带一路"战略研究中心主任刘卫东25日于此间举行的2016浦江创新论坛上说。

"过去三十多年，中国留学生都去哪里了呢？我们都去了美国、欧洲和日本，很少到沿线国家去学习、留学，我想这是当下务必要改变的情况，我们要增加留学生互派，增进相互了解。"他说。

在当天的论坛上，刘卫东表示，"'一带一路'不是中国的政府工程，而是为世界资本流动提供的一个公共性服务平台，全世界的企业和资本都可以参与进来。"

"我们不强求大家的政治观念、文化宗教、发展体制都一样，但是大家可以共同做大蛋糕"，他指出，"一带一路"强调"和而不同"的包容性。

他表示，这个蛋糕要共同做大，每个人分一块，而不是你多一块，我少一块。

"经济全球化走到了十字路口，往哪走？怎么走？"刘卫东指出，中国经济的腾飞得益于经济全球化，而今需要为维护全球化的成果、发展机制做出更多努力，"我

们要让全球化惠及更多的地区和人民。"(郑莹莹)(中新社2016.9.26)

## 教育部印发《教育行动》推动"一带一路"沿线国家人才培养

教育部近日印发《推进共建"一带一路"教育行动》,提出要以国家公派留学为引领,推动更多中国学生到"一带一路"沿线国家留学,并在沿线国家之间实现学分互认、学位互授联授,鼓励沿线各国高等学校在语言、交通运输、建筑、医学、文化遗产保护等领域联合培养学生,推动联盟内或校际间教育资源共享。

据介绍,《教育行动》设计了"丝绸之路"留学推进计划、"丝绸之路"合作办学推进计划、"丝绸之路"师资培训推进计划和"丝绸之路"人才联合培养推进计划,作为共建"一带一路"的支撑性举措,开展人才培养培训合作。《教育行动》提出设立"丝绸之路"中国政府奖学金,这是"丝绸之路"留学推进计划的一部分。该计划还明确,将以国家公派留学为引领,未来三年,每年面向沿线国家公派留学生2500人;未来五年,每年资助一万名沿线国家新生来华学习或研修,为沿线各国专项培养行业领军人才和优秀技能人才。

教育部有关负责人表示,印发《教育行动》的作用,在于力争做到经贸走到哪里,教育的民心工程就延伸到哪里,教育的人才培养就覆盖到哪里;力争推动教育发展和经贸合作并驾齐驱,成为车之两轮、鸟之两翼;力争发挥教育"软力量"四两拨千斤的作用,实现"一带一路"建设推进事半功倍。(余颖)(《经济日报》2016.8.12)

## 出国留学市场愈发成熟,小语种国家更有吸引力

随着出国留学市场的发展和成熟,这些年小语种国家吸引了越来越多学生和家长的关注,他们或有着世界排名前列的特色专业,或针对中国留学生推出专项奖学金,或能让你在母语、英语之外的"第三语言"上的造诣突飞猛进……今天我们就给读者介绍几个性价比较高的小语种留学国家。

**一、西班牙:学好西语,打开9亿消费者市场**

西班牙最压轴又最易被人忽略的留学优势,就是它得天独厚的语言环境——西班牙语!作为世界第二大语言,联合国六大官方语言之一,西班牙语在全球有将近4.75亿使用者,而许多以英语为母语的欧美人士,也将西语作为他们第二语言的首选。这意味着什么?用西班牙驻广州总领事馆经济商务领事Carlos Tortola的话来说,掌握西语,就"打开了9亿的消费者市场!"

据Carlos介绍,目前,拉美地区就业市场对西语人才需求量大,此外,目前中国与西班牙经贸往来发展迅速,中信集团、华为等大批中国企业大举进入西班牙,这

使得精通西语又有着中文背景的中国留学生更加炙手可热。

此外，近年来，也有越来越多的西班牙企业投资中国，如大家耳熟能详的 ZARA 等，对于想要回国发展的留学生来说，或许也是就业的好选择。

TIPS

**关于签证**

据 Carlos 介绍，留学生在取得入学 offer 后，可以申请六个月的学生签证和当地居留许可，随后再根据课程进行后续签证更新。Carlos 建议，留学生应至少提前一个月申请签证。此外，需要注意的是，夏季是西班牙传统的休假期，准备秋季入学的学生更要提早送签，以免耽误入学。

**关于学校**

在 2015 年《金融时报》公布的 Global MBA 排名榜中，西班牙有三所商学院位居全球 Top20，分别是 IESE 商学院（第 7 位）、IE 商学院（第 12 位）和 Esade 商学院（第 19 位）。此外，语言文学、艺术、工程等也是西班牙的优势专业。更多信息，学生可登录 STUDYINSPAIN. INFO 查询。

**二、荷兰：学费便宜，奖学金覆盖所有专业**

比起动辄一年 30 万元以上的英美留学，荷兰本科留学的费用为 10 万—13 万元/年，硕士费用为 15 万—20 万元/年。如此高性价比使得到荷兰留学越来越受到广大工薪阶层的青睐。此外，荷兰是欧洲大陆开设英语课程最多的国家，这就意味着不会荷兰语的学生也可以用雅思成绩申请。

记者了解到，除了学费低廉，荷兰还有各类奖学金供学生申请，且有提供给中国留学生的专项奖学金：橙色郁金香奖学金和中荷互换奖学金。以橙色郁金香奖学金为例，在 2016—2017 学年，它为 73 名中国留学生提供了总额超过 86 万欧元的奖学金，且几乎覆盖了所有专业和领域。此外，荷兰还有其他由公司和国际组织提供的奖学金，如世界银行奖学金提供学生毕业后去该公司工作两年的机会。

TIPS

**关于 Nuffic 证书**

需要特别提醒的是，申请荷兰学校的同时，一定要申请 Nuffic 证书，因为它是申请学生签证的必备文件。此外，学生必须在 Nuffic 证书在线申请系统中提交材料。

**关于适应**

虽然用英文在荷兰学习妥妥的,但对于今后想要定居荷兰的学生,荷兰语依然是必不可少的课程。此外,荷兰高等教育国际交流协会中国办公室首席代表Charles Hoedt 建议,中国学生最好选择与来自世界各地的留学生一起住在学生宿舍里,"这会是你适应欧洲生活,感受西方文化的绝佳机会。"

### 三、新加坡:低龄留学的绝佳选择

想早早送孩子出国接受西方教育,又觉得欧美太远不放心? 那么,新加坡或许是你最好的选择。在上周六,金吉利世界名校招生会上,新加坡伟华国际教育学院的院方代表王凤介绍道,以小学教育为例,与国内相比,新加坡小学是以英语为第一语言,中文作为第二外语教学的双语教学制。这样国际化的课程设计,也使得50%的学生把新加坡作为今后申请世界级名校的跳板。此外,新加坡实施中小学半日制课程,剩下的半天是素质型的课外活动,比如设计与工艺等等。更为重要的是,新加坡允许考入政府中小学的国际学生的母亲、祖母或外祖母到新加坡陪读。

TIPS
**关于入学**

需要特别提醒的是,在新加坡直接入读小学一年级并无特别条件限制,而如果是小学二年级至五年级期间入学就读,孩子则需要通过新加坡国际学生入学考试(AEIS)后,由政府安排入学。

### 四、日本:动漫大国,想留学先过日语关

对于诸多二次元星人和剧迷来说,日本大概就是他们心中的白月光和朝圣地。据金吉利亚洲部经理凡女士介绍,越来越多的中国学生受到日本文化、语言和动漫的吸引而选择留学日本。

记者了解到,日本在动漫、计算机、医学、美容和建筑等专业优势明显,也能为学生提供一流的教学。不过,日本高校以日语授课为主,留学生需要通过相应的日本语言考试才可获准入读。业内人士建议,日语基础不牢固的学生选择先赴日就读语言学校。(叶志垚)(《羊城晚报》2016.11.3)

# "一带一路"沿线国印尼：欢迎更多中国学生来留学

4月21日至24日，国家主席习近平赴印度尼西亚（简称"印尼"）出席万隆会议60周年纪念活动。六十甲子，一个纪年循环，印尼这个世界上最大的群岛国家，曾因万隆会议而为中国人民所铭记。今日的印尼，又是"一带一路"重要的一站。今天，我们跟随"习大大"的步伐纪念万隆会议，而留学印尼，于万隆精神，于发展机遇，都似乎成为重要的纪念形式之一。因此，在中国－东盟中心的帮助下，本版组织稿件介绍留学印尼的方方面面。

——编者

对于中国人民而言，印尼并不是一个陌生的国家。60年前的万隆会议上，"和平共处五项原则"因中国时任总理周恩来的倡导而诞生，并从印尼走向世界。印度尼西亚驻华大使馆最新数据显示，目前有400多名中国学生正在印尼学习理工、教育、印尼语言文学、医学等专业。

**高等教育分学术教育和专业教育**

印尼高等教育由两个部分组成，分别为学术教育和专业教育。学术教育侧重研究科学技术理论，专业教育则更注重应用技能培养。印尼高等教育主要在高等教育机构中进行，包括学院、理工专科学校、大专院校、研究所和大学。

具体而言，学院是进行专业教育的机构，教授特定的知识、技能或艺术，理工专科学校注重特定领域的专业教育，而大专院校只在一个特定科目进行专业教育。印尼的研究院所由多部分构成，进行一组相关科目的专业教育，而大学由多个部门组成，开展各个领域的专业教育。

据悉，印尼高等教育自1978年起实行学位教学计划和非学位教学计划。其中，学位教学计划分为两个阶段。第一个阶段为专科生和本科生阶段，学生经过几年的学习取得一定的学分，取得副学士和学士学位，而第二个阶段是研究生阶段，学习结束后通过学位论文的答辩获得硕士、博士学位。学位教学计划主要是培养高级人才和学院式研究人才。学生入学后，如果学业成绩不佳或者没有培养前途，就授予副学士学位，提前毕业。因此，副学士被看成是印尼筛选高级人才的一个关卡。

**印尼大学欢迎更多的中国学生深造**

面对全球化的挑战，国际化一直为印尼高等教育所重视。特别是近些年，印尼不断加强与美国等发达国家和中国等发展中国家的高等教育联系。2013 年,美国－印度尼西亚海外学习能力合作计划联盟成立。联盟由六个美国大学和六个印度尼西亚大学联合成立,进行包括各种层次的国外学习项目、联合研究、学生交换以及教师交换等学术交换合作。

在中国－东盟中心举办的多届中国－东盟教育交流周上,印尼高校更是主动走出来与中国高校建立联系。印尼大学校长古米拉尔不止一次地公开强调,自己曾经访问北京、上海、西安等地的多所高校,中国学生的学术水平给他留下了深刻印象,因此欢迎更多的中国学生到印度尼西亚大学学习深造。

作为印尼的高等教育和科学研究中心,印尼大学建校历史可追溯到 19 世纪,是亚洲最古老的大学之一。在荷兰统治印尼的 20 世纪 30 年代,印尼大学学者获得诺贝尔医学奖,至今为印尼政府及商界培养了大量人才。古米拉尔表示,印尼大学设有 36 个研究中心、12 个学院和 1 个研究所,目前有学生及教师四万余名。而且,为了吸引中国学生,印尼大学曾经大幅度降低学费,目前每学期 1500 美元左右。

### 发展中国家伙伴奖学金项目"给力"

"为了吸引国际学生来印尼留学,印尼设有印尼政府奖学金和发展中国家伙伴奖学金(KNB)。"印度尼西亚驻华大使馆原教育参赞韩安华在其编撰的《来印尼学习吧》一书中如此表示。

印尼政府奖学金项目于 1974 年设立,作为东南亚国家联盟的一项内容,只提供给来自东盟国家的学生。但自 1976 年起,该项目也向来自澳大利亚、加拿大、法国、德国、匈牙利、日本、墨西哥、新西兰、挪威、波兰、瑞典和美国的学生提供奖学金。20 世纪 90 年代初,该项目扩大到向所有与印尼建交的国家的留学生提供奖学金。

韩安华表示,印尼政府奖学金向所有来自与印尼拥有外交关系国家的学生提供学习印尼语、印尼艺术、音乐和手工艺的资助。申请人可在印尼境内 45 所高校中选择就读院校。该奖学金由印尼教育部和印尼外交部联合设立。到目前为止,参与该项目的国家数目已经超过 75 个。

印度尼西亚发展中国家伙伴奖学金项目专门为选择研究生课程的外国留学生而设,参与该项目的学生将进入指定的印度尼西亚 12 所学校中的一所进行三年研究生课程学习。奖学金项目要求所有课程(包括论文)使用印尼语,在学习安排上则包括 8 个月的印尼语学习课程、4 个月的预科课程以及 24 个月(四学期)的研究生课程。奖学金覆盖范围非常广泛,包括住宿费、生活费、研究费和购书费、健康保险、来回国际机票等。

据悉,发展中国家伙伴奖学金项目可选择课程涵盖教育学、农业学、工程学、人文科学、多学科研究、社会科学、科学技术等领域。在申请条件上,申请者年龄不能超过 35 岁,托福成绩不能低于 450 分,当然拥有其他同等水平的英语测试成绩亦可。

### 留学印尼不提倡学生办理落地签

面对如此丰厚的奖学金,是否很心动?

当然,想留学印尼,就需要了解留学印尼如何签证。一般而言,签证可以到所在行政区域最近的印尼大使馆办理。韩安华表示,印尼政府不提倡留学生办理落地签,因为该种签证仅为到印尼的游客提供,不提供给在印尼居住或延长停留时间的人士。

申请留学印尼,需要办理名为"B-211"的签证或者旅游签证,而获得"B-211"签证所需条件包括邀请签证者在印尼停留或学习的录取通知书、护照、返程机票复印件、两张护照标准的登记照(4×6)、印尼大使馆签证处申请表格和办理签证费用等。

签证有效期分为三种,包括 6 个月、12 个月和 24 个月。有效停留签证须在抵达印尼前 2 至 3 个月进行申请,因为学生签证在申请有效停留签证前须向印尼高等教育总局提交申请。

"在申请人抵达印尼之前,所有申请手续均办理之后,所要就读的大学国际交流处将提前把申请提交给雅加达移民局。"韩安华表示,获得批准后,移民局将传真给印尼驻相应国家的使领馆,而之后,申请人可领取签证。(《中国教育报》2015.4.29)

## 延伸阅读

## 留学跟着"一带一路"走——《中国留学发展报告(2015)》解读

10 月 21 日,由中国与全球化智库(CCG)研究编写、社科院社科文献出版社出版的国际人才蓝皮书《中国留学发展报告(2015)》在北京发布。报告分析了中国 2014 年至 2015 年留学发展的新特点与新趋势,并提出相关建议。

"全球留学生人数持续增加,其中接受高等教育的留学生人数增长更为明显。"《中国留学发展报告(2015)》(以下简称"报告")显示,从 2013 年到 2014 年,在美国、英国、中国等八个国家接受高等教育的国际留学生为 2921141 人,比 2012 至 2013 年增长了 4.7%。其中,在美国接受高等教育的国际留学生达 886052 人,同比增长 8.1%。

### 新兴留学国家和热门留学区域中心受欢迎

虽然经济合作与发展组织(OECD)国家仍为主要的留学目的地,但全球前八大留学目的地国家正从传统的欧美国家逐渐分散至欧美和亚太地区。报告显示,老牌留学目的国,如西班牙、比利时,正在被新兴国家和热门留学区域中心如中国、加拿大等国所取代。马来西亚、沙特阿拉伯、阿联酋等国家也逐渐成为受国际学生欢迎的留学目的地。

对于中国学生而言,高等教育区域化可以作为留学抉择的重要参考因素之一。世界范围内,两大区域已经在建设区域内的高等教育市场。其中,欧盟的高等教育区建设——伊拉斯谟世界计划,已成为这一趋势的典型代表。同时,随着东盟一体化的进程,东盟国家之间的高等教育一体化也越来越被重视,推出"高等教育共同空间"计划。目前,东盟国家正在构建统一的教育框架,并对东盟范围内的大学、学院等教育机构给予评估并授权认证。对中国学生而言,留学东盟也是一个不错的选择。

### "一带一路"沿线国家留学生成核心稀缺人才

随着"中国-拉共体论坛"召开、"一带一路"建设的提出、亚太经济合作组织(APEC)举行及中澳自贸协定签订等经贸大事的发生,与中国有较为活跃的经济交往的国家将成为中国留学生关注的目的地。

中国与全球化智库(CCG)理事长王辉耀博士表示,"中国-拉共体论坛"成立后,市场对西班牙语人才的需求将不断上升。全球共有约四亿人以西班牙语为母语,而美国有 600 万人、法国有 200 万人、德国有 50 万人学西班牙语。中国学习西班牙语者不足 2.5 万人,远不能满足经贸交往对西班牙语人才的需求,由此看来,相关国家留学生也将成为重要人才。

随着"一带一路"建设构想的推进,沿线国家的留学生也将会成为核心稀缺人才。对于中国学生而言,这些国家值得纳入留学抉择因素中来。"一带一路"重点国家中,新加坡政府和马来西亚政府所采取的优惠措施对中国留学生有着明显的吸引力。此外,部分非英文国家出台各种措施,吸引留学生,也将促进中国留学生进一步从英语国家分流。例如,从 2014 年冬季学期开始,德国 16 个联邦州全面取消收取学费,仅萨克森州还在收取每学期不超过 500 欧元的学费。

### 留学生须主动学习留学国家的法律规则

随着中国留学生群体的日益扩大,中国留学生作弊和造假的问题也日益凸显。具体作弊行为体现在托福等各大类型的留学考试中,也体现在入学材料中的申请文书代写以及成绩单造假等方面。

中国与全球化智库(CCG)执行秘书长苗绿博士在发布会上表示,作弊事件的盛行,主要原因有两点:一是中国留学市场中存在相应的作弊需求。中国家长和中国学生盲目追求高分和名校,往往不会意识到制造假申请资料或作弊的严重性;二是中国有大量的留学服务中介为了市场竞争和公司利润,公然违背相应的法律法规,对作弊风气推波助澜。

目前,海外主要高校已开始更加严谨地查看中国留学生的申请资料,防止作弊造假等行为的发生。"对于准备出国的留学生及学生家长,首先要做好自身功课,如主动学习留学国家的法律规则,提升自身的法律法规意识,减少触犯法律的概率,保证自身权利受到侵害时能拿起法律武器保护自己。"报告建议,同时要提高自身语言能力,增强融入当地社会和文化的能力,并对于年龄偏小、自控力较低、心智尚未成熟的留学生,积极倡导建立海外留学生监护人制度,为留学生指定当地监护人,加强风险防范。(《中国教育报》2015.11.5)

## 小语种国家留学海归,择业成功几率大

对于海归,大家的第一印象往往是能说一口流利的英语。然而,随着中国经济的迅速发展,中国与小语种国家的贸易往来逐渐频繁,许多行业对小语种的需求呈逐渐上升趋势,许多行业出现了"小语种人才难求"的局面。那么,今天就带你来看看不一样的海归——小语种国家留学海归(以下简称"小语种海归")。

### "说两句英语听听"

张迪(化名)毕业于法国普瓦提埃大学。回国后,她经常听到的一句话就是"既然是海归,说两句英语听听。"

"那个时候,我在心里翻了一个大大的白眼。难道每个出国的海归都一定会说英语吗?我去的是法国,虽然会用到英语,但是我更习惯说法语。"张迪无奈地说。

而毕业于西班牙巴塞罗那自治大学的刘可欣则持不同的态度。谈到这个问题

时,她淡然地说:"一般问这个问题的都是阿姨和大叔。出于尊重,在他们面前我就会随便说几句英语。语言不就是用来交流的吗,没什么好藏着掖着的,而且现在没出过国的中国人会英语的也很多。"

"学习小语种,糗事还很多"

"学习小语种,糗事还很多。"刘可欣感慨地说。"最经典的应该是鸡(pollo)这个词,因为它的阴性不是指母鸡,而是有其他的意思。一开始我不知道,老师没有特别讲过。每次去菜场买菜说这句话时,别人都会投来异样的眼神。知道原因之后,感觉很尴尬。"刘可欣笑着说。

跟英语不同,德语、西班牙语、法语等许多小语种语言中名词都有阴阳词性。西班牙语的基本规律是 a 结尾是阴性,o 结尾是阳性。还有阴阳不同,意思也不同的词语,比如包(bolso)、袋子(bolsa)。

毕业于韩国全北国立大学的李淑婷(化名)对于韩语发音的问题印象深刻。"我们刚学韩语的时候,中国口音特别重。有一次老师问班里的男生,女人什么时候最美,别人都回答得很正常。轮到我的一个同学时,他很淡定地说女人洗澡的时候最美,当时老师的脸都红了。"她笑了一会儿才继续说"其实那个同学是想说购物,因为这两个单词的发音有点像,所以搞混了"。

**小语种的机会来了吗**

骆加毕业于德国锡根大学,回国之后不到一年就被猎头通过社交网络找到,并为他介绍了现在这份德国企业的内部咨询工作。骆加感觉这份工作非常适合自己,他对三年多的工作体验和个人成长也都很满意。

"虽然内容与在德国完成的学业并不相关,但如果不是当年德国留学的经验,如果没有实施'一带一路'战略中国与德国更加紧密的合作,这样的机会想必也不会来得这么快。"骆加挺直了身体激动地说。

自"一带一路"战略实施以来,非通用语人才的需求被屡次提及。目前和中国建交的 175 个国家中,通用语种约 95 种,而国内仅能开设 54 种语言课程;"一带一路"战略涉及官方语言 40 余种,而目前国内仅能教授 20 余种。

2016 年国家公务员招考中,仅外交部与商务部就需求俄语职位 25 名、法语职位 17 名,共计需要小语种人才 103 名。未来,小语种海归进入大学授课或成为国家、企业国际交流中的中坚力量,择业成功几率也要远大于只会英语的海归。(丛嘉)(《人民日报海外版》2016.3.21)

# 期待"一带一路"开辟留学新路

在"一带一路"逐渐成为引领中国未来开放的大战略之时,留学教育作为国际间人员流动的重要方式,因其在促进"一带一路"国家人文交流、推动区域合作、增强国家互信、提升国家影响力等方面所发挥的重要作用而倍受关注。

**一、中国留学教育现状及其特点**

(一)出国留学

1.步伐很快

表－1 2009—2014 年我国出国留学人数及其年增长率

单位:万人

| 年份 | 1978 年以来累计出国人数 | 当年留学总人数 | 比上一年度增长人数 | 增长率% |
|------|------------------------|----------------|--------------------|---------|
| 2009 | 162.00 | 22.93 | 4.95 | 27.53 |
| 2010 | 190.50 | 28.47 | 5.54 | 24.16 |
| 2011 | 224.51 | 33.97 | 5.50 | 19.32 |
| 2012 | 264.17 | 39.96 | 5.99 | 17.63 |
| 2013 | 305.86 | 41.39 | 1.43 | 3.58 |
| 2014 | 351.84 | 45.98 | 4.59 | 11.09 |

截至 2013 年底,中国出国留学人员总数突破 300 万,成为世界上最大的留学生生源国。虽然当时"一带一路"战略并未正式实施,但我国赴"一带一路"沿线国家留学人数近年来均有一定幅度的增加。

2.目的国日趋分散

2013 年中国留学生已经遍布全世界 100 多个国家。此外,有数据表明,目前中国在美国、澳大利亚、日本、英国和加拿大 5 个国家的留学人员约占出国留学总人数的 74%。留学目的国选择呈现出"大集中、广分散"的特点。一方面,传统留学目的国以其优质的教育资源和卓越的教学声誉而广受中国留学生青睐。另一方面,马来西亚、新加坡、印度尼西亚等亚洲新兴热门留学国家和"一带一路"沿线国家成为中国留学生的"新宠"。

(二)来华留学

1.规模迅速扩大

在国家政策的支持下,2009—2013 年间来华留学生人数呈现井喷式增长,由

219939 人增加至 323177 人,短短五年增幅高达 1.47 倍。其中,"一带一路"沿线国家来华留学生连续五年保持 10% 以上的增长速度,年均增长率为 14.11%。除了绝对数量上的增加,"一带一路"沿线国家来华留学生占来华留学生总人数的比例也呈现出逐年上升的趋势。

2. 学历来华留学生比例相对稳定

来华留学生通常分为"学历来华留学生"和"非学历来华留学生"两种。从教育部公布的统计数据来看,一方面,学历来华留学生和"一带一路"沿线国家学历来华留学生数量都在逐年增多;另一方面,来华攻读学位的留学生占来华留学总人数的比例却保持相对稳定。

3. 来华留学生洲际分布差异大

从教育部来华留学统计数据中的生源国分布来看,来华留学生人数最多的地区是亚洲,但是亚洲生源占来华留学总人数的比例在逐年下降。来华留学生的生源结构渐趋合理。但来自其他洲的留学生比例还是相对较小

与来华留学生洲际分布相似,"一带一路"沿线国家来华留学生人数最多的地区也是亚洲。亚洲生源占"一带一路"沿线国家来华留学总人数的 85% 以上,欧洲生源占 14% 左右,这与"一带一路"沿线国家中亚洲国家居多相关,也在相当程度上反映出地缘文化在来华留学生招生工作中所发挥的重要作用。

**二、中国留学教育仍有提升空间**

从整体来看,中国出国留学人数远超来华留学人数,留学教育存在巨大的"贸易逆差"。然而,聚焦"一带一路"国家却可以发现,中国对"一带一路"沿线国家存在明显的"留学顺差"。

据《中国留学回国就业蓝皮书(2014)》显示,2013 年接受中国留学生较多的前十个国家分别是:英国、美国、澳大利亚、韩国、日本、法国、俄罗斯、加拿大、德国、新西兰、新加坡等,占总数的 90%。其中只有俄罗斯和新加坡两国属于"一带一路"沿线国家。这意味着中国赴"一带一路"沿线国家留学的人数占该年中国出国留学总人数的比例不足一成。与此相对,2013 年来华留学生主要生源国有韩国、美国、泰国、日本、俄罗斯、印度尼西亚、越南、印度、哈萨克斯坦、巴基斯坦、蒙古国、马来西亚等国家。来自于"一带一路"沿线国家的来华留学生共有 160830 名,占该年来华留学总人数的比例高达 45.11%。从以上数据可以看出,中国对"一带一路"沿线国家的留学生"输入"数量远超"输出"数量。

**三、国家公派出国呈增缓趋势**

2009—2013 年这五年间,国家公派出国留学人员合计 6.66 万人,年均 1.33 万

人,连续四年占出国留学人员的比重低于 5%,并且在个别年份还没有增加。国家公派出国留学人员增长速度稍显缓慢,同时在出国留学人员总数中的占比也不高,还不能满足当前国家经济社会快速发展对人才的巨大需求,尤其是对具有国际知识和国际交往能力的高层次紧缺人才的需求。可喜的是,2014 年度和 2015 年度,各类国家公派留学人员数量均有所增加,人数都已超过了 2 万人。国家经济、社会、科技和教育发展的后续力量希望能得以补充,现代化的建设目标也将加快实现的步伐。

**四、来华留学生学历结构变化**

在中国,虽然学历来华留学生数量在逐年增多,但学历生所占比例相对较低,仅占来华留学生总数的 40% 左右。此外,"一带一路"沿线国家来华留学生学历结构中还存在一个现象,即来华留学生的学历层次偏低。值得注意的是自 2009 年以来,本科留学生占"一带一路"沿线国家来华留学总人数的比例在逐年降低,而研究生的比例在逐年提高,这对于改善来华留学生的学历层次将会起到积极的促进作用。

**五、"一带一路"打造留学教育升级版**

"一带一路"既是实现共同发展、共同繁荣的合作共赢之路,也是推动人文交流、民意相通的和平友谊之路。留学生教育与人文交流密切相关,"一带一路"战略为全面打造留学生教育升级版提供了机遇。

首先,顶层设计将为留学教育发展提供更加全面的政策支持。"一带一路"建设,需要一个与"一带一路"战略相适应的留学生教育政策规划。面向"一带一路"的留学教育政策规划并不是独立存在的,而是"一带一路"教育发展规划的有机组成部分,是结合国家"十三五"教育规划中留学教育政策,进行全面的、有针对性的整体谋划和顶层设计。面向"一带一路"的出国留学政策规划、面向"一带一路"的来华留学政策规划、面向"一带一路"的留学教育科研规划,以及面向"一带一路"的留学教育服务规划等,都可能成为其规划重点。要处理好这三个层级的教育规划之间的关系,也是保证顶层设计的系统性、整体性、协同性的必要条件。

其次,借机扩大留学人员规模,优化留学人员的分布格局。"扩大相互间留学生规模",这是一个不错的发展契机,"一带一路"国家的留学生数量会有大幅增加。在出国留学方面,中国学生的跨境流动方向需要调整,自费留学生可更多地选择赴"一带一路"沿线国家学习,同时,他们当中的优秀自费留学生应该获取一定的奖助力度;会有更多人在全国范围内公开选拔的优秀大学生中脱颖而出,通过"一带一路"的国家公派出国留学项目,进入沿线国家的高水平大学和科研机构学习;"一带一路"留学教育规划可以是一揽子的,例如"一带一路"语言文化人才培养项目、"一带一路"沿线国家留学生互换项目,等等。来华留学方面,除了实施"一带一路"青年学子留学中国计划,每年可向沿线国家提供一万个政府奖学金名额,鼓励和吸引他们的优秀学生到中国接受高等学历教育,扩大"一带一路"国家政府间学历学位互认,支持大学间的教师互派、学生互换、学分互认和学位互授联授,消除学生与学者互相流动的体制性障碍。

再者,来华留学教育服务质量的提升将增强留学教育效益。扩大留学生规模是中国留学教育发展的一个重要方面,而提升教育质量是做强留学教育的关键。这里的质量主要是指来华留学生教育质量,其核心便是确立"一带一路"沿线国家来华留学生的培养目标。我们认为可以分层分类培养,既要培养能够参与国际事务、承载国家使命的未来领袖人才,也要培养一大批能够适应"一带一路"建设的专业技能型人才。可采取的措施包括:设立来华留学英语授课专业师资培训项目,实施教师国际化培养计划,构建国际化课程体系,打造来华留学教育品牌课程、品牌专业;立足"一带一路"战略需求,做强"设施联通、贸易畅通、资金融通"中所涉及的热门专业,大力培养"一带一路"战略所需要的各类技能型人才和复合型人才;转变人才培养方式,鼓励高校与企业合作办学,教育与产业同步发展,紧跟"一带一路"重大基础设施建设项目,开展技术应用型人才培养工作,等等。(刘强,英国纽卡斯尔大学哲学博士,现任北京师范大学教育学部部长助理、副教授;荆晓丽,北京师范大学国际与比较教育研究院2014级硕士研究生。文中数据来源:教育部、美国国际教育协会)(《神州学人》2015年第10期,部分内容有删减)

## 谋求"一带一路"的留学福利

2013年,"新丝绸之路经济带"与"21世纪海上丝绸之路"刚被提出之时,我尚在国内,乍闻此事,甚是兴奋。丝绸之路自汉代始,由陆路拓展至海路,由亚洲辐射至欧洲、非洲,一直肩负着中国与沿线各国之间的经贸往来、技术交流、外交互访等使命,承载着中国人民与各国人民间的共同记忆和友谊。为了开拓丝绸之路,中华民族的先辈们毅然离开家乡和亲人,踏上未知的征程,不畏艰险,更不惧生死。

今天,当人们提起丝绸之路,它无疑代表着中华文明的实质和中华民族精神的精髓——勤劳勇敢、友善好客、爱好和平。可以说,历史上的丝绸之路不仅是中外友谊的见证和中华民族精神的传承与发扬,更为包含中国在内的沿线各国带来了经济的互惠发展和日益密切的交流,从而加快了世界经济的发展,推动了人类文明的进步。而当代"一带一路"战略的构想,正是对古丝路意义和内涵的延伸与发展,综合涉及了国家硬实力与软实力的建设。这其中,便包括了我国的留学工作。

　　作为一名留学生,身在海外,也特别留心了周边人对"一带一路"的关注度和看法。无论是外国人还是中国人,除了国际关系和中国政治领域的学生和研究人员,大部分人对"一带一路"只有一个模糊的印象,甚至不曾听闻。

　　这既是意料之外,却又是情理之中。意料之外,是因为"一带一路"自提出以来,无论是在外交场合还是学术领域,都成为了一个高频词汇。作为国家的一个新兴战略构想,"一带一路"更是成为相关地方政府和国内各大智库的"新宠"。但是,基本上当前的动作都只限于这些或官方或专业的运作、研究,缺少多样化的传播渠道和接地气的传播方式,故而知者甚少也是情理之中了。

　　由此分析,"一带一路"当务之急便是建立一个多方位、立体化的传播模式,充分借助海外华人华侨和留学生作为"民间大使"的优势,开发通俗化的传播平台,形成全民共襄的传播氛围。而留学人员作为海外一个庞大且机动性高的群体,理应成为重点关注的对象。

　　我认为,"一带一路"与留学工作应该是良性互动与共同发展的关系。既是二者的互动与发展,自当从两大角度出发来谈。其一,"一带一路"将为留学工作与留学生带来便利与福音,从而推动人才回流,加强海外华人的国家身份认同。其二,留学生这一群体也会为促进和完善这一国家战略的传播和实施贡献出不可小觑的力量。

　　欲论"一带一路"之于留学人员的意义,首先要了解留学群体的特征,包括他们的现状、技能与愿景;其次则需要分析"一带一路"的覆盖面和可能性,挖掘其与留学人员特征的契合点。留学生们背井离乡,在异国求学,充满了艰辛和不易,许多留学生承受了巨大的压力。若想解决这些问题,靠的是国内外各部门的共同努力和与留学国的沟通联动,"一带一路"正提供了这样的契机。如同古丝绸之路,"一带一路"绝不仅限于商贸往来,各国间的交流互惠是方方面面的,教育正是其中之一。以"一带一路"构想为平台,各国教育部门和教育机构可以开展更多的合作,保持更加紧密的沟通。从增加留学项目和奖学金设置,到加强驻外使领馆维护中国学生权益的能力,这些官方和民间校际的措施,可以很大程度上提高中国学生走出去"师夷长技"的热情和质量,为日后的人才回流奠定坚实的基础。

　　从技能方面观之,留学生最大的优势便是能够熟练使用一门外语,且了解所在国社会风俗习惯和行为准则;其次,留学生在海外接受了更多国际化的专业知识。以商科学生为例,他们接受了西方的商学体制教育,对西方主导的国际商贸体系和机制就更为熟悉。随着"一带一路"战略的逐步推进,中国将与许多国家建立更紧密多元的合作关系,中国的国营、民营企业、非政府组织及其他机构和单位加快走出去的步伐,无疑为有语言优势和专业对口的留学生提供了大量的就业岗位。这一方面减小了留学生的就业压力,另一方面也阻止了国家人才的流失,为国家建设与发展吸引了大量的专业力量。

除了专业技能得以对接,"一带一路"还为留学生的个人理想与家国情怀提供了完美的结合。对于个人愿景,留学生这一群体重视个人价值的实现和生活质量的提升,追求自由发展的个人空间,所以倾向于就职企业、研究所和非政府组织等机构。"一带一路"将会带动一大批企业扩展对外贸易和投资,甚至在海外建厂设分部;同时,"一带一路"也会催熟现有的为数不多的中国非政府组织,创造他们与各国的互动机会,扩大他们的国际影响力,并催生更多的非政府组织。留学生任职于这些企业和机构不仅可以实现个人理想,更抒发了家国情怀。

有人说,越是出国的人越爱国,我认为颇有几分道理。在国外生活,更能深切认识到每个社会都具有的排他性,认识到自己与当地人的不同,从而强化了对祖国和民族的归属感;与亲人的分离,更是加重了思乡之情、归乡之愿。这些由中国机构提供的岗位,自是让人与祖国多了份联系,即使不回国定居发展,仍有机会往返于两国之间。何须振臂长啸鸿雁寄书,个人之志与家国之情借就业而抒矣!

通过正确引导留学人员认识"一带一路"带来的福利和价值,便可以推动他们更积极主动地投入对"一带一路"事业的贡献。而这些贡献大抵体现在"一带一路"战略的两个部分,一是前期传播,二为后期实施。

就传播方面而言,留学生作为"民间大使",以对话等形式开展工作具有广泛性和深入性两大优势。我国的人口基数大,留学生的数量也是非常可观的。在这庞大的基数下,留学生以个人为圆心,通过社交网络和课堂交流向其周围人群辐射,无疑极大扩展了"一带一路"的民间"知名度",弥补了官方和学界传播工作的局限,让外国的普通百姓也可以了解到"一带一路"的概念及其带来的福利。而且由于留学生接触更多的是同龄人,如此一来,西方青年群体可以更好、更有效地了解"一带一路",为这一战略的长期实施、推广和发展打下良好的根基。

至于深入性,则是因为留学生的传播更通俗平易。相比官方的严肃正经和学界的晦涩难懂,"一带一路"在学生的话语中充满了奇趣感和人情味:或结合了自身人生经历和感悟,穿插在与友人的谈天说地中,如故事般娓娓道来;或几人间的一次随性交流辩论。无论公开还是私密,在热烈的氛围中大家侃侃而谈,交换观点,不知不觉中已为"一带一路"做了传播。便是这般一对多的传播结构和似有若无且通俗易懂的传播方式,让"一带一路"渐渐深入人心。

值得一提的是,海外的留学生组织和社团在"一带一路"的传播工作上也扮演着重要的角色。通过举办以"一带一路"为主题或与之相关的学术及文化活动,以点带面,可以有效激发当地甚至所在国人们对"一带一路"的好奇和兴趣,扩大"一带一路"的传播范围。近日,在澳大利亚首都堪培拉的澳大利亚国立大学,一个"一带一路"学术研讨会就由当地的中国学联成功举办。许多澳洲知名学者参与其中,极大地提高了澳洲学界和澳洲社会对"一带一路"的认识。

在"一带一路"的实施过程中,留学生也将负担起重要的责任,发挥积极的作用。留学生这一群体具有专业技能上的优势。首先便是沟通能力,许多留学生熟练掌握一门甚至多门外语,排除了语言上的障碍;不仅如此,长期在国外生活而积累的经验,让留学生能够更好地了解当地社会的禁忌喜好和行为准则,从而减少沟通中因双方互不了解而引起的不必要的摩擦和误会,大大提高了沟通工作的效率和成功率。尤其对于走出去的中国企业来说,留学生的沟通优势可以帮助他们缓解纠纷、避免冲突,为企业与当地对接提供缓冲和互相适应的空间。

沟通之后,更重要的是项目的实际执行。由此,许多留学生的专业优势便显现出来。留学生在海外接受专业教育,因而对国际上通用的组织方式、行为模式、机制准则等更为熟稔。举例而言,商科学生对跨国公司的运营模式和国家经济法、商法较为了解;而如我一样的国际政治类学生则能为"一带一路"涉及的政府间交流与国际援助和发展建言献策。实际上,包括亚投行、丝路基金在内的官方机构与各类民间的企业和非政府组织,都缺乏通晓国际准则、能与当地对接的专业人员。而这个环节却至关重要:不论有多完善的策划方案,多雄厚的资金实力,多专业的运作团队,多真挚的诺言和情谊,一旦缺乏与当地政府、社会、相关企业和组织的良好沟通与协调,都有可能导致项目无法最终完美实施。因此,我们应该吸引有专业素养的留学人员参与"一带一路"相关的工作,充分发挥他们的专长和优势,让个人的专业背景可以和国家利益相结合,个人与国家可以共同发展。

综上所述,留学与"一带一路"有着紧密的联系。"一带一路"可以带动留学工作的改进,促进留学事业的繁荣,提供丰富的就业机会,将实惠带给每个留学人员,从而促进大量人才回流,加强海外学子的国家身份认同。而这一过程也潜移默化地向留学人员传播了"一带一路"。由此,留学生又可以广泛而深入地传播"一带一路",影响带动周边的人,并借助自己的沟通优势和专业背景补充这一战略实施中不可或缺的环节,为"一带一路"添砖加瓦。"一带一路"与留学工作这二者的互动,必将达成双赢的局面。(王乐阳,澳大利亚国立大学国际关系专业)(《神州学人》2015年第10期)

# 五、"一带一路"沿线国家学生成为来华留学主力

随着"一带一路"伟大战略的不断推进,中国教育部发布了《推进共建"一带一路"教育行动》,设计了"丝绸之路"留学推进计划、"丝绸之路"合作办学推进计划、"丝绸之路"师资培训推进计划和"丝绸之路"人才联合培养推进等计划。目前,"丝绸之路留学推进计划"正在实施,推进了"综合双向10万人"、"中国-东盟双向10万人"计划,设立了"丝绸之路中国政府奖学金",鼓励丝路沿线国家学生来华留学,并且在未来五年,每年将资助一万名丝路沿线国家的新生来华学习和进修。可以说,随着"一带一路"战略的推进及教育行动的实施,沿线国家在未来几年将成为来华留学主力。

## 相关报道

## 中国成为亚洲最大留学目的国,来华留学热"一带一路"沿线国家领跑

教育部近日召开新闻发布会,介绍十八大以来出国、来华留学工作有关情况。数据显示,2016年出国留学与来华留学人数同步增长,中国成为世界最大的留学输出国和亚洲重要留学目的国。

### 八成留学人员学成后选择回国发展

根据发布的数据,2016年我国出国留学人员总数为54.45万人,各类留学回国人员总数为43.25万人,出国留学与留学回国人数比例从2012年的1.46∶1下降到2016年的1.26∶1,留学回国与出国留学人数"逆差"逐渐缩小。据不完全统计,八成留学人员学成后选择回国发展。

在地域分布方面,我国出国留学人员留学目的国相对集中。2016年度,逾九成留学人员赴美国、英国、澳大利亚等十国。从学历层次看,2016年度我国出国留学人员攻读本科以上学历占七成。

2016年出国留学人员中,自费留学共49.82万人,占出国留学总人数的91.49%。据了解,2012年以来,自费留学的比重持续保持在92%左右,已初步形成公

派留学为主导,自费留学为主体的留学工作格局。

### 来华留学规模持续增长"一带一路"沿线国家领跑

据统计,2016 年来华留学生规模突破 44 万,比 2012 年增长了 35%,中国已成为亚洲最大留学目的国。2016 年在华留学生生源国家和地区总数为 205 个,创历史新高。教育部国际司司长许涛在发布会上说,与以往的来华留学生多为学习汉语不同,目前越来越多的留学生选择攻读学历课程。2016 年在华学历生人数占来华留学生总数的 47.4%。以汉语学习为主的格局被打破,学科分布更加合理。

值得注意的是,近年来"一带一路"沿线国家学生数量增长明显。2016 年沿线 64 国在华留学生共 207746 人,同比增幅达 13.6%。为服务国家战略,针对来华留学生的中国政府奖学金也向周边国家和"一带一路"沿线国家倾斜。享受 2016 年中国政府奖学金的 49022 名学生中,"一带一路"沿线国家奖学金生占比 61%。

许涛表示,为配合"一带一路"战略,每年共向沿线国家提供一万个新生名额。今年还将新设"丝绸之路"中国政府奖学金,每年资助沿线国家留学生来华学习或研修,为沿线各国专项培养行业领军人才和优秀技能人才。(人民网 2017.3.3)

## 中国正在实施"丝绸之路留学推进计划"

教育部国际合作与交流司司长许涛今日在京表示,中国正在实施"丝绸之路留学推进计划",推进"综合双向 10 万人"、"中国 – 东盟双向 10 万人"计划,设立"丝绸之路中国政府奖学金",鼓励丝路沿线国家学生来华留学。未来五年,每年将资助一万名丝路沿线国家的新生来华学习和进修。

2016 年全球大学校长高峰论坛今日在北京交通大学举行。许涛表示,2015 年,在 37 万来华留学生中,有 17 万来自"一带一路"沿线国家,占来华留学生总数的 46%。46 万中国留学生中,有 4 万人前往"一带一路"沿线国家。

目前除个别国家以外,中国与"一带一路"的沿线国家都签署了不同形式教育的协议或谅解备忘录,一批有影响力的标志项目正逐步落地。比如最近依托中国 – 东盟教育交流周,与东盟十国签署了涉及高等教育、职业教育、基础教育等领域的协议;依托上海合作组织,将五个成员国 74 所院校联结在一起,共同建立了七个专业方向,加强资源共享和信息沟通。

据介绍,在"丝绸之路合作办学推进计划"中,巴基斯坦、哈萨克斯坦、约旦、埃及等十多个国家向中国发出了境外合作办学邀请。

许涛说,中国在 51 个"一带一路"沿线国家建立了 132 个孔子学院,大力推进汉语的国际教学。千名中西部大学校长的海外研究计划已覆盖中国 25 个中西部的省份,400 多所高校。未来在"丝绸之路师资培训推进计划"中,还将推进沿线各国的校长交流访问、教师及管理人员的交流研修,推进优质教育模式和与沿线各国互学互鉴。

"在丝绸之路人才联合培养推进中,我们鼓励沿线各国高校,在语言、交通运输、建筑、医学、能源、环境工程、生物科学、海洋科学、文化遗产保护等沿线国家发展急需的专业领域联合培养学生,使他们学得好,用得上,发挥作用。"许涛表示。(马海燕)(中国新闻网 2016.9.9)

# 吸引"一带一路"留学生来华

来华留学生培养一直都是服务国家战略、经济发展和教育改革的重要抓手。作为"留学中国"十年计划承前启后的重要节点,2016 年,来华留学发展进入重要机遇期。

教育部国际司相关负责人近日在接受国际商报社记者采访时表示,《留学中国计划》实施以来,各地政府和高校通过高端人才培养项目、"一带一路"专门人才培养项目等措施服务国家战略、吸引留学生,取得了明显成效。

据教育部统计,2015 年,我国共吸引"一带一路"沿线 64 个国家近 18.3 万名学生在华学习,其中中国政府奖学金生近 2.5 万人。

### "高校 + 政府"搭起双平台

近年来,各地高校和政府通过国家和地区之间合作办学、中外就业指导"一盘棋"等措施,共同搭建平台,吸引"一带一路"沿线及周边国家人才来华留学。

记者采访了解到,近几年,北京大学在来华留学生培养方面,将"一带一路"沿线及周边国家作为重要着力点。今年 4 月,北京大学南南合作与发展学院挂牌成立,招收发展中国家政府的中高级官员攻读公共管理方向的硕士和博士学位,共有来自埃塞俄比亚等 27 个国家 28 名硕士研究生和 21 名博士研究生成为"南南学院"首期学员。

对外经贸大学则把留学生"出口工作"纳入到学校来华留学生教育总体战略规划之中,将中外学生就业指导工作作为"一盘棋"来抓,建立了以培养"多元复合型国际人才"为核心,贯穿留学生自入学至毕业全过程,涵盖课程培训、实践考察、就业实习和创业创新四大模块。

除了高校,政府也搭建平台,助力"一带一路"来华留学教育发展。陕西省教育厅为支持相关高校,先后成立两个中亚学院、两个丝绸之路研究院和"新丝绸之路大学联盟",搭建丝路沿线国家留学生教育平台。目前,依托这几大平台,已经形成了丝路沿线特别是中亚留学生教育的培养基地。今年浙江省商务厅、教育厅首次组织高校抱团在"一带一路"沿线重要节点国家格鲁吉亚首都第比利斯顺利举办中国(浙江)国际教育服务洽谈会,为有意留学中国的当地学生架起了面对面了解中国、了解浙江的沟通平台。

**奖学金规模持续扩大**

为了吸引留学生来华,近年来,中国政府奖学金规模持续扩大。自2010年以来,国家对中国政府奖学金投入年增幅保持在11%以上。教育部国际司相关负责人介绍说,为更好地配合"一带一路"建设,专门增设"一带一路"中国政府奖学金,为沿线国家培养其急需的各领域专业型人才。在2015年来华的"一带一路"沿线64个国家近18.3万名学生中,获得中国政府奖学金生近2.5万人。

这也为四川大学来华留学生教育带来机遇。据了解,四川大学充分发挥向西向南开放和"一带一路"建设的区位优势,2016年在全国高校中率先设立了总金额为1亿元人民币的"一带一路"来华留学生奖学金,还专门出台《四川大学"一带一路"来华留学生奖学金项目实施方案》。

自2016年起,陕西省委、省政府提高了2014年设立的"三秦来华留学生奖学金"的数额,并向丝路沿线特别是中亚、西亚的国家和地区倾斜。江苏设立"茉莉花留学江苏政府奖学金",受益面扩大至部、省、市属所有高校。其中,连云港市专设"一带一路"奖学金。此外,重庆、湖北、湖南、福建、青海、新疆等也面向"一带一路"沿线国家推出了国别或语言专项奖学金。

教育部相关负责人表示,下一步,教育部将进一步落实《关于做好新时期教育对外开放的若干意见》和全国留学工作会议精神,明确来华留学定位,坚持服务大局、人才战略和教育改革;努力做强来华留学事业,建立中国留学生质量和管理保障制度,坚持规范管理,以管理促发展、以管理提质量、向管理要效益。(《国际商报》2016.11.30)

# 教育部:一带一路沿线国家将实现学分互认

教育部近日印发《推进共建"一带一路"教育行动》,提出要以国家公派留学为引领,推动更多中国学生到沿线国家留学,并在沿线国家之间实现学分互认、学位互授联授,鼓励沿线各国高等学校在语言、交通运输、建筑、医学、能源、环境工程、水利工程、生物科学、海洋科学、生态保护、文化遗产保护等各国发展急需的专业领域联合培养学生,推动联盟内或校际间教育资源共享。

《行动计划》提出,要推动落实联合国教科文组织《亚太地区承认高等教育资历公约》,支持教科文组织建立世界范围学历互认机制,实现区域内双边多边学历学位关联互认。呼吁各国完善教育质量保障体系和认证机制,加快推进本国教育资历框架开发,助力各国学习者在不同种类和不同阶段教育之间进行转换,促进终身学习社会建设。共商共建区域性职业教育资历框架,逐步实现就业市场的从业标准一体化。探索建立沿线各国教师专业发展标准,促进教师流动。

一带一路蕴含着巨大商机,对专业人才需求量激增。因此,《行动计划》提出将设立"丝绸之路"中国政府奖学金,为沿线各国专项培养行业领军人才和优秀技能人才。全面提升来华留学人才培养质量,把中国打造成为深受沿线各国学子欢迎的留学目的地国。以国家公派留学为引领,推动更多中国学生到沿线国家留学。坚持"出国留学和来华留学并重、公费留学和自费留学并重、扩大规模和提高质量并重、依法管理和完善服务并重、人才培养和发挥作用并重",完善全链条的留学人员管理服务体系,保障平安留学、健康留学、成功留学。

鼓励中国优质职业教育配合高铁、电信运营等行业企业走出去,探索开展多种形式的境外合作办学,合作设立职业院校、培训中心,合作开发教学资源和项目,开展多层次职业教育和培训,培养当地急需的各类"一带一路"建设者。

"丝绸之路经济带"和"海上丝绸之路经济带"涉及 65 个国家和地区,新加坡、以色列、俄罗斯的高等教育都很有竞争力。在经济社会发展方面,一带一路国家整体上还相对落后,需要大量建设者,潜藏着大量机会。(佘颖)(中国经济网 2016.8.11)

## 政府奖学金:资助沿线国家新生来华学习

记者今天获悉,教育部发布了《推进共建"一带一路"教育行动》,详细阐释了共建"一带一路"教育行动的基础性、支撑性、引领性举措等内容,并提出设立"丝绸之路"中国政府奖学金。在未来五年里,每年资助一万名沿线国家新生来华学习或研修,为沿线各国培养行业领军人才和优秀技能人才。

《教育行动》提出,教育交流为沿线各国民心相通架设桥梁,人才培养为沿线各国政策沟通、设施联通、贸易畅通、资金融通提供支撑,倡议沿线各国携手行动起来,构建"一带一路"教育共同体,全面支撑共建"一带一路"。

《教育行动》设计了"丝绸之路"留学推进计划。设立"丝绸之路"中国政府奖学金,为沿线各国专项培养行业领军人才和优秀技能人才。全面提升来华留学人才培养质量,把中国打造成为深受沿线各国学子欢迎的留学目的地国。以国家公派留学为引领,推动更多中国学生到沿线国家留学。未来三年,中国将每年面向沿线国家公派留学生 2500 人;未来五年,将建成十个海外科教基地,每年资助一万名沿线国家新生来华学习或研修。

教育部有关负责人表示,印发《教育行动》的作用,在于力争做到经贸走到哪里,教育的民心工程就延伸到哪里,教育的人才培养就覆盖到哪里;力争推动教育发展和经贸合作并驾齐驱,成为车之两轮、鸟之两翼;力争发挥教育"软力量"四两拨千斤的作用,实现"一带一路"建设推进事半功倍。

他倡议,沿线各国加强战略规划对接和政策磋商,探索教育合作交流的机制与模式,增进教育合作交流的广度和深度,追求教育合作交流的质量和效益,构建"一带一路"教育共同体,共创人类美好生活新篇章。(李澈)(《中国教育报》2016.8.11)

## 丝路奖学金年助万人赴华留学,为沿线各国培养人才

据新华社报道:中国教育部 11 日发布《推进共建"一带一路"教育行动》,提出将设立"丝绸之路"中国政府奖学金,在未来五年里,每年资助一万名沿线国家新生来华学习或研修,为沿线各国专项培养行业领军人才和优秀技能人才。

据介绍,教育行动设计了"丝绸之路"留学推进计划、"丝绸之路"合作办学推进计划、"丝绸之路"师资培训推进计划和"丝绸之路"人才联合培养推进计划作为共建"一带一路"的支撑性举措,开展人才培养培训合作。"丝绸之路"中国政府奖学金是"丝绸之路"留学推进计划的一部分。同时,该留学推进计划还明确,将以国家公派留学为引领,未来三年,每年面向沿线国家公派留学生 2500 人。

此外,教育行动还提出了共建"一带一路"的基础性举措和引领性举措等。

教育部有关负责人表示,印发教育行动的作用,在于力争做到经贸走到哪里,教育的民心工程就延伸到哪里,教育的人才培养就覆盖到哪里;力争推动教育发展和经贸合作并驾齐驱;力争发挥教育"软力量"四两拨千斤的作用,实现"一带一路"建设推进事半功倍。

他倡议,沿线各国加强战略规划对接和政策磋商,探索教育合作交流的机制与模式,增进教育合作交流的广度和深度,追求教育合作交流的品质和效益,构建"一带一路"教育共同体,共创人类美好生活新篇章。(大公网 2016.8.12)

## 来华留学生数据公布:欧美生源下跌,一带一路沿线国发力

4 月 14 日,教育部公布 2015 年来华留学生数据,统计显示,共有来自 202 个国

家和地区的 397635 名各类外国留学人员在 31 个省份的 811 所高等学校、科研院所和其他教学机构中学习。

其中,亚洲、欧洲、非洲、美洲、大洋洲来华留学生总人数分别为 240154、66746、49792、34934、6009 名,亚洲和非洲生源同比增长,欧洲、美洲、大洋洲生源同比下跌;韩国、美国、泰国成为生源国前三位;北京、上海、浙江位列吸引来华留学生人数省份前三位。

**2015 年留学生总数同比增 5.46%**

教育部统计显示,2015 年各类外国留学人员比 2014 年的 377054 人增加 20581 人,增幅为 5.46%。接收留学生的高等学校、科研院所和其它教学机构比 2014 年的 775 个增加了 36 个。

其中,2015 年在华接受学历教育的外国留学生为 184799 人,比 2014 年的 164394 人增加 20405 人,同比增长 12.41%,继续保持 2008 年以来高于来华生总人数增速的态势。

学历生人数占在华留学生总数的比例为 46.47%,其中研究生占在华生总数的比例为 13.47%,两项比例较 2014 年均有所上升。

**一带一路沿线国家成生源发力点**

2015 年留学生生源国家和地区数与 2014 年的 203 个相比基本持平。

前十大生源国依次为韩国、美国、泰国、印度、俄罗斯、巴基斯坦、日本、哈萨克斯坦、印度尼西亚和法国。

在前十大生源国中,韩国、印度、巴基斯坦和哈萨克斯坦四国生源数均有所增长,其中印度、巴基斯坦和哈萨克斯坦同比增长均超过 10%。来自亚洲和非洲的生源较上一年分别有 6.5% 和 19.47% 的增幅。

**2015 年中国政府奖学金规模持续扩大,助力来华留学**

统计显示,2015 年有来自 182 个国家的 40600 人享受中国政府奖学金在华学习,占来华生总数的 10.21%,比 2014 年增加 3657 人,增幅为 9.9%。

奖学金生层次相比去年继续提高,学历生比例为 89.38%,同比增加 1.38%;研究生比例为 68.01%,同比增加 5.01%。中国政府奖学金对来华留学的引领作用持续显现,青海、宁夏、贵州、云南、江西、四川和广西等中西部地区和边境省区的留学生规模显著扩大。(注:所有数据均不含港、澳、台地区)

表 –1 生源统计数据(按洲别统计)

| 洲别 | 总人数 | 占总数百分比 | 比上年增减人数 | 同比增减 |
|------|--------|--------------|----------------|----------|
| 亚洲 | 240154 | 60.4% | 14664 | 6.5% |
| 欧洲 | 66746 | 16.79% | –729 | –1.08% |
| 非洲 | 49792 | 12.52% | 8115 | 19.47% |
| 美洲 | 34934 | 8.79% | –1206 | –3.34% |
| 大洋洲 | 6009 | 1.5% | –263 | –4.19% |

**按国别排序前 15 名:**

韩国 66672 人,美国 21975 人,泰国 19976 人,印度 16694 人,俄罗斯 16197 人,巴基斯坦 15654 人,日本 14085 人,哈萨克斯坦 13198 人,印度尼西亚 12694 人,法国 10436 人,越南 10031 人,德国 7536 人,蒙古 7428 人,老挝 6918 人,马来西亚 6650 人。

**按省份排序前 10 名:**

北京 73779 人,上海 55218 人,浙江 25658 人,江苏 25489 人,天津 24511 人,广东 23015 人,辽宁 22784 人,山东 17,903 人,湖北 17670 人,黑龙江 12085 人。人数超过 10000 人的省(区)还有云南 12078 人,福建 10490 人,广西 10287 人。

**按学生类别统计:**

接受学历教育的外国留学生总计 184799 人,占来华生总数的 46.47%,比 2014 年增加 20405 人,同比增加 12.41%;硕士和博士研究生共计 53572 人,比 2014 年增加 11.63%,其中,硕士研究生 39205 人,博士研究生 14367 人。2015 年,非学历留学生 212836 人。(澎湃新闻网 2016.4.15)

## 来华留学生过半来自"一带一路"国家

南京邮电大学积极响应国家"一带一路"战略,学科专业对接"一带一路"需求,招生政策有所倾斜,招收的来华留学生来自欧、亚、非三大洲的 22 个国家,数量达 110 余人,其中来自"一带一路"国家的占比过半。

俄罗斯小伙 Ravil 选择工商管理专业学习。他对记者说,11 岁时在学校选修了经济管理课程,从此对贸易产生了兴趣。他认为语言、文化都会对贸易产生很大的影响。平时通过网络知道中国和俄罗斯、和哈萨克斯坦等国都有大量的贸易往来。他期待留学期间在学习专业的同时"更多地了解中国的人际关系。"来自孟加拉国的女生 Mst Touziat 告诉记者:"我的表哥去年来这所学校学习,我听了他的介绍,还在网上查询了学校的优势专业、综合实力,于是和我的丈夫一起来学习。"Mst Touziat 选择了南邮的国家级特色专业建设点"计算机科学与技术"本科学习。她的丈夫 Hillol 选了工商管理硕士深造,他计划毕业后在中国工作几年,他说:"中国是孟加拉国最大的贸易伙伴,在中国的工作经历,会对我未来的职业规划有很大的帮助。"

在与留学生新生的交谈中获悉,南京邮电大学的一些"硬货",如"2015'中国最好大学排名'综合排名全国百强"、"《自然》特刊'中国顶级研究机构'第80位"、"工程学科、化学学科、材料科学学科等三个学科进入2014年 ESI 国际学科排名全球前1%"、"信息与通信工程、有机光电材料两个一级学科进入全国高校前20名"等都对留学生的选择起到很大的影响。加纳留学生 Nana 在本国和荷兰分别完成了电子工程专业本科和硕士阶段的学习,之后在加纳的一所技术学院当了老师。来南邮留学,他还是选择了与所学专业相关的信息与通信工程专业攻读博士。"来中国是一个提升自己的机会,将来从这里毕业,回到我工作的学校,希望可以带领一个研究团队。"据了解,今年南京邮电大学围绕"一带一路"沿线国家发展急需的学科专业,在信息与通信工程、电子信息工程、计算机科学与技术、工商管理等专业招收本科、硕士及博士层次的留学生。课程采取全英文授课,除专业课外,还开设汉语言、中国文化、太极拳等课程,培养知华、友华的"一带一路"战略急需的国际化人才。(中国教育新闻网 2015.9.21)

## "一带一路"国家来华留学人数大增,各高校纷纷开出新专业

### "一带一路"国家来沪留学人数大增
### 上海高校积极响应国家战略,精心谋篇布局推出全新举措

"十一"前夕,同济大学传出消息,来自该校50多个"一带一路"国家留学生和本校学生共同合作完成的51份国别国情研究报告,将以论文集形式付诸出版——这本名为《命运共同体视野下的中国"一带一路"建设》的集子,已进入最后校对阶段。而在复旦大学,筹备中的全英文中国政治学本科专业,也将对"一带一路"国家的留学生开放招生。

通过智库建设加强储备性政策研究、完成人才培养方案的对接、依托高校的学科资源和人才智力优势提升来华留学生服务的质量和水平……积极响应"一带一路"国家战略,上海高校正在精心谋篇布局,推出全新的举措。

### "一带一路"国家留学生多数是为了拿学位

这个"十一",东华大学材料专业实验室里,来自苏丹、巴基斯坦、哈萨克斯坦、孟加拉国等国家的留学生们将度过一个无休的假期。在东华大学的近5000名留学生中,有三分之一是来自"一带一路"国家的学生。和过去留学生大多数来华是为了读汉语或学习中国文化不同,近两年,"一带一路"国家的留学生来到上海,多数是为了拿学位。

在上海交通大学、华东师范大学等沪上高校,"一带一路"国家的留学生数量近两年出现了猛增势头。

上海交大今年680多名修读学位的留学生中,有三分之一来自"一带一路"40多个国家,且其中80%的学生是修读硕士、博士学位,他们大多数选择了电子、计算机、机械、生物等传统优势专业。一名俄罗斯留学生告诉记者,亲戚去年考上了上海交大的研究生,她随即上网查询交大的优势专业和办学综合实力,今年便选择来上海修读计算机专业。而她的同学则选择了安泰经管学院。"中国和俄罗斯有很多贸易往来,在中国的工作经历会对我未来的职业规划有很大帮助。"据悉,上海交通大学安泰经济管理学院作为东盟商学院主席单位,为"一带一路"国家的留学生设立了奖学金。

华东师范大学今年的1200多名留学生中,有一半左右来自"一带一路"沿线64个国家。据悉,他们中多数是来修读各类科学、文史哲等专业学位的。为此,华东师大设立了汉语教师培养计划,专门招收巴基斯坦等"一带一路"国家留学生,为当地培养汉语教师。按照计划,在未来几年将培养1000多名汉语专业人才。

### 对接国家战略,各高校纷纷开出新专业

对于"一带一路"国家留学生数量大增的势头,复旦大学今年将筹备全英文的中国政治学本科专业。根据计划,这一专业明年将针对"一带一路"国家的留学生开放招生,让更多的"一带一路"国家的学生了解中国;同时,该校中文系将与泰国的大学合作,开展本科生"7+1"合作项目。

在上海外国语大学东方语学院,今年首次开设的乌尔都语专业从这个新学期开始已正式对学生授课。乌尔都语是巴基斯坦的官方语言。此外,该校将选择"一带一路"重点国家的十门官方语言和重要方言,开设相应的课程和专业。今后三年,上外教授的外语语种数将增加到30种。

有学者分析,伴随着"一带一路"战略的提出,整个国家的外语战略规划也将

转型,比如,国家外语资源种类的需求将从单一走向多元,国家外语能力的需求也将从内需型走向外向型。目前,在上海外国语大学学习乌尔都语的学生是一群印地语专业的本科生,今年刚读大三。由于印巴分裂前乌尔都语和印地语又被合称为"印度斯坦语",所以,印地语和乌尔都语本身在口语和语法上几乎是共通的,对学习印地语的学生,乌尔都语并非是一门全新的语言,只需在印地语的基础上学习一些新的词汇。

**设立项目提高留学生培养质量**

在扩大"一带一路"国家留学生招生的同时,提升来华留学生的教育质量、提供更多满足留学生个人需求的服务举措,也正纳入高校的议事日程。同济大学国际文化交流学院程好老师介绍,为了帮助"一带一路"留学生尽快融入大学的生活和专业学习,从上学期初开始,学院就启动了"1对1"的国别国情调研学术研究项目。"一带一路"诸国的经济和社会发展有哪些最新进展、各自的文化和宗教背景如何等……针对这些需要调研的主题,让一位留学生和一位中国学生结对,共同开展研究。程好说,来自"一带一路"国家的不少留学生不会讲英语,只有一些中文基础,因此,让中方学生共同参与,帮助其进行成果翻译,这种合作研究的模式受到欢迎。作为这一调研项目的延续,这个新学期,一个覆盖"一带一路"十国的舆情研究也在顺利推进之中。

在复旦大学,校方破例为"一带一路"国家的留学生开辟了一些勤工助学的岗位。按照规定,留学生在中国不允许打工,但学校发现部分留学生学习刻苦、表现不俗,只是经济条件并不宽裕,所以在目前的学生勤工助学体系中安排了一些岗位。相关负责人告诉记者:"高等教育参与国家战略,最重要的是体现大国责任,开展政策研究,而培养留学生最好的课堂,就是当代中国。"(姜澎、樊丽萍)(《文汇报》2015.10.5)

# 2016中国留学报告:"一带一路"沿线国家来华留学生明显增加

"中国在老挝的影响力扩大,学好中文就业机会更多,而且中国的教育水平也得到国际认可。"在北京就读的老挝留学生苏晓珊,这样向中新社记者解释来华留学的原因。

《中国留学发展报告(2016)》蓝皮书近日发布。报告指出,"一带一路"沿线国家来华留学生明显增加。印度、巴基斯坦和哈萨克斯坦来华留学生增长幅度超过

10%。生源排名前 15 名的来源国中,泰国、印尼、老挝、马来西亚等 10 个国家均位于"一带一路"沿线。

报告由中国与全球化智库(CCG)研究编著。CCG 秘书长苗绿认为,来自这些国家的来华留学生,对于将来推动"一带一路"沿线的建设和发展都具有重要意义。

苏晓珊今年获得了中国政府奖学金,基本覆盖其在北京学习的所有费用。她说,"政府奖学金政策对'一带一路'沿线发展中国家的留学生来说很有吸引力,也拉动了周边国家的生源。"

相关奖学金的规模有望持续扩大。2016 年 8 月,中国教育部提出将设立"丝绸之路"中国政府奖学金,在未来五年里,每年资助一万名沿线国家新生来华学习或研修。

"但是,'一带一路'沿线国家留学生也面临跨文化交流和找工作等难题。"泰国留学生吴泰康说,"大多数国际学生住在专门的留学生公寓,条件虽然较优,但'分楼而居'增加了双方交流融合的难度。"

报告建议,加强来华留学生跨文化融合。学校应给予留学生自主选择住宿的机会,同时尽量拉平留学生和中国学生的住宿差距。教育部门应积极创造条件让来华留学生更多参与跨文化交流活动。

马来西亚留学生蔡高凯告诉记者,许多企业招聘外国人时倾向选择以英语为母语国家的人。"一带一路"沿线国家的来华留学生并不占优势,希望"一带一路"建设项目的相关机构提供更多就业机会。

根据人社部规定,留学生要获得在中国就业资格,必须具有两年的工作经验。苗绿认为,这也在一定程度上阻碍了优秀国际留学生在华工作。

她建议,借鉴北上广放开留学生在当地实习、创新创业限制的政策,扩大试点范围,进一步畅通来华留学生就业和实习的渠道。(周乾宪)(中国新闻网 2016.12.14)

## 北京将设"一带一路"沿线国家奖学金,吸引全球人才

为吸引全球人才,北京将优化留学环境,完善国际学生服务体系,并设立"一带一路"沿线国家留学生奖学金。

《北京市"十三五"时期教育改革和发展规划(2016—2020 年)》(以下简称《规划》)近日正式公布。

《规划》强调,将研究探索在境外设立教育合作联络、教师培训、学生交流基地,提高汇聚和整合优质境外资源;将积极与海外知名高等学校、职业院校建立联

系,为"外培计划"和"高端技术技能人才贯通培养计划"搭建平台。

北京市教委相关负责人表示,将完善国际学生服务体系和教育培养质量保证体系,设立"一带一路"沿线国家留学生奖学金;同时提高北京学生赴境外学习、交流、研修的规模和质量,面向全球引进高层次人才参与高校教学管理。

此外,北京将深入推进"留学北京行动计划",注重国际学生质量。

"留学北京行动计划"于2011年制定,强调要不断完善来京留学政策规定,促进来华留学教育的科学发展;采取国际通行的审核、考查、考试等相结合的灵活招生方式,规范招生录取。(曾鼐)(中国新闻网2016.9.28)

# 江南大学43%的留学新生来自"一带一路"沿线国家

近日,江南大学迎来180名来华留学新生集中报到。其中,43%来自"一带一路"沿线国家,涉及东南亚、南亚、中亚、西亚、北非、中东欧、独联体的26个国家。

为响应服务国家战略"一带一路"建设的号召,抓住"中国政府奖学金名额进一步扩大并向'一带一路'沿线国家倾斜,增量部分主要用于沿线国家的来华留学生"的机遇,江南大学今年来华留学招生工作重点关注了"一带一路"沿线国家学生情况。此次报到新生中,43%来自"一带一路"沿线国家,具体有印尼、泰国、越南、巴基斯坦、孟加拉、哈萨克斯坦、塔吉克斯坦、土耳其、约旦、沙特阿拉伯、也门、罗马尼亚、蒙古、埃及等,占"一带一路"64国的41%。

在专业分布上,来华留学学历生中包括33名本科生、46名硕士生、21名博士生,分别选择了食品、生工、纺织、药学等学科的英文授课专业,以及商学、物联网、环土、机械、设计、人文、外国语等学院的中文授课专业;工程专业自前几年开始采用英文授课以来招生数不断增长,今年再创新高。

目前,就不同地区留学生的个体留学服务需求而言,发达国家学生更偏重语言学习,发展中国家学生更倾向于攻读学位课程。为了更好地满足来华留学服务需求,江南大学国际教育学院牢牢依托学校学科优势,在走访部分学科学院的基础上,进一步细化处理座谈意见,协调解决存在问题,建立沟通交流的常态机制,推进与各学院的紧密合作;同时加强与相关部门的后勤保障协作,促进来华留学工作在规模、层次、质量等方面与伴随学校快速发展而出现的新使命、新要求相匹配。

据悉,江南大学来华留学学生每年分两次集中报到,包括春、秋两季,春季学期为非学历生报到,秋季学期为所有类别的学生报到。(江南大学新媒体工作室2015.9.2)

## 近40万老外在华留学,一带一路沿线生源增长迅速

2015年全国来华留学生数据于日前发布,统计显示共有来自202个国家和地区的397635名各类外国留学人员(不含港、澳、台地区)在31个省、自治区、直辖市的811所高等学校、科研院所和其他教学机构中学习。其中,亚洲、欧洲、非洲、美洲、大洋洲来华留学生总人数分别为240154、66746、49792、34934、6009名。北京、上海、浙江位列吸引来华留学生人数省份前三位。

2015年来华留学生规模稳步增长,生源结构不断优化。各类外国留学人员比2014年的377,054人增加20,581人,增幅为5.46%。接收留学生的高等学校、科研院所和其它教学机构比2014年的775个增加36个。

2015年在华接受学历教育的外国留学生为184,799人,比2014年的164,394人增加20,405人,同比增长12.41%,继续保持2008年以来高于来华生总人数增速的态势。

2015年学历生人数占在华生总数的比例为46.47%,其中研究生占在华生总数的比例为13.47%,两项比例较2014年均有所上升,学历结构不断优化。

留学生生源国覆盖范围稳定,一带一路沿线国家成为来华留学发力点。2015年留学生生源国家和地区数与2014年的203个相比基本持平。前10位生源国格局稳中有变,依次为韩国、美国、泰国、印度、俄罗斯、巴基斯坦、日本、哈萨克斯坦、印度尼西亚和法国。在前十大生源国中,韩国、印度、巴基斯坦和哈萨克斯坦四国生源数均有所增长,其中印度、巴基斯坦和哈萨克斯坦同比增长均超过10%。来自亚洲和非洲的生源较上一年分别有6.5%和19.47%的增幅。

2015年中国政府奖学金规模持续扩大,助力来华留学。统计显示,2015年有来自182个国家的40600人享受中国政府奖学金在华学习,占来华生总数的10.21%,比2014年的36943人增加3657人,增幅为9.9%。奖学金生层次相比去年继续提高,学历生比例为89.38%,比2014年增加1.38%;研究生比例为68.01%,比2014年增加5.01%。中国政府奖学金对来华留学的引领作用持续显现,青海、宁夏、贵州、云南、江西、四川和广西等中西部地区和边境省区的留学生规模显著扩大,奖学金对周边国家生源的拉动作用明显。(佘颖)(中国经济网2016.4.15)

## 温州大学首次大量招收留学生,重点招收"一带一路"沿线国家学生

从暑假开始,温州大学有关部门和学院的师生员工们就已经开始忙碌起来了,

从宿舍、教室的改造到校园的环境布置做了大量的准备工作。如此郑重其事,那是因为今年温州大学首次大量招收留学生。

"以往我们一年招收的本科生大概在 30 人,而今年我们光是本科生就招生了130 人。"温州大学国际合作学院的老师告诉记者。不仅如此,这些留学生来自全球四大洲,其中非洲的留学生人数最多,占到了三分之二,他们分别来自津巴布韦、坦桑尼亚、喀麦隆、加纳、尼日利亚等,这些年来,韩国、泰国、日本、哈萨克斯坦、乌兹别克斯坦的亚洲学生人数也开始增多,就连美国、波兰、德国、荷兰、意大利等欧美国家的学生也选择了温大。

昨天记者采访这些留学生时,提到对温大的印象,这些留学生纷纷抢答:"校园环境很棒"、"老师和同学们都很热情"、"来温大觉得自己好幸运"……

**留学生的担忧化成了喜悦**

这几天,在温大里,你会看到繁忙有序的报到处,热情忙碌的志愿者,好不热闹。而一批批来自世界各地留学生在工作人员和志愿者的带领下穿梭于南北校区和 C 区宿舍之间,成为温大里一道独特的风景线。一路上留学生们问这问那,工作人员和志愿者们耐心细致地讲解,有说有笑,似乎都是一见如故的老朋友。

来自美国的学生 Robert 告诉记者,来温大之前,他心里有很多担忧:"我担心出租车司机听不懂我说的话,因为我不会说汉语。入学登记是另一个让我头痛的地方,那些程序那么复杂,对于一个不会说中文的人,一定非常难搞定。"

然而当他下飞机到出口时,就看到高举温州大学牌子的志愿者和工作人员迎上前去,帮助他们搬行李,而另一边学校的专车也已早早等候在机场外面,当召集同机抵达的所有留学生之后,就开始前往学校。到了学校后,又有另外一批志愿者极其耐心地帮助他填写各种表格,办理入学登记手续。他直言:"之前的一切疑问都消失了,这回我什么都不用担心了。"

"上飞机之前我不想离开家,跟父母说再见太难了。"来自津巴布韦的女孩 Janice 说道。"我当时还哭了,但是当我下了飞机,情绪就好转了。"此刻,她在和新认识的同学愉快地交谈。"周围的一切都那么新鲜有趣,我已经迫不及待开始新的生活了。"

**温大将走国际化发展战略**

很多人好奇,为何今年温大会扩大招收留学生?其实,这和温大的十三五规划分不开,日前,温州大学校长李校堃就在采访中指出:"国际化是温州大学的一个发展战略,双创教育,尤其是创业教育是我们的抓手。"

这些年来,在来华留学生教育上,与很多学校追求欧美学生不同,温大则将更多的目光放在了"一带一路"亚非拉国家的学生身上,提到原因,李校堃说:"这和温州的产业国际化有直接的关联。温州占据了我国低压电器产品的 60%,前几天我见到这个领域一家领航企业的董事长,他正忙着在'一带一路'上建厂,想方设法输出自己的产业,但他遇到了苦恼。企业走出去,找不到合适的人才,这边去的人,大部分又不愿意长驻,成本也高,不如培养当地的人才。我们根据他们的发展需要,把这些'一带一路'上国家的学生招进来,不仅学技能、学汉语,还教他说点温州话,熟悉一点温州的文化,然后回国去建设他们的低压电器产业,做当地的办事处主任。"

正因为如此,日前,温州大学启动了意大利分校的筹备工作,接下去还将准备在温州商人已经深入进入当地经贸活动的马来西亚、老挝等地方办学,为温州的经济发展助力。(温州网 – 温州日报 2016.10.13)

## 延伸阅读

## 中国,撬动世界留学版图

"如'柒'而遇、'零'听记忆",这个听起来颇有网络语言风格的表述("柒"和"零"取"70 年代"之意),是近日在北京大学举行的一场文化沙龙的主题。沙龙的主人公包括巴勒斯坦前驻华大使穆斯塔法·萨法日尼、冰岛驻华公使鲍德松、斯坦福大学商学院大中国区主任韩诚、CNN 前北京分社社长吉米等,他们有个共同的身份——20 世纪 70 年代北京大学留学生。

三小时的沙龙,他们畅谈起多年前初来中国的美好记忆,讲述他们因留学而与中国一生结缘的故事,交流作为中国留学政策发展进步见证者的诸多感受。

2010 年我国教育部发布《留学中国计划》,提出"到 2020 年使我国成为亚洲最大的留学目的地国家"之后,外国学生来华留学工作取得了长足进步。随着中国综合国力的不断提升和中国高等教育的长足发展,"留学,到中国去!"正逐渐成为世界各国越来越多学生的选择。在中国,他们不仅收获了丰富的知识,也经历了精彩的人生。

### 规模稳步增长,结构不断优化

蓝斐历,美国留学生,正在北京大学攻读博士学位,毕业于美国以高质量本科教育闻名的卡尔顿学院。本科毕业后,他立志徒步走遍世界各地,在行走中用心体察不同国度的文明。确定了这个目标后,他以欧洲为起点,从法国到西班牙,再到拉美的巴西与阿根廷,蓝斐历走过了许多地方,脚步一直未曾停下,直到 2013 年来到中国,在辽宁师范大学进行了将近一年的中文学习后,蓝斐历没有再次启程,而是选择了留下。他说,"小时候,我看着李小龙的功夫电影长大。上学后,进一步了解到中国的历史源远流长。来到中国后,我开始了解太极、茶艺、书法……我发觉这里要学习的东西实在太多,用几年时间都还不够。"

乐涛来自瑞典,高中时,因为一次三个月的旅行,他爱上了中国这个"人热情、饭好吃、环境好"的国家,于是来中国的北京语言大学学习了两年中文。其间,他被瑞典一所很好的大学录取。"回国在那个大学上了一段时间课后,我发现我更适应在中国的生活,又迫不及待地回来了。"

现在,乐涛已经是北京航空航天大学飞行器设计专业本科二年级的学生。"听老师用中文讲课,有一定难度,但在中国学习学有所值,我会克服困难。"乐涛有一位中国女友,给他生活和学习提供了很多鼓励和支持,现在乐涛正计划毕业后一起跟女友回云南老家找工作。

随着中国综合国力不断提升,文化辐射力日益增强,越来越多外国学生选择到中国留学。

据教育部提供的数据,2015 年来华留学生规模稳步增长,同时生源结构也不断优化。各类外国留学人员比 2014 年增加 20581 人,增幅达到了 5.46%。

另外,生源国覆盖范围稳定。2015 年留学生生源国家和地区数为 202 个,与 2014 年的 203 个相比基本持平。前十位生源国依次为韩国、美国、泰国、印度、俄罗斯、巴基斯坦、日本、哈萨克斯坦、印度尼西亚和法国。其中,韩国、印度、巴基斯坦和哈萨克斯坦四国生源数均有增长。

尤为喜人的是,2015 年来华留学生学历生比例明显增加,达到 46.47%。研究生比例也从 12.73% 增加到 13.47%,学生层次有较为明显提高,结构不断优化。

北京语言大学来华留学生招生办公室主任周鑫介绍,随着生源结构不断优化,除了传统的汉语外,体现中国特色的"汉语 + 专业"型课程大热,经贸汉语、汉外翻译、文学 + 经济学等专业方向深受欢迎。

教育部国际司相关负责人介绍,"从为了学习语言来到中国,到为了学习专业来到中国,学历生和研究生比例的增加,说明中国高等教育质量的显著提升,逐渐为世界各国所广泛认可。"

### "一带一路"沿线国家学生热情高

塔吉克斯坦姑娘米娜 2009 年考入俄罗斯－塔吉克斯拉夫大学学习中文,大学四年中不断往返中塔两国,走遍了大半个中国。本科毕业后,她终于如愿到中国留学。2014 年,由于流利的中文和专业背景,米娜接受中国国家汉办的邀请,担任中塔孔子学院签约仪式的翻译。"我感到非常荣幸,因为我终于可以用所学为塔中两国交流出一份力。未来,我希望能在孔子学院任教,成为塔中两国文化传播交流的使者。"

俄罗斯学生布拉特在中国学习了两年汉语后,选择在中国人民大学国际关系专业就读。随着国际地位的上升,中国在协调处理国际关系方面的影响力越来越大,布拉特说:"能从中国角度了解与理解国际关系,这是我在华学习的一个很大优势。"除了学习,热心肠的布拉特还为来华留学生们做了不少好事。去年,他和几位同样来自俄罗斯的同学一起在北京创立了俄罗斯学生联合会,提供各类信息并组织各种活动,帮助包括俄罗斯学生在内的各国留学生更快地适应在中国的生活。

"一带一路"沿线国家开展文化、教育交流的重要性和愿望日益凸显。在政策引导下,"一带一路"沿线国家留华学生数量增长明显。2015 年,印度、巴基斯坦和哈萨克斯坦来华留学生人数与上年度同比增长均超过 10%。

2016 年 4 月,中办与国办印发《关于做好新时期教育对外开放工作的若干意见》,其中强调实施"一带一路"教育行动,促进沿线国家教育合作。同时扩大中国政府奖学金资助规模,设立"丝绸之路"中国政府奖学金,每年资助一万名沿线国家新生来华学习或研修。

来自巴基斯坦的安纳斯目前在北京大学攻读机械工程博士学位。他说,中国在科学技术研究方面发展很快,在巴基斯坦,他周围的很多家长都乐意把孩子送到中国读书。"北大的课程安排非常好,各类设施也很完善,拥有和西方国家同样的研究水平,还与世界顶尖机构合作,专业的英文授课也令人惊喜。"说到学校教学,安纳斯赞不绝口。

北京航空航天大学国际学院留学生事务科科长苏力介绍,包括该校在内的国内许多高校,国际化氛围越来越浓厚,英文授课、双语授课项目都在不断增加。目前北京航空航天大学留学生的国家分布较均衡,本科生以亚非为主,研究生中来自欧洲的留学生已占近 20%,他预计"一带一路"沿线国家的生源数量将有很大增长空间。

**培养国际学生是一种公共外交**

为了吸引更多留学生来华,2015 年,我国继续以中国政府奖学金为抓手,做好招生和管理工作,推动招生模式改革,2015 年中国政府奖学金生总数达到 40600 人,比 2014 年增加 9.9%。同时,积极配合中美和中欧等人文交流机制工作,继续执行好中美人文交流专项奖学金项目和中欧学生专项奖学金项目。进一步鼓励我国高校与美欧高校建立和深化合作关系,吸引更多发达国家青年学生来华留学。

2015 年,教育部等相关部门还有针对性地吸引和培养知华、友华的高层次人才资源和战略力量。通过实施来华留学卓越奖学金项目,协助各国开展青年杰出人才资源建设,影响和塑造各领域的潜在青年领军人物。

与此同时,多所高校通过提高专业教学质量来吸引更多优秀学生来华学习。"华东师范大学有浓厚的人文教育氛围和高质量的人文专业教育,吸引了许多优秀留学生修读我们的人文专业",华东师范大学国交中心主任黄美旭说。中国石油大学国际学院院长滦凤池老师也介绍,中国石油大学的工程专业教育可以让学生获得良好的工作技能和专业素养,留学生回国后基本都能找到满意的工作并获得丰厚薪酬,这也是吸引留学生的主要原因之一。

"随着流动规模不断扩大,国际学生已成为一种日益重要的、特殊的战略资源。各国在全球化发展进程中,对国际学生流动的重视程度越来越高,主要发达国家和新兴国家都在不同程度上把国际教育上升到国家发展战略高度。"教育部国际司相关负责人介绍,"一方面,因为求学特征和在目的国停留时长,培养国际学生是一种深入的公共外交;另一方面,国际学生流动的格局和趋势往往能体现各国教育核心竞争力的差距,而能否得天下英才而育之,且用之,更是国家综合实力和全球影响力的集中体现。"

**打造更具国际竞争力的留学教育**

尽管来华留学人数有大幅提升,但目前我国留学逆差依然存在。教育部国际司相关负责人介绍,"在全球化视野下审视来华留学教育,我们还面临诸多挑战。与中国经济开放和国际化程度相比,中国的国际学生无论从规模还是质量上,尤其是结构上,都需要再向前跨一大步。要使来华留学教育健康、有序地发展,需要进行科学的规划,不断优化留学环境,保障教育质量,打造更具国际竞争力的留学教育。"

许多在高校长期从事留学生工作的老师也认为,当前,来华留学工作依然面临诸多难题:首先是整体留学环境的建设,仍需不断加强与教育发达国家的教育交流、学分互认、联合培养等,同时把来华留学生纳入社会的整体管理,如留学生的就业、实习等;其次是硬件保障,随着来华留学生规模的逐渐增大,许多高校留学生的住宿、教室资源、娱乐空间、食堂等相对饱和;还有全英文教学能力不足的问题,各高校全英文授课项目仍相对较少,如何整合校内外师资队伍,提升英语专业授课能力,仍需进一步探索。

记者从教育部了解到,新修订的《学校招收和培养国际学生管理办法》即将出台,届时,来华留学管理将更加科学规范。同时,教育部正在推进国际学生勤工助学和社会实践法规的制定工作,使国际学生在华"打工合法化"。此外,有关部门正在研究适当放开国际学生在华毕业后的就业和实习市场,让留学生学成后能来去自由,真正得到实惠。

此外,委托第三方组织,建立与世界接轨的质量保障制度工作也在推进中。"我们还将整合我国高校优质资源,集中力量建设数百门具备全球吸引力和专业竞争力的英语授课精品课程,通过与国际知名教育机构合作,达成学分认可协议,建立'学分联盟',为留学生提供方便。同时不断健全奖学金生经费保障机制,全面实现奖学金的货币化改革。"教育部国际司相关负责人介绍,"下一步将从政府和高校两个层面打造国际化的网络平台,为教育机构、国际学生以及社会公众提供权威、时效性强的来华留学信息,力求通过充分利用现代科技信息技术手段,为高质量实现2020年留学生规模达50万的目标提供支持与保障。"(赵婀娜、周辋、杨宇潇、万蜓婷)(《人民日报》2016.5.31)

## 谈谈"留学中国"品牌

**教育部在《2016年工作要点》中明确提出:"打造'留学中国'品牌。"什么是"留学中国"品牌,如何打造"留学中国"品牌? 这些问题都值得我们探讨。**

《留学中国计划》提出,到2020年,在内地高校及中小学就读的外国留学生规模将扩大到50万人次,其中接受高等教育学历的留学生达到15万人;根据国家战略和发展需要逐步增加政府奖学金生数量;来华留学示范基地每年增加10所,汉语授课品牌专业每年增加50个,英语授课品牌专业每三年增加50个,使我国成为亚洲最大的留学目的地国家。

教育国际交流与合作是发展国与国之间关系,促进国家经济、文化建设的重要内容。根据教育部官网最新信息,全国高等学校共计2845所,居世界第二;2014年中国高校在校生规模达到 3559 万人,居世界第一。应该说,当代中国,无论从在校大学生的数量论,抑或从接受高等教育的人数观,都堪称教育大国。

### 大国重教:"留学中国"品牌是时代迫切需求

作为教育大国,中国的"留学中国"事业,已走过 66 个春秋。从 1950 年初清华大学"东欧交换生中国语文进修班"招收新中国第一批留学生,到进入 21 世纪以来的 16 年间,"留学中国"事业取得很大程度的进展。2015 年数据显示,中国的来华留学生教育工作发展到全国 31 个省、自治区、直辖市的 811 所高等院校,生源地包括全球 202 个国家和地区。来华留学生人数从 2000 年的 52150 人发展到 2015 年的 397635 人,年均增长率达到 15.28%;硕士生、博士生占当年来华接受学历教育的留学生比例,从 2000 年的 23.72%(3251 人)发展到 2015 年的 28.99%(53572 人);学习内容从最初单一的中文进修,发展成为文科、理科、工科、农学、医学等多种学科齐备,专科、本科、硕士和博士等层次分明,学历教育和非学历教育等多种模式结合,面向全球各个国家需求的现代化国际教育。

然而,"教育大国"并不等同于"教育强国"。适应教育国际化潮流,响应国家软实力提高的需求,继续推动教育对外开放事业,在提高国民整体教育水平的同时,着眼于"留学中国"的长远意义,从规划对来华留学生来源与毕业后去向选择的影响,到完善对在华教育内容、教学质量、专业范围、教育层次的培育,创造"留学中国"品牌,提高"留学中国"效益,已经成为时代的迫切需求。

### 内涵发展:"留学中国"走向"质量"和"效益"

回眸历史,"留学中国"品牌战略的提出,是中国教育对外开放稳步推进和来华留学工作发展到一定阶段的必然结果。

在留学中国事业发展的起步阶段,中国政府注重对来华留学生的学习、生活管理和政治教育,这体现在一系列方针和政策的出台上。1953 年,教育部制定了对来华留学生"学习上严格要求,生活上适当照顾"的方针;继而在 1955 年 9 月又提出"学习上严肃要求,生活上适当照顾,政治上积极影响"的管理政策;并于 1962 年由中央下达《外国留学生工作试行条例》,其来华留学生教育管理方针为:"学习上严格要求,认真帮助;政治上积极影响,不强加于人;生活上适当照顾,严肃管理。"这些政策和方针的不断推出,体现出在"留学中国"事业发展初期,中国政府对来华留学生管理的高度重视。

1983 年,在邓小平"教育要面向现代化,面向世界,面向未来(三个面向)"方针的指导下,教育部先后颁布了《中小学接受外国学生管理暂行办法》和《高等学校接受外国学生管理规定》,文件明确规定"高等学校具体负责外国留学生的招生、教育教学及日常管理工作。高等学校招收外国留学生名额不受国家招生计划指标限制。"2007 年,教育部制定了《来华留学生医学本科教育(英语授课)质量控制标准暂行规定》等。同时,教育部通过提高中国政府奖学金生生活费等方式改善来华留学生的生活待遇。"留学中国"事业向着规范化、专业化和法制化的渠道发展。

2010 年以来,打造"留学中国"品牌的思想逐渐体现在党和国家的相关政策与领导讲话中。党和国家的《国家中长期教育改革和发展规划纲要(2010 – 2020 年)》强调,"进一步扩大外国留学生规模。增加中国政府奖学金数量,重点资助发展中国家学生,优化来华留学人员结构。"教育部同年出台了《留学中国计划》,明确提出要"统筹规模、结构、质量和效益,推进来华留学事业全面协调可持续发展,打造中国教育的国际品牌。"

2016 年以来的相关文件和讲话更是着眼于留学中国的"品牌""质量"和"效益"建设。教育部《2016 年工作要点》中明确提出:"打造'留学中国'品牌。"2016 年 1 月,教育部部长袁贵仁《在 2016 年全国教育工作会议上的讲话》"提升教育对外开放质量和水平"部分明确指出,要打造"留学中国"品牌。启动来华留学人才培养质量保障体系建设,出台《学校招收和培养国际学生管理办法》。至此,打造"留学中国"品牌,提高"留学中国"质量和效益的政策思路逐步明晰。

### 系统工程:快速发展背后培养体系尚不完善

留学中国事业蓬勃发展的重要保障,是中国对外教学条件的日臻完善。这是一项包涵我国国际地位与经济发展程度、教育规模与水平的提高,国家留学政策与管理的日趋完备,对外教学师资力量储备、特色专业培育、专业教材开发等多方面相互协调的系统性建设工程。

国家接收外国留学生的规模和层次,能够体现出该国政治、经济、文化、外交实力的发展水平,也是衡量教育国际化程度的重要指标。针对外国留学生所选教育活动的内容、方式和效果,能够直接影响国家之间合作交流的深度和广度。近年来,我国来华留学生教育事业总体呈快速发展的趋势,长期生和学历生的比重不断增加,留学生总体层次不断提高。然而,一个不容忽视的事实是,我国目前的留学生教育,除汉语言外,其他学科和专业的培养体系尚不完善,表现为来华留学生的在华学习状况仍旧是文科占绝大多数,其他专业和学科偏少。来华留学生的来源地、学习目的地分布,在我国各地区、各高校间的分布,学习类别、学科和专业之间的分布并不均衡。

**品牌之路:配合"一带一路"建设并提高含金量**

要适应时代需求,配合国家"一带一路"建设规划,完善"留学中国"品牌建设的各个环节。具体而言,应该包括以下几个方面:

首先,把提升来华留学效益作为"留学中国"品牌建设的重要内容,通过健全制度、优化师资、充实专业、建设品牌等方式满足不同层次、不同领域、不同国家和地区的留学生,通过来华学习得到能力提升的愿望。

其次,落实"构建政府主导、社会参与、主体多元、形式多样的奖学金体系"指导思想,设立多种层次的政府、企业、学校、专业甚至自然人助学金等,开通世界了解中国的"道路",围绕"一带一路"建设对不同领域国外人才的需求,建立"条条大路通北京"的来华学习渠道,有计划、有目标、有门槛地吸引和扶助世界各国优秀人才来华学习,使来华留学人员生源国别和层次类别更加均衡合理。

再其次,创造良好的国家政策环境和社会文化环境,提高国民素质,让没有机会来中国的外国人通过留学生的眼睛看到中国的和平发展、进步和希望,通过来华留学生提高现代中国的国际影响力,提高"留学中国"品牌的含金量。

一言以蔽之,创建"留学中国"品牌,应把其作为一个工作目标的核心内容而不是留学生的数量本身,针对阻碍我国留学生教育质量、水平、层次、威信整体提升的因素,展开对策分析,提出有效举措。让来华留学生通过留学活动了解中国、喜欢中国,从而更加愿意亲近中国、宣传中国。

总之,发展来华留学生教育、创造"留学中国"品牌是新时代中国发挥大国影响力,向海外传播中国文明与文化,实现中华文明在世界文明中的历史地位、作用影响、责任担当,建构新时代海外中国形象,提高中国软实力的有效途径。同时,也是吸引外国优秀留学生来华学习,促进年轻一代的信息交流与沟通,增加海外人才引进的重要渠道。为此,要发动国家、地方政府、学校直至每个公民的力量建设"留学中国"品牌,使当代"留学中国"事业,伴随中国在国际上政治、经济地位的提高,沿着政策完善、数量增加、质量提升、品牌战略、效益目标的道路稳步行进。(管秀兰,山东青年政治学院外国语学院教授、日本立命馆大学客座研究员)(《中国教育报》2016.4.29)

# 中国"一带一路"建设与东南亚、南亚在华留学生的关联研究

"一带一路"是"丝绸之路经济带"和"21世纪海上丝绸之路"两个合作发展战

略的缩写。"一带一路"是世界上跨度最长的经济走廊,涉及多个国家,是一个全方位、立体化、网络状的对外开放系统。"一带一路"战略是基于现代交通线路沟通起的多国网络合作系统,它的搭建以能源、运输线路、电信、网络等基础设施的互联互通为前提,以国家间外交合作、文化理解为保障,以经济发展为目标,形成政治互信、经济融合、文化包容的利益共同体、命运共同体和责任共同体。

## 一、"一带一路"与东南亚、南亚国家关系

从地理上来说,东南亚、南亚既与北方丝绸之路连接,又与海上丝绸之路相通,居于太平洋和印度洋区域,是"一带一路"不可或缺的一环。从经济上看,"一带一路"从民间通道上升为相关各国政府认可和支持建设的交通运输通道,使民间贸易上升为正常贸易,让沿线人民更加自由地交往,推动边境旅游和跨境旅游合作,促进中国与所经过的国家之间的双边友好合作关系,使沿途国家成为中国新一轮改革开放稳定的外部环境。因此,东南亚、南亚正成为中国"一带一路"连接交汇点和建设的主要地区,无论从地缘经济、还是从地缘政治考量,东南亚、南亚实际上不可避免地成为中国国家利益扩展的重点地区。因此,东南亚、南亚的发展命运与中国新一轮改革开放紧密相连。

为了保证战略实施,得到东南亚、南亚这些沿线国家的支持,国家领导人已进行积极外交。2013年10月3日,习近平总书记在印度尼西亚国会发表重要演讲时明确提出,中国致力于加强同东盟国家的互联互通建设,愿同东盟国家发展好海洋合作伙伴关系,共同建设"21世纪海上丝绸之路"。在高层领导的推动下,2014年,"一带一路"作为国家战略持续升温。国家高层在APEC峰会等多个场合强调"一带一路"战略。中央经济工作会议将"一带一路"放在区域三大战略之首,凸显该战略的重要程度。2014年11月13日,第十七次中国-东盟(10+1)领导人会议在缅甸内比都举行。在领导人会议明确合作方向后,于11月28日在缅甸曼德勒召开的第13次中国-东盟交通部长会议则达成更为具体的合作成果。中国交通运输部部长杨传堂根据双方当前合作项目的实施情况,以"一带一路"为主题,提出了2015年和今后双方的合作思路。会议商定,中国与东盟下一步将在"一带一路"框架下,联合推进铁路、公路、水运、航空等基础设施在建项目和新建项目,逐步形成人畅其行、货畅其流的一体化运输网络,提升中国与东盟国家全方位互联互通合作水平,努力为打造本地区增长联动、利益融合的经济新格局提供交通基础支撑。会议确定了2015年推动实施的重大工程项目清单和各领域能力建设合作项目。2014年12月1日,外交部发布《主席声明》,该声明对中国-东盟进一步推进各领域务实合作做出规划。

东南亚、南亚国家与我国地域相邻或接近,"一带"和"一路"两个建设都涉及东

南亚、南亚等国,所以得到东南亚、南亚国家的认可和配合是极其有必要的。习近平总书记在如何构建"丝绸之路经济带"和"海上丝绸之路"问题上,提出了加强政策沟通、道路联通、贸易畅通、货币流通、民心相通的"五通"目标要求。这五个目标要求强调了一个"通"字,是对沿线国家沟通、合作的重视。这个"通"是交通、网络基础设施建设的"通",也是国与国、人与人之间心理文化的相通。目前,中国所做的"通"还多集中在基础设施建设、人心相通上,国家领导人已通过外交访问,将中国善意的邀请传递出去,但争取"一带一路"沿线国家的认可与合作还需更多的努力。

**二、东南亚、南亚在华留学生的特点**

东南亚、南亚国家与我国民间交往密切,"一带一路"战略的实施使中国与东南亚、南亚国家在经济和安全上的合作更加频繁,东南亚、南亚国家对中国良好形象认识的形成关系到周边国家对我国国家经济发展战略的认可和配合,更对中国边疆稳定、国家安全有积极作用。随着中国与东南亚、南亚国家日益频繁的交往,大批东南亚、南亚留学生选择了中国。根据最近中国高等教育学会外国留学生教育管理分会发布的 2013 年来华留学生统计数据,2013 年共计有来自 200 个国家和地区的留学生 356499 名,外国留学人员分布在全国 31 个省、自治区、直辖市的 746 所高等学校、科研院所和其他教育教学机构中学习。其中,在排名前十位的留学生生源国中,泰国处于第三位、印度尼西亚第六位、越南第七位、印度第八位以及巴基斯坦第十位,东南亚和南亚国家共占据前十个位置中的五个。

东南亚、南亚来华留学生是特殊的群体,他们在华学习是东南亚、南亚国家了解中国的重要渠道,也是中国展现良好国家形象的重要平台。同时,东南亚、南亚国家能来华留学的人员还多集中在上层人士子女这一领域中,而且他们在华时间除学习语言一年外,还将学习四年专业知识,长达五年的在华时间可以让他们更深入地了解中国。所以,以东南亚、南亚来华留学生作为"一带一路"战略建设的关注点和切入点也是有必要和可行的。可以说,东南亚、南亚在华留学生是从整个国家战略高度出发,保证国家文化安全潜在和重要的资源。

东南亚、南亚来华留学生多为公费生,他们的国家在经济上给予资助,而且中国和其中一些国家也有合作,被派遣的学生大多也会获得中国的奖学金。另外,东南亚与南亚的来华留学生多为高官、富商之子,或是能力突出之人,所以,他们在出国前需要经过层层选拔。学生一般在出国之前会接受短期的汉语培训,其中有一部分学生是汉语零基础。当他们到达中国后,第一年一般主修汉语,后面四年才会按各自需要选择所学专业,包括法学、新闻学、医学、工商管理和国际政治等专业。我们在调查中发现,留学生在专业选择上反映了国家特点和区别,老挝学生喜欢选择经济学专业,而柬埔寨学生趋向于计算机专业。这些专业多以他们国家未来发

展的需要考虑,当他们学成后,大多选择回国就业。东南亚、南亚留学生与其他地区留学生在经历上的区别,使他们具有以下特征:

一是东南亚、南亚在华留学生是"知华者",他们到中国学习、生活长达五年,这期间他们与中国人密切交往,学习语言,了解中国文化。同时,中国民众对外来的这些年轻孩子也呈开放的心态,包容他们,关心他们的成长,所以他们认可中国,认可中国民众,是最直接的"知华者"。

二是东南亚、南亚留学生是"晴雨表"。东南亚、南亚来华留学生因他们的国家与中国相邻、相近,所以他们多会在假期选择回家。平时,他们与自己的父母、朋友也多有联系,能及时了解自己国家的动态,他们的文化背景也使其能理解本国政策的未来走向。因此,他们对华的态度能最直接也最及时地反映本国的政策导向。

三是东南亚、南亚留学生是连接国与国的"桥梁"。东南亚、南亚来华留学生与中国有亲密的接触,了解中国。随着他们回国,中国的善意可由他们传递给他们国家的国民,他们是东南亚、南亚国家了解中国的窗户和渠道。同时,他们留学中国,也带来了东南亚、南亚国家对中国发展的肯定,所以他们构建起国与国之间的联系,将相互间的友好在彼此间传递。

四是东南亚、南亚留学生是各自国家未来政策发展的"影响人"。东南亚、南亚在华留学生是通过层层选拔、享用国家出国资源的人才代表,一般有着优于他人的身份背景。他们的身份背景以及在华所获得的学识资历可以为他们日后活跃于国家政治经济舞台打下根基,他们对中国形象的认识将影响他们国家对华的态度和政策走向,进而在一定程度上影响中国同东南亚、南亚良好国家关系的建立。

**三、东南亚、南亚在华留学生在"一带一路"建设中的作用**

"一带一路"建设是宏大的战略构想,但它只是勾勒了大致的范围、方向和思路,没有提出具体的阶段目标、操作机制和实施路径。而且目前"一带一路"建设实施规划多从能源、运输线路、电信、网络等基础设施的互联互通出发,缺乏从心理、文化角度出发的沟通作补充。通过东南亚、南亚在华留学生认识中国、认识"一带一路"战略在他国的反映,可及时了解东南亚、南亚国家对中国和中国"一带一路"建设的态度,通过在华留学生还可将中国经济高速增长的态势,以及"一带一路"这条世界上跨度最长的经济走廊将对全球经济,对东南亚、南亚经济发展产生深远影响的信息和信念传递到东南亚、南亚国家,为我国经济建设发展、维护边疆稳定争取配合和支持。(陶琳,大理学院民族文化研究所副研究员、民族学博士)

(《传承》2015 年第 3 期)

## "一带一路"战略与来华留学生教育

来华留学生教育是"一带一路"战略中经济合作和人文交流的助推器,它不仅能培养一大批复合型人才以及关键领域的专业人才,而且能促进沿线国家人文交流和民意相通。当前,"一带一路"沿线国家来华留学生教育发展现状如何?体现哪些特点?存在哪些问题?如何推动其发展?

**一、来华留学生教育是"一带一路"战略的重要内容**

(一)"一带一路"战略是来华留学生教育发展的新契机

据统计,2014年共有来自203个国家和地区的约37.7万名来华留学生。我国已成为世界第三大留学生输入国,占全球留学生份额的8%。但是,与美国、澳大利亚、英国等国相比,我国仍处于"逆差"状态。"一带一路"战略的实施为改变我国留学教育"逆差"现状提供了新机遇。

推进"一带一路"建设,"要坚持经济合作和人文交流共同推进,促进我国同沿线国家教育、旅游、学术、艺术等人文交流,使之提高到一个新的水平"。"一带一路"既是实现共同发展、共同繁荣的合作共赢之路,也是推动人文交流、民意相通的和平友谊之路。无论是

开展经济合作,还是推进人文交流,关键都在人才。来华留学生教育是沿线各国开发人力资源的重要途径。在《推动共建丝绸之路经济带和21世纪海上丝绸之路的愿景与行动》中明确指出:"扩大相互间留学生规模,开展合作办学,中国每年向沿线国家提供一万个政府奖学金名额。"可见,实施"一带一路"战略,开辟了教育交流与合作的新天地,迎来了来华留学生教育发展的新历史机遇。

(二)来华留学生教育为"一带一路"战略奠定人才支撑

人才是第一资源也是重要的资本,是"一带一路"战略顺利实施、持续推进和长期维系的重要基础和支撑。相较沿线各国而言,我国高等教育具有比较优势。发展来华留学生教育,既可以为"一带一路"战略在基础设施建设、信息技术、经济贸易、货币资本、语言文化、民族宗教等领域,提供人才支撑和智力支持;也可以为我国在世界格局中积累广泛的人脉,培养一批以中青年为主的"知华"、"亲华"、"友华"力量,使他们成为我国与相关国家和地区交往的紧密纽带;更是我国实施"睦邻、安邻、富邻"周边外交政策,与沿线国家共谋福祉的责任担当。

(三)发展来华留学生教育有利于夯实民意基础

"国之交在于民相亲,民相亲在于心相通"。不同国家间的互动往来离不开文化教育交流的"软"助力。"一带一路"沿线国家国情复杂,宗教信仰、地缘政治、民心社情等比较复杂,政局动荡很难预期,地区、阶层、宗教派系差异性大。在这种特殊情况下,更需要沿线人民加强相互交往,实现民心互通。只有发挥文化教育的桥梁和引领作用,才能加强各国、各领域、各阶层、各民族的交流交往,让各国人民产生共同语言、增强相互信任、加深彼此感情;只有以人文交流为纽带,以共商、共建、

共享为原则,才能与沿线各国共同打造政治互信、经济融合、文化包容的利益共同体、责任共同体和命运共同体;只有宣传"和平合作、开放包容、互学互鉴、互利共赢"的丝路精神,才能增进国家的亲和力、感召力,用文化软实力为"一带一路"保驾护航。发展来华留学生教育不仅可以培养与沿线国家年轻精英人士的友好关系;而且还可以通过他们构建与沿线国家交往的纽带和合作共赢的人脉资源,夯实民意和社会基础。

**二、"一带一路"沿线国家来华留学生教育现状及其特点**

进入21世纪以来,"一带一路"沿线国家来华留学生规模稳步扩大,生源国不断增加,学习层次逐步提高,专业选择趋向多样化,多项指标屡创新高。总之,沿线国家来华留学生教育呈现蓬勃发展的态势(见表-1)。

表-1　2004-2014年"一带一路"沿线国家来华留学生统计表

| 年份 | 沿线国家来华留学生 | | 来华留学生 | | 沿线国家所占比重(%) |
|---|---|---|---|---|---|
| | 人数 | 比上年 | 人数增长(%) | 比上年增长(%) | |
| 2004 | 24896 | - - - | 110844 | - - - | 22.5 |
| 2005 | 37657 | 44.4 | 141087 | 27.3 | 26.7 |
| 2006 | 50553 | 34.2 | 162695 | 15.3 | 31.1 |
| 2007 | 66605 | 31.8 | 195503 | 20.2 | 34.0 |
| 2008 | 79830 | 19.9 | 223499 | 14.3 | 35.7 |
| 2009 | 94727 | 18.7 | 238184 | 6.6 | 39.8 |
| 2010 | 111104 | 17.3 | 265090 | 11.3 | 41.9 |
| 2011 | 123794 | 11.4 | 292611 | 10.4 | 42.3 |
| 2012 | 142027 | 14.7 | 328330 | 12.2 | 43.3 |
| 2013 | 160571 | 13.1 | 356499 | 8.6 | 45.0 |
| 2014 | 176843 | 10.1 | 3770541 | 5.8 | 46.9 |

资料来源:根据教育部国际合作与交流司编:《来华留学生简明统计》(内部资料)
2004至2014年数据统计而成,下表同。

(一)"一带一路"沿线国家来华留学生教育现状

1.规模逐步扩大

从绝对规模来看,留学人数越来越多。"一带一路"沿线共有65个国家,其中亚洲43个(除中国外),欧洲20个,非洲仅埃及1个。在亚洲,除2004至

2005 年间,不丹、东帝汶两国未向我国派遣留学生外,其它历年各国都有数量不等的学生来华留学。在欧洲,波黑是唯一一个没有来华留学生的国家。我国与埃及保持着较紧密的教育交流合作关系。随着来华留学生国家的增多,留学人数逐年增长,规模日益扩大。2004 年,沿线国家来华留学生总人数为 24896 人,至 2010 年已突破 11 万大关,2014 年超过了 17 万人。十年间,留学生人数翻了近三翻。从相对规模来看,沿线国家来华留学扩张最为迅猛。沿线国家来华留学生和全国来华留学生从 2004 年的 24896 人、110844 人,分别增加到 2014 年的 176843 人、3770851 人,分别增长了 610.3% 和 330.1%。可见,沿线国家来华留学生的增长速度远远高于全国的增长速度,其规模扩张最为迅猛,成为我国留学教育的新亮点。

2. 比例稳步提升

21 世纪以来,随着中国综合国力增强和国际地位的提高,来华留学生教育正处于高速发展期。在来华留学事业高速发展的背景下,沿线国家来华留学生所占的比例也稳步提升。2004 年,沿线国家来华留学生仅占全国来华留学生的 22.5%。2010 年,这个比例已提高到 41.9%。2014 年达到 46.9%。相较十年前,其所占的比重翻了一番,再创历史新高。总之,沿线国家已成为来华留学生教育发展的最重要区域之一。

3. 保持较高的年增长率

"近两年,随着中国经济回归新常态,加工业向东南亚转移,以及美国经济的强劲反弹,造成了传统来华留学大国增长停滞,甚至下降",使得来华留学生的增长趋缓。但是,沿线国家来华留学生却保持着强劲的增长势头,年增长率高于全国水平,成为来华留学生教育的发力点。十年间,沿线国家来华留学生的年平均增长率为 21.6%,而全国来华留学生的年平均增长率为 13.2%,两者间相差近 8.5 个百分点。可以预测,在系列政策的刺激下,沿线国家将会是来华留学生教育发展的主要推动力。

(二)"一带一路"沿线国家来华留学生教育的特点

根据"一带一路"沿线国家来华留学生教育的现状,我们还可以从学生来源、学习类别、培养层次、经费来源等几个方面来分析其特点。

1. 学生来源:周边国家占主体

自 2004 年,来自亚洲国家的留学生占沿线各国来华留学生的比例一直保持在 85% 以上,尤其是东南亚的越南、泰国、印度尼西亚和中亚的哈萨克斯坦等邻国,一直位居前列。例如,2014 年来华留学生生源地排名前 10 位的国家中,有泰国、越南、印尼、哈萨克斯坦和巴基斯坦等六个沿线国家。其中,泰国来华留学人数为 21296 人,是 2005 年的六倍,继 2013 年超越日本位列来华留学生源第三大国后,继续保持这一位置。为什么来自周边国家的留学生会如此之多呢? 一方面是由于亚洲国家占"一带一路"沿线国家的半壁江山;另一方面则因为我国长期坚持睦邻友好的周边外交政策以及中国政府奖学金略偏向亚洲国家。

2. 学习类别:学历生后来居上

十年来,来华留学学历人数从 2004 年的 44851 人增长至 2014 年的 164394 人,增量接近 12 万,这说明我国高等学历教育正在逐步得到全球各国学生的认同。具体到沿线国家而言,学历生和非学历生都呈现增长态势,且学历生已超过非学历生(见表-2)。2004 年,沿线国家来华留学学历生和非学历生分别为 11184 人和 13712 人,非学历生比学历生多 2528 人。从 2005 年起,学历生就开始超过非学历生,但两者差距不大。从 2010 年起,差距开始拉大,仅当年就相差 5000 余人;2012 年差距又扩大一倍,接近 12000 人。2013 年,学历生达到 86039 人,非学历生有 74532 人。目前,学历生所占的比重已接近 55%。

3. 培养层次:高学历人才越来越多

总体而言,硕士留学生和博士留学生均保持增长态势,从 2004 年的 1318 人、648 人,增加到 2013 年的 17145 人、5585 人,分别增长了 1200% 和 762%,都远远高于同期本专科生的 587% 增长率。同时,硕士留学生的增长还要高于博士留学生。硕士留学生占学历留学生总数的比重由 2004 年的 11.8%,上升到 2013 年的 19.9%,增加 8 个百分点;博士留学生占学历留学生总数的比重由 2004 年 2.6%,上升到 2013 年的 3.5%,增长了近 1 个百分点。总之,来华留学研究生的比重稳步提升,说明沿线国家来华留学的高层次人才越来越多。

4. 经费来源:自费生是主力军

近十年来,沿线国家来华留学生奖学金生和自费生的数量都持续增加,分别从 2004 年的 2817 人、22079 人,增至 2014 年的 21638 人、155205 人,分别增长了 668% 和 603%。从整体数量上看,自费留学人数一直多于奖学金留学人数,其在留学总人数的比重一直维持在 90% 左右,其中最高时达到了 94%(2007 年)。但是,从增速上看,奖学金留学生的增长要快于自费留学生的增长,特别是近几年,我国加大了对政府奖学金的投入,奖学金留学生所占的比重呈现逐年提高的趋势。

表-2 2004—2014年"一带一路"沿线国家来华留学生学习类型

| 年份 | 学历生 | | | | 学历生 | 学历生所占比重(%) |
|---|---|---|---|---|---|---|
| | 本、专科 | 硕士 | 博士 | 总人数 | | |
| 2004 | 9218 | 1318 | 648 | 11184 | 13712 | 44.9 |
| 2005 | 16557 | 1742 | 811 | 19110 | 18547 | 50.7 |
| 2006 | 22310 | 2268 | 993 | 24471 | 24982 | 50.6 |
| 2007 | 29251 | 2872 | 1222 | 33345 | 33260 | 50.1 |
| 2008 | 34086 | 4229 | 1624 | 39939 | 39891 | 50.0 |
| 2009 | 40245 | 6434 | 2129 | 48808 | 45919 | 51.5 |
| 2010 | 46063 | 9289 | 2791 | 58143 | 52961 | 52.3 |
| 2011 | 50880 | 12275 | 3572 | 66727 | 57067 | 53.9 |
| 2012 | 56958 | 15099 | 4552 | 76609 | 65418 | 53.9 |
| 2013 | 63309 | 17145 | 5585 | 86039 | 74532 | 53.6 |
| 2014 | 70604 | 18334 | 5736 | 94674 | 82169 | 53.5 |

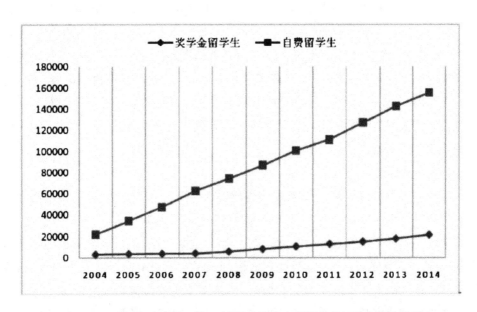

图1 2004－2014年间"一带一路"沿线国家来华留学生经费来源统计图

### 三、"一带一路"沿线国家来华留学生教育存在的主要问题

(一)总体规模偏低

虽然,近十年来沿线国家来华留学生总人数逐年增长。若从留学生数超过500人的国别统计来看,沿线国家所占的比例却逐年下降:2004年为54.5%、2006年为51.6%、2008年为48.7%、2010年为48.1%、2012年为41.7%,2014年为40.3%。"一带一路"沿线涉及的国家多达60余个,除周边国家来华留学生规模较大外,大多数国家都偏低。如2014年,欧洲19个国家中,来华留学生超过100人的只有五个国家。同时,短期非学历进修生在总体规模中所占的比重比较大。规模总量偏小的现状与"一带一路"重大战略布局还有较大的差距。究其原因,由于我国高等教育整体实力不强,优质教育资源不足,品牌"含金量"不高,国际影响力有限。

(二)结构有待优化

从学习专业来看,沿线国家学生对留学服务的需求各有不同,所涉及的学科专业比较多。但是,与"一带一路"战略密切相关的信息通讯、电子信息、工程技术、项目设计管理、计算机科学技术以及"小语种"等学科领域,修习的人数不多、缺口较大,甚至有不少尚处空白。从学习层次来看,沿线国家来华留学生从语言生、专业进修生到本、硕、博等各类学历生种类齐全,其中语言生在其中占据了不小的比例。总之,沿线国家来华留学生教育结构不太合理。究其原因:一是来华留学生教育,尤其在初始发展阶段,多是从对外汉语教学起步的,经过数十年的发展,语言类留学培养已有一定的优势;二是在来华学习各类专业的生源并不很充足情况下,为了扩大规模,各校也只得向语言类学生敞开大门;三是目前教育行政部门对各类教育机构在招收留学生的层次与类别上缺乏明晰的界定,"眉毛胡子一把抓"的现象较为普遍。

(三)资助体系不健全

通过多种渠道,提供一定数额的奖学金来吸引留学生是国际通用的做法。我国对外国留学生的奖学金主要包括中国政府奖学金、省市奖学金、高校奖学金、企业奖学金等。其中中国政府奖学金覆盖面最广、受益人数最多,其他渠道的奖学金资助人数少、范围有限。虽然,近些年我国加大了对政府奖学金的投入力度,沿线国家获得资助的人数也逐年增加。但是,历年来享受政府奖学金的留学生占来华留学生总数的比率却一直维持在10%左右。沿线国家大多都是新兴经济体和发展中国家,若没有一定数额的奖学金资助,来华留学的热情必然会受到影响。另一

方面,来华就读的留学生是一个特殊的群体。因缺乏地缘、人缘的优势,他们对中国的社会化支撑服务,诸如信息咨询、社会保障、医疗服务、课余工作乃至文化适应等都有着强烈的需求。然而,由于思想观念落后、产业政策不到位以及相关服务型人才的缺乏,使得来华留学生的社会服务支撑体系尚未建立。

(四)教育服务贸易比重薄弱

世界发达国家纷纷将留学生教育视为服务贸易的重要内容,并充分发挥其在现代服务经济中的作用。以美国为例,外国留学生为美国创造了大量收入,"2010年跨境教育服务的出口值增长了6%,达到188亿美元"。反观我国的教育服务贸易则与其差距明显,"我国的生源流出速度明显大于生源流入的增长速度,这也直接造成了我国在国际教育服务贸易中存在巨大的贸易逆差"。究其原因,除前面所说的来华留学生总体规模偏低之外,还由于中国的教育服务市场化程度低;同时,相关政策的不明晰以及缺乏激励效应,围绕来华留学生教育的服务产业尚处在零星的萌芽状态,结构层次低,服务既缺乏品牌效应,也未形成产业链。"一带一路"沿线国家是发展教育服务贸易的重要区域,对扭转我国整体的教育服务贸易逆差有着关键性的作用。

(五)推介手段单一

为了扩大来华留学生规模和改善留学环境,近期我国已颁布《关于完善中国政府奖学金资助体系和提高资助标准的通知》,决定完善中国政府奖学金资助体系,并提高资助标准。同时,各地教育行政部门也牵头组织高校参与沿线各国开展的各类人文交流活动。从总体来看,现有推介手段仍显单一,多限于政府层面或教育行业,少有与产业界联手或借助其在海外的平台进行推介,缺少一种产业联动、效应集聚的效果。另一方面,来华留学生教育缺乏整体的规划与适应市场需求的运作模式,仍以计划经济下的公益性教育的方式进行,更多的是让买方来适应卖方,而不是根据市场的需求主动去适应买方。

**四、促进"一带一路"战略中来华留学生教育的发展策略**

(一)加快体制机制创新

中央政府应制定"一带一路"战略中的教育中长期发展规划,在整体规划留学教育事业中,重点抓好来华留学生教育。通过政策引导、经费支持等调控手段,使沿线国家来华留学生在扩大规模的同时,进一步优化结构。强化教育部门的主导作用,并加强其与外交部、国家发展和改革委员会、人力资源和社会保障部等有关部委之间的协调与合作,组成来华留学生教育部协调机制,建立分工明确、信息互通、资源共享、协调互动的管理体系。由于沿线国家情况较为复杂,为确保来华留学生教育政策切合实际,"可参照国家教育咨询委员会模式,组建高层次、多领域、跨部门的专家咨询委员会",发挥智囊团、智慧库的作用,为沿线国家来华留学生教育科学发展提供智力支持。

(二)扩大教育规模,创新培养模式

为了扭转我国留学教育"逆差"的现状,应重视教育服务贸易发展,运用市场运作手段,扩大来华留学生规模。重点扩大沿线国家留学生名额,使其增长速度不低于校内学生的增长。同时,我国政府奖学金名额应进一步加大并向沿线国家倾斜,增量部分主要用于沿线国家的留学生。在区域上,挖掘中西部高校的潜力,开拓来华留学教育的新增长点,培育他们参与和引领来华留学生教育竞争的新优势。在方式上,在继续巩固知名高校优势的同时,各区域内的高校按学科和专业联合招收、培养留学生,"通过以点带面的形式,充分发挥其汇聚作用和在此基础上产生的放大功效,创造'1+1≥2'的效果,带动更多高校、更多学科参与到沿线国家留学教育中来",形成优势互补、资源共享的沿线国家来华留学教育体系。

通过发展中外合作办学、联合培养留学生,来创新培养模式。目前,我国高校已经开始在"一带一路"沿线国家办学=,例如厦门大学马来西亚分校、老挝苏州大学、云南财经大学曼谷商学院,以及北京语言大学在泰国、韩国等国设立海外分校。同时,沿线的哈萨克斯坦、巴基斯坦、约旦、埃及等十多个国家也向我国发出了赴境外办学的邀请。在此有利的情形下,高校要创新思路,主动走出去,以产业合作相关布局、项目作为合作办学的着力点和方向,将创建境外大学或其他形式的教育机构作为重点项目予以支持。高校还应充分利用"互联网+",通过线上线下结合,找准契合点和着力点,开发教育新项目,对接沿线国家经济发展和区域合作规划,以优质的教育资源和服务,打造品牌,培养出适应沿线国家和地区经济社会发展需要的人才。

(三)挖掘学科优势、提高培养质量

"从战略高度,统筹规划我国高校招收沿线国家来华留学生的学科专业,集中优势资源,做强与'一带一路'战略密切相关的特色学科专业,吸纳他们在这些学科专业学习,使他们来华学得好,回国用得上,发挥好作用。"目前我国最有条件和优势发展的学科专业主要有三类:一类是围绕战略布局和沿线国家发展急需的学科专业,如信息工程、电子信息、计算机科学等工程技术类。高校应充分利用我国科学技术的比较优势,挖掘这类学科专业的潜力,吸引大批留学生。第二类是经济、管理和法学等社会学科。近几十年来,我国改革开放取得的举世瞩目成就,引起了世界的普遍关注,特别是新兴经济体和广大发展中国家的学生,更倾向于来华学习这些具有中国特色的经济管理和社会发展模式。这些学科专业潜力巨大;第三类是中医、汉语言、文学(艺)等特色学科。随着中国与沿线国家经贸、政治、文化往来的日益频繁,为了更好地了解中国,加强更广泛领域内的合作,沿线国家兴起一股强烈的"汉语热",引得许多青年学子赴华学习中华文化。我们应进一步发挥这些学科专业的传统优势,吸引更多的留学生。

教学质量仍是制约来华留学教育发展的薄弱环节。"实施'一带一路'战略,倒逼我们以更广阔的国际视野,全面审视和提升我国高等教育质量。"首先,相关高校应坚持用国际视野、国际标准审视人才培养质量,转变留学教育培养模式、调整专业结构、扎实推进教学改革。只有在师资、学科、专业、课程、管理等核心要素方面,达到国际认同的标准且具备一流水平,培养高质量、高素质的留学人才时,我们才能在"一带一路"沿线国家脱颖而出,更具吸引力。其次,增加国际语言授课课程、培养国际化师资队伍。受语言等因素的影响,加大了沿线国家学生来华学习的难度。目前,"一带一路"沿线国家的官方语言有 40 余种,而我国高校能够教授的仅有 20 种。"非通用语种覆盖范围不足,语种专业布局不够合理,关键国家和地区的语言人才匮乏的问题已成为制约推进'一带一路'建设的瓶颈。"培养一批能熟练运用"双语"或"多语"授课的教师队伍,显得尤为紧迫。除全球招聘外,高校应将"教师国际化培养"纳入学校发展的重要规划中,通过外语培训、海外研修、学术交流、基地实训等措施,培养能熟练使用外语、较好承担培养国际生责任的师资力量,从而提高我国教育国际化的核心竞争力。

(四)完善资助渠道,健全社会保障体系

首先,完善政府奖学金制度。配合"一带一路"战略的实施,设立"一带一路"专项留学基金,并改变目前中国政府奖学金发放层次低的现状,使其主要面向高层次人才,吸引沿线国家高学历留学生,更好地发挥其导向作用,以调节生源国别、学科专业、学习层次等,优化沿线国家来华留学生教育的结构。再次,积极开拓渠道、整合资源、多方筹措资金。我国是仍发展中国家,还没有能力在短期内大规模地发展公费留学教育。因此,应调动各方的积极性,整合资源、多渠道地设立资助体系,满足沿线国家学生来华求学的需求。当前,已有不少高校为留学生设立校级奖学金,如复旦大学的优秀外国留学生奖学金、北京大学留学生学习优秀奖学金等等。但是,校级奖学金资助金额低、覆盖面窄。针对这些问题,学校应加强与优秀企业、集团、民间组织甚至个人的联系,并鼓励其冠名设立各种专项奖学金。同时,还可以为留学生设立助教金、助研金,使他们通过辅助教学或研究工作,获得经济资助。

(五)加大宣传推介力度,扩大影响力

推动来华留学生教育发展,必须主动出击,加大宣传力度,形成官方、民间、政府、高校通力合作的推介渠道,以扩大我国教育的国际知名度和影响力。首先,强化"丝绸之路"人文交流高层磋商机制,利用政府交流、校际互访、师生交换、民间联谊和国际教育展等多种渠道,充分发挥国际合作平台的作用,向沿线国家宣传我国教育所取得的成绩,扩大国际影响力和吸引力,将留学教育推向国际市场。此外,整合各类网络资源,精心设计和建设"留学中国"网及相关机构外文网站建设,对留学生最为关注的特色学科、精品课程、奖学金项目、生活和学习条件等,要尽可能提供丰富、详尽的信息。充分发挥国内留学机构和我驻外使(领)馆、海外孔子学院(孔子课堂)等在来华留学宣传方面的作用。

"一带一路"战略是来华留学生教育发展的一个重要历史契机。近些年来,沿线国家来华留学生规模逐步扩大,呈现蓬勃发展态势。但是,相对"一带一路"战略的布局及我国高等教育的比较优势而言,来华留学生教育仍有较大的差距和提升空间。我们应抓住时代机遇,研判来华留学生教育的发展特点及趋势,通过宏观规划和微观调整,发挥优势、扩大规模、提高质量,为沿线国家培养更多优秀人才,为"一带一路"战略实施贡献更大力量。(郑刚,华中师范大学教育学院副教授、教育学博士;马乐,华中师范大学教育学院研究生)(《教育与经济》2016年第4期)

# "一带一路"沿线国家来华留学教育近十年发展变化与策略研究

目前,"一带一路"战略构想已经演变为国家行动,进入系统实施的实践框架和具体环节。要顺利推进我国和沿线65个国家的经贸合作与文化交流,首要面对和亟待解决的问题就是如何培养和吸纳各领域往来所需的国际化人才。作为国际化人才培养重要路径的来华留学教育,将为我国顺利实施"一带一路"战略提供有力的人才资源和智力资本。厘清近10年来"一带一路"沿线国家来华留学教育的变化脉络,诊断其发展中存在的问题,拟定相应的战略行动,将对有效推进"一带一路"战略具有直接的现实意义。

## 一、"一带一路"沿线国家在全球来华留学教育中的地位分析

在过去十年间,全球来华留学生人数以年均增长率11.54%的速度快速增扩,

从 2005 年的 14.11 万人增加到 2014 年的 37.71 万人,规模增加了两倍多。来华留学生人数增速水平已远远高于《留学中国计划》中规划的年均增长率 6.94% 的预期目标。截至 2014 年,来华留学教育已超额完成《留学中国计划》2014 年 33.4 万人的规划目标。同样,"一带一路"沿线国家来华留学生数量亦呈现快速递增趋势,以年均增长率 20.09% 的速度明显高于全球增速水平,已由 2005 年占全球来华留学生总数的 23.40% 发展到 2014 年的 45.51%,这说明过去十年间全球来华留学教育人数的快速增加主要依靠沿线 65 个国家的生源。与此同时,"一带一路"战略对沿线国家来华留学教育的促进和推动功能已初露端倪,2013 年战略构想的提出使得 2014 年沿线国家来华留学生人数出现激增,增长率较前几年有大幅提升,达到 20.44%,是同年全球增速水平的近 4 倍(具体如表 -1 所示)。

表 -1　2005—2014 年全球与"一带一路"沿线国家来华留学生数

| 年份 | 全球 | | "一带一路"沿线国家 | | |
| --- | --- | --- | --- | --- | --- |
| | 人数 | 增长率 | 人数 | 占全球来华留学生比例 | 增长率 |
| 2005 | 141087 | – | 33019 | 23.4% | – |
| 2006 | 162695 | 15.3% | 44337 | 27.3% | 34.3% |
| 2007 | 195503 | 20.2% | 58745 | 30.1% | 32.5% |
| 2008 | 223499 | 14.3% | 70930 | 31.7% | 20.7% |
| 2009 | 238184 | 6.6% | 84864 | 35.6% | 19.6% |
| 2010 | 265090 | 11.3% | 98964 | 37.3% | 16.6% |
| 2011 | 292611 | 10.4% | 110058 | 37.6% | 11.2% |
| 2012 | 328330 | 12.2% | 126743 | 38.6% | 15.2% |
| 2013 | 356499 | 8.6% | 142461 | 40.0% | 12.4% |
| 2014 | 377054 | 5.1% | 171580 | 45.5% | 20.4% |

注:1. "一带一路"沿线国家是指由政府部门圈定的 65 个国家,包括中亚 5 国、东亚 1 国、东南亚 10 国、南亚 8 国、西亚非 19 国和中东欧 22 国。其中,中亚 5 国指哈萨克斯坦、乌兹别克斯坦、土库曼斯坦、吉尔吉斯斯坦、塔吉克斯坦;东亚 1 国指蒙古;东南亚 10 国指印度尼西亚、泰国、马来西亚、越南、新加坡、菲律宾、缅甸、柬埔寨、老挝、文莱;南亚 8 国指印度、巴基斯坦、孟加拉国、不丹、斯里兰卡、阿富汗、尼泊尔、马尔代夫;西亚非 19 国指西亚的沙特阿拉伯、阿曼、阿联酋、格鲁吉亚、阿塞拜疆、伊朗、土耳其、以色列、科威特、伊拉克、卡塔尔、约旦、黎巴嫩、巴林、也门、叙利亚、亚美尼亚、巴勒斯坦和非洲的埃及;中东欧 22 国指波兰、罗马尼亚、捷克、斯洛伐克、

保加利亚、匈牙利、俄罗斯、乌克兰、白俄罗斯、摩尔多瓦、拉脱维亚、立陶宛、斯洛文尼亚、爱沙尼亚、克罗地亚、阿尔巴尼亚、希腊、塞尔维亚、塞浦路斯、马其顿、波黑、黑山。

2. 若无特别说明,数据均来源于教育部国际合作与交流司编写的 2005—2014 年《来华留学生简明统计》。

在 2005—2014 年间,尽管来华留学教育得到蓬勃发展,留学生规模日趋扩大,但概览全球留学教育的总体发展状况,不难发现,我国与世界发达国家仍有相当大的差距。按照接受留学生人数占比市场排名,2011 年中国仅名列第 11 位,美国、英国、德国、法国位居全球前四。按照接受留学生占比市场份额,2011 年世界经合组织(OECD)成员占全球高等教育服务贸易总量的 84.9%,美国、英国、德国、法国、澳大利亚和加拿大六国则又相对集中了 OECD 的市场份额,占到全球高等教育服务贸易总量的一半以上。就我国而言,2000 年来华留学生人数占全球留学生总数的 1.8%,2011 年占全球留学生总数的 1.85%,而出国留学生占国际进口市场份额则高达 16%。可见,进入 21 世纪以来,全球来华留学教育规模虽增速较快,但基本与全球留学教育发展保持同速,且在全球市场份额中的占有率较低,进出口教育服务贸易逆差较大。鉴于此,面对全球激烈竞争的留学教育形势,大力加快发展来华留学教育是我国顺应时代发展和适应国际环境的不二选择。

倘若按照近十年来全球来华留学生人数 11.54% 的年均增长率进行粗略测算,到 2020 年,全球来华留学生规模将达到 72.61 万人,远超过《留学中国计划》中 50 万的规划目标;同期"一带一路"沿线国家年均增长率为 20.09%,到 2020 年沿线国家来华留学生人数将达到 51.46 万,占全球来华留学生总数的 70.87%。毋庸置疑,世界经济全球化和区域发展一体化以及高等教育国际化等因素将会进一步加剧全球留学教育的持续扩张。在世界留学教育发展趋势和地缘关系以及战略位置的影响下,特别是"一带一路"战略构想的提出以及政府出资 400 亿美元成立丝路基金等相关配套政策措施的陆续出台,都将大力推动和加速我国与沿线 65 个国家的经济文化交流,也将极大地刺激和加快沿线国家来华留学教育的发展。可以预测,未来,在"一带一路"战略的助推下,沿线国家来华留学生规模仍将会以明显高于全球来华留学教育的增速水平继续扩大,呈现"洪流式"发展态势。沿线国家来华留学教育的比较优势将会进一步凸显,沿线国家也将会成为全球来华留学教育事业增速发展的主体生源储备区,更是我国缩小教育服务贸易逆差的重要支撑。

## 二、"一带一路"沿线国家来华留学教育的结构分析

"一带一路"沿线国家在全球来华留学教育事业发展中占据着重要位置。以

战略区域的分析框架,系统梳理沿线 65 个国家来华留学教育规模、学历、奖学金等结构性特征,既符合"一带一路"战略的地缘布局特点,也是来华留学教育发展的现实诉求,更是为战略实施提供人力资本的逻辑起点。

(一)规模结构:持续扩大与区域差异并存,以地缘动力驱动规模扩张的特征鲜明

在 2005—2014 年,"一带一路"沿线国家来华留学教育规模以年均增长率 20.09%的速度呈逐年递增趋势,其中,中亚 5 国、南亚 8 国、西亚非 19 国和中东欧 22 国均高于沿线国家总体增速水平,分别以年均增长率 37.10%、30.23%、25.87%、20.95%的速度急速扩大来华留学生规模,且沿线国家来华留学生在总数中的比重不断增大。更为突出的是,中亚 5 国来华留学生人数的增长速度接近沿线国家总体增速水平的两倍,规模迅猛扩张,增幅最大;而蒙古和东南亚十国以低于沿线国家总体增速水平,年均增长率为 16.81%和 14.53%的速度扩大规模,且在沿线国家来华留学生总数中的比重有所降低。从各区域来华留学生人数的占有量来看,在"一带一路"战略构想实施前,沿线国家来华留学教育的生源主要集中在中亚 5 国、蒙古、东南亚 10 国、南亚 8 国,这些分布在中国周边、具有地缘优势的国家来华留学教育明显领先于西亚和中东欧国家。可见,战略构想实施前,以地缘优势驱动沿线国家来华留学教育发展的特征鲜明。

尽管东南亚 10 国和蒙古来华留学生规模增速水平均低于沿线国家总体水平,但由于中国 - 东盟自由贸易区的建立以及地缘优势等因素的影响,两个区域来华留学教育起步较早,迅猛发展的态势早已显现,其留学生人数始终在沿线国家来华留学生总数中占有相当大的比例,是沿线国家来华留学教育事业发展的主要支撑。然而,由下页图 - 1 可以看出,近两年来,东南亚 10 国来华留学生规模增幅不大,且在沿线国家来华留学生总数中的比重基本维持稳定,蒙古甚至出现倒退趋势,在沿线国家来华留学生总数中的比例逐渐降低,这说明两个区域来华留学教育"井喷式发展的黄金期"已经渡过,今后留学生规模增速可能基本保持现有水平。可见,未来沿线国家来华留学生规模的扩张和提升空间将主要集中在中亚 5 国、南亚 8 国、西亚非 19 国和中东欧 22 国,尤其是中亚 5 国和南亚 8 国两地区。南亚 8 国更是对"一带一路"战略反映灵敏,2013 年战略提出后,2014 年其来华留学生人数即呈现陡增。

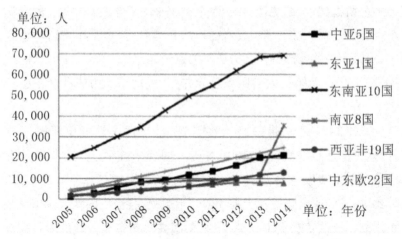

图-1 2005-2014年"一带一路"沿线国家分区域来华留学教育规模变化趋势

（二）学历结构：非学历教育为主体与学历层次偏低并存，学历来华留学教育内源性牵引力不足

在2005—2014年，中亚5国、蒙古、东南亚10国、西亚非19国、中东欧22国这五个区域与沿线国家和全球来华留学教育学历结构发展态势趋同，均以非学历留学生为主，且非学历留学生在沿线国家和全球留学生总数中的比重日趋减小，学历留学生比重日渐增大。而南亚8国来华留学教育呈现出迥异于其他地区的结构特征，以学历教育为主体，学历留学生在其留学生总数的比重虽有降低趋势，但却一直保持在90%以上，非学历留学生比重呈现小幅增长趋势。就学历层次而言，沿线国家各区域学历留学生均以本科生为主，其在学历留学生总数中的比重虽呈递减趋势，但仍占有绝对优势，研究生次之，专科生最小。就非学历层次而言，沿线国家各区域非学历留学生以普通进修为主，其在非学历留学生总数中的比重虽呈逐渐减小态势，但也占据绝对优势，短期进修次之，高级进修最小。不难发现，"一带一路"沿线国家来华留学教育存在学历层次偏低的问题，以非学历教育为主，且普通进修生占据绝对主体，而表征高层次留学教育的研究生和高级进修生所占比例较小。这说明，学历来华留学教育内源性牵引力不足，沿线国家留学生并非是由学历留学教育自身的吸引力来华学习，而是通过非学历教育形式，以文化考察和语言学习为目的进行短期访华。由此看来，学历来华留学教育质量亟待提高，以吸引学历留学生来华访学。中国政府应进一步加快沿线国家学历和高层次来华留学教育发展，特别是沿线发展中国家，以满足战略实施对高层次专业性人才的诉求。

（三）奖学金结构：总体数量偏少与区域配给差异并存，经济取向主导中国政

府的奖学金分配

过去十年,"一带一路"沿线国家与全球获中国政府奖学金资助的留学生结构趋同,均以学历留学生为主要资助对象,其在奖学金总数中的比例呈逐年增大态势。截至 2014 年,沿线国家获奖学金资助的学历留学生数已经占到了奖学金总数的 90% 以上。相反,获奖学金资助的非学历留学生在留学生总数中的比例则大幅降低。同时,中国政府对沿线国家来华留学生的奖学金资助力度明显大于全球,获奖学金资助的学历和非学历留学生占比均明显高于同期全球水平。值得注意的是,201 年,尽管中国政府不断加大对沿线国家学历留学生的奖学金资助力度,但获奖学金资助的学历留学生占比却较前几年有所下降,这说明中国政府投放学历留学生奖学金增速明显低于学历留学生规模增速,在一定程度上折射出 2013 年"一带一路"战略构想的提出对沿线国家来华留学教育具有一定的助推功能,特别是对学历来华留学教育。

在 2005—2014 年,沿线国家获中国政府奖学金资助的留学生人数以年均增长率 24.29% 的速度不断增长,明显高于全球获奖学金资助留学生人数年均增长率 19.89% 的增速水平。但从奖学金量在留学生总数中的占比来看,中国政府对沿线国家留学生的奖学金资助力度仍偏小,截至 2014 年,获中国政府奖学金资助的留学生数仅占沿线国家留学生总数的 12.2%。就不同区域而言,中亚 5 国、东南亚 10 国、南亚 9 国获奖学金资助的留学生人数以年均增长率 34.43%、25.87%、28.56% 的速度不断扩大,均高于沿线国家获奖学金资助留学生的增速水平;而蒙古和西亚非 19 国以及中东欧 22 国获奖学金资助的留学生人数均以年均增长率 24.16%、14.67%、20.49% 的速度增加,均低于沿线国家获奖学金资助留学生的增速水平。同时,中国政府对蒙古和东南亚 10 国的资助幅度明显高于其他地区。这主要是因为过去十年既是中国 – 东盟国家自由贸易区进入全面建设和正式建成运营的阶段,也是中国成为蒙古最大贸易伙伴开展全方位贸易合作的历史新时期。中国与这两个区域的经济互动必然驱使政府以奖学金资助的方式重点支持来自东盟和蒙古的留学生,为多边经贸合作提供必需的国际化人才。可见,经济取向主导着中国政府对沿线国家留学生的奖学金分配。

### 三、结论及政策建议

过去十年,"一带一路"沿线国家来华留学生人数以接近于全球两倍的速度急速扩大,成为支撑全球来华留学生规模不断增速的主体区域。展望未来,在"一带一路"战略的助推下,沿线国家势必成为全球来华留学生生源的主要供给区。毋庸置疑,要实现"到 2020 年,将我国建设成为亚洲最大的留学目的地国家"的发展目标,将主要有赖于沿线国家来华留学生规模的扩充。合理规避以往沿线国家来华留学教育中可能掣肘、甚至阻碍助力战略实施的诸多问题,结合"丝绸之路经济带"和"21世纪海上丝绸之路"的战略布局诉求,科学谋划来华留学教育发展是战略推进的必然之举和当务之急。

(一)改变过去"一带一路"战略与沿线国家来华留学教育相剥离的观念,将来华留学教育视为战略本身纳入总体战略框架内予以科学规划和精心设计

过去十年,尽管沿线国家是全球来华留学教育规模增速的主体支撑已经成为一种既定的事实,但实际上,这是"前战略"时期沿线国家的一种"民间自为"行动,并未从国家宏观战略的高度来进行系统规划和设计。而"一带一路"战略的提出,则将沿线65个国家与中国缔结成为共生互荣的责任与利益共同体,这种共同体的构筑需要大量具有跨文化交往能力的专业人才的参与和介入。因此,作为战略实施构成要素的来华留学教育应当被纳入战略设计的整体框架,从服务国家长远利益,推动世界和谐发展,造福人类社会的高度来深刻认识其全局性价值,并采取政府主导推进的方式,以战略子系统的立场来综合考量国际与国内文化教育、经济贸易、地理位置等发展状况,全面系统规划沿线国家来华留学教育事业的发展。

(二)改变过去沿线国家来华留学教育"碎片化"发展策略,结合地缘、文缘、亲缘优势,建构经济取向的"集群化"策略,形成区域联动合力

事实上,"一带一路"战略是在充分尊重地缘、文缘、亲缘、历史和经济等多重因素的基础上,由主动建构而形成的一种区域性战略联盟。要构建这种区域性战略联盟,必须摒弃过去那种以各省份各自独立、相互区隔的"碎片化"发展策略,应结合沿线国家的资源特征和经济诉求,根据各省份与沿线国家贸易往来的密切度和贡献度,建立省份之间彼此联系、相互结盟的"集群化"策略模式,形成联动合力和区位优势来吸引来华留学生源。具体而言,拥有得天独厚的地理条件和文化认同优势的新疆应定位重点开拓中亚五国的教育市场。上海和广东对东南亚出口贡献最大,其次是福建、浙江等沿海省份,而云南和广西具有地理优势,应定位上海和沿海省份以及云南、广西形成集群优势,重点开拓东南亚教育市场。上海和沿海省市对南亚出口贡献较大,而陆路交通不便的制约因素将会随着"一带一路"战略的实施而逐渐消除,云南、西藏等拥有地理优势的西部省份也将频繁与南亚诸国建立经济往来,应定位西部与上海和沿海省市形成集群优势,重点开拓南亚教育市场。鉴于地理优势及经济贸易往来,应定位东北和新疆重点开拓蒙古和俄罗斯两国教育市场。对西亚非国家出口贡献最大的沿海省市和重庆应形成集群优势,重点开拓西亚非教育市场。中东欧部分国家为欧盟成员国,与中国贸易依存度不高,地理

位置较远,应定位具有比较优势的上海和沿海省份形成集群优势,重点开拓中东欧教育市场。

(三)改变过去由地缘特征决定沿线国家来华留学教育规模优势的格局,创设具有倾斜性与导向性的外部制度空间和政策环境,促使沿线国家不同区域来华留学教育协调发展

有研究表明,发达国家学生更多受本国因素的推力来华留学,而发展中国家学生更多受中国的发展潜力和发展机会的拉力来华留学。对来华留学教育具有广阔增速空间的中亚5国、南亚8国和西非亚19国绝大多数为发展中国家,中国政府积极配套和不断完善相关留学服务政策则显得尤为重要。政府应重点采取对这些国家来华留学生的支持政策,如增设针对学历和高层次留学生的专项奖学金及助学金,大力倡导建立省级和校级奖学金及助学金,并适当放宽留学生在华就业政策,提供集招生、求学、就业于一体的在华政策。对增速空间不大的东盟10国和蒙古,政府应继续坚持倾斜学历和高层次留学生的原则,按照现有增速水平增加奖学金投放量,确保规模持续扩大。对发展潜力巨大、以发达国家居多的中东欧22国而言,政府应当以新亚欧大陆桥经济走廊、中蒙俄经济走廊为依托,在大幅增加奖学金投放量,尽快签订学历学位互认协议的基础上,密切中国与中东欧22国的经济往来和战略合作,形成经济动力,促使中东欧诸国从政府层面来积极推动来华留学教育,最终实现不同区域来华留学教育协调发展,为战略实施输送充足高素质专业性人才的目标。

(四)改变过去沿线国家学历来华留学教育内源性牵引力不足的局面,建立内外部质量保障体系,实现来华留学教育规模结构与学历结构的有机统一

要增强来华留学教育内源性的牵引力,既有赖于国家外部政策的支持,更取决于来华留学教育本身的质量。加强质量建设已经成为沿线国家来华留学教育持续快速发展的必然要求和现实诉求,而构建以高校内部保障为主、政府外部保障为辅的质量保障体系则是实现持续提高来华留学教育质量的必然路径。中国政府应建立专业的第三方中介组织,定期对高校来华留学教育的办学资质、学科专业建设、师资力量、国际化水平、教学过程、课程设置等教育全过程进行评估认证,实施对来华留学教育的外部宏观监督。高校应进一步明确自身作为质量建设者的主体地位,增强质量管理的责任意识,采取周期审查、学生评教、校外同行评教、教师培训等多种方式,建立集控制和服务、监督和建设功能于一体的内部质量保障体系,切实将日常教育实践转变为质量保障行动,真正成为来华留学教育质量建设的捍卫者和行动者,生发有利于质量改进的质量文化,持续提高教育质量,不断增强来华

留学教育内源性牵引力,吸引更多优质来华留学生,逐步优化来华留学教育学历结构。(陈丽,厦门大学教育研究院博士研究生,新疆师范大学教师教学发展中心讲师;伊莉曼·艾孜买提,新疆师范大学国际文化交流学院教授)(《比较教育研究》2016年第10期)

## "一带一路"战略背景下留学生课堂教学改革初探

### 一、"一带一路"战略背景下留学生教育的新特点

"一带一路"指的是"丝绸之路经济带"和"21世纪海上丝绸之路"。"一带一路"战略是党中央根据国内外形势的深刻变化而做出的重大战略决策,对于构建我国更加开放的经济新格局以及促进世界经济的繁荣发展都具有重大而深远的意义。

"一带一路"战略为高等教育国际化带来了新的挑战和机遇,高等教育应当勇担历史使命,为国家"一带一路"战略的推进提供人才支撑和智力支持。来华留学生教育是"一带一路"战略中经济合作和人文交流的助推器,它不仅能培养一大批复合型人才以及关键领域的专业人才,而且能促进沿线国家人文交流和民意相通。在"一带一路"战略背景下,来华留学生教育表现出了以下新的特点:一是"一带一路"沿线国家正成为来华留学生主要生源国,教育部发布的2015年全国来华留学生数据显示,来华留学前十大生源国中,韩国、印度、巴基斯坦和哈萨克斯坦四国生源数均有所增长,其中印度、巴基斯坦和哈萨克斯坦同比增长均超过10%。来自亚洲和非洲的生源较上一年分别有6.5%和19.47%的增幅;二是学历教育留学生逐年增多,生源结构不断优化,2015年在华接受学历教育的外国留学生为184799人,比2014年的164394人增加20405人,同比增长12.41%,继续保持2008年以来高于来华生总人数增速的态势。2015年学历生人数占在华生总数的比例为46.47%,其中研究生占在华生总数的比例为13.47%,两项比例均较2014年有所上升,学历结构不断优化。

### 二、新形势下来华留学生课堂教学改革的前提与保障

来华留学生数量的迅速增长和结构的不断优化与我国"一带一路"战略的推进密切相关,来华接受学历教育留学生的逐年增多客观上要求我们不得不改革传统的留学生课堂教学,不得不为如何培养适应国家"一带一路"战略要求的专业人才进行积极的探索。为此,我们首先需要转变留学生人才培养的理念,以弘扬中华文化、发展对外友好关系为理念的留学生培养导向应当向培养服务于"一带一路"战略需要的应用型、复合型人才转变。充分认识到这种人才培养导向和目标的转

变是我们正确进行来华留学生课堂教学改革的逻辑前提。

其次,教师的水平和素养是决定人才培养质量的重要因素,与普通教学相比,来华留学生学历教育对上课教师提出了更高的要求,对留学生讲授专业课程,不但要求教师具有良好的外语水平,而且要精通专业,能够深入浅出地讲授专业问题,还要善于开展跨文化沟通交流。同时,这样的教师还要围绕学科形成教学团队。所以,师资建设是有效开展来华留学生课堂教学改革和提高人才培养质量的基础条件。然而,目前能够用外语熟练进行专业课程教学的教师在各个高校中并不多见,现实情况往往是外语好的教师不懂专业,精通专业的教师外语交际能力不足,师资成为当前发展留学生学历教育的短板。打造优秀师资队伍,建设学科领域完善的教学团队是当前开展来华留学生课堂教学改革的当务之急。

再次,从当前一些高校的教学实际来看,针对学历教育留学生的专业课程,教师往往选择直接引进国外原版教材,完全采用国外教学模式,这显然是不合适的。由于英文的通用外语身份,原版教材读物大多以欧美学术界出版物为主,以外国文化背景来编写,具有单一局限性,不同国家的学生对教材中的内容和范畴理解起来较为困难。大部分留学生的母语及其母国文化并未得到充分考虑,当相同的问题进入国际学生课堂时,很多非英文国家学生的声音基本为零。高等教育国际化的目的,是为了提高自己的综合国力,而不是为国际化而国际化,英文原版教材的使用显然不能作为国际化程度的指标。所以,开发针对性强的留学生专用教材是当前开展来华留学生课堂教学改革的重要保证。

**三、新形势下来华留学生课堂教学改革的路径与方向**

"一带一路"战略的深入推广带来了留学生生源结构上的重要变化,来华留学生学历教育所占比例逐年上升,留学生教育的目标和导向将迎来质的蜕变,这对发展我国来华留学生教育既是挑战又是机遇。留学生课堂教学必须对此做出积极回应,高等院校必须就教育理念、课程计划、教学方法进行改革,必须创建学校教学教育服务的优势和品牌,坚持突出特色的国际化办学之路,才能在当前激烈的高等教育国际化竞争中立于不败之地。

首先,需要根据外国学生的特点,积极探索合适的教学方法。"从学习风格上来看,中外学生表现出截然不同的特点:中国学生关注知识本身,重视对抽象知识的理解和记忆,而留学生则更关注知识铺陈,喜欢通过具体事例加强对形象知识的理解;中国学生注重知识的系统性,只在具备必要知识或观察他人经验的基础上才会进行实践,而留学生则强调知识的实用性,会通过个人的反复实践来学习如何解决问题和获得结论;中国学生倾向于与他人合作或向教师求教,以人际交流为基础进行学习活动,而以欧美学生为典型代表的留学生则喜欢进行个人研究式的学习,倾向于独立完成学习任务……"所以,教师主动教、学生被动学的传统讲授式教学方式在留学生课堂教学中存在重大弊端,不适应留学生的学习特点,也违背了教学规律,教学效果也比较差。因此,我们必须借鉴国外互动式教学、案例式教学等有益的教学方法,结合学生关注的或者将来要解决的问题进行引导,突出课堂教学过程中的互动性,在教学过程中,要充分发挥国外学生的主体地位,教师做好引导、组织和总结,激发学生学习兴趣,营造学生自主学习、探究合作的课堂氛围。

其次,以"互联网+教学"的视野,综合使用现代课堂教学手段。教学手段是为提高教学效果实现教学目标而使用的工具和方式,粉笔和黑板是传统教学手段的代表。然而,随着现在多媒体技术尤其是新近"互联网+"理念的兴起,微课、慕课、课程微信公众号等教学资源和形式悄然兴起,现代教学手段更加丰富,善于利用这些教学手段往往会起到事半功倍的教学效果。在留学生教学中这一点尤为重要,由于文化的差异,中方教师跟外国学生之间在信息交流上有着的一定的差异,这种跨文化交际障碍影响了知识的有效传递。借助现代教学手段,教师进行图文并茂地课堂内容展示,增强了学生的直观感受,提高了学生的主动性和创造性,有利于减少语言之间的传播误差,有利于提高教学效果。

最后,以应用型人才培养为导向,努力实现课堂教学与实践教学之间的密切结合。"纸上得来终觉浅,绝知此事要躬行"。我国"一带一路"战略所需要的人才是应用型、复合型人才,将来华留学生教育上升到为"一带一路"战略提供人才支撑的高度,就必须加强学生分析解决实际问题的能力培养,强化学生的实习实训,将课堂教学与实践教学密切结合。为更好地实现应用型人才培养的目标,课堂教学还要在内容设置专题化和知识讲授技能化上下功夫。(刘鲁吉,山东交通学院国际教育学院)(《教育现代化》2016 年第 38 期)